介護人材をとりまく政策

視点❶　2025年に向けたサービスと人材の整備

2025年には団塊世代が後期高齢者となります。要介護高齢者も増加するとみられ、そのための介護人材確保は急務です。介護サービスの充実を図り、それを支える人材の確保、離職を食い止めるための様々な政策が国によって検討されています。

65歳以上の高齢者数増加

介護を受ける可能性の高い
75歳以上の高齢者数が急速に上昇

- 地域包括ケアシステムの構築に向けて必要となる介護サービスの確保
- 働く環境改善・家族支援
- 介護離職の防止・働き続けられる社会の実現

主な取組

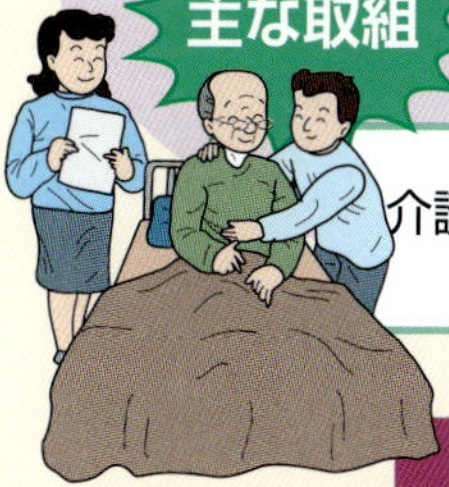

必要な介護サービスの確保

在宅・施設サービスの整備の充実・加速化
介護サービスを支える介護人材の確保

働く環境改善・家族支援

介護サービスを活用するための家族の柔軟な働き方の確保
働く家族等に対する相談・支援の充実

介護サービスを支える介護人材の確保

上記の整備の前倒しに伴い介護人材を追加確保

- 離職した介護・看護職員等の再就職支援
- 介護職を目指す学生の増加・定着支援

介護者の負担軽減に資する生産性向上

- 介護ロボットの効果的な活用
- 見守り支援ロボットの導入支援
- ICTを活用したペーパーレス化による文書量の半減　など…

出所：厚生労働省「『一億総活躍社会』の実現に向けた厚生労働省の考え方」（平成27年11月12日）をもとに作成
※上記の内容に基づきその後、さまざまな政策の具体化が行われています。詳しくは本文をご確認ください。

特別養護老人ホームで働く人たち

視点❷　入居者の生活を支える施設と多様な職員

特別養護老人ホームなどの入所系施設では、介護職員以外にもいろいろな役割を担った職種の人たちが働いています。

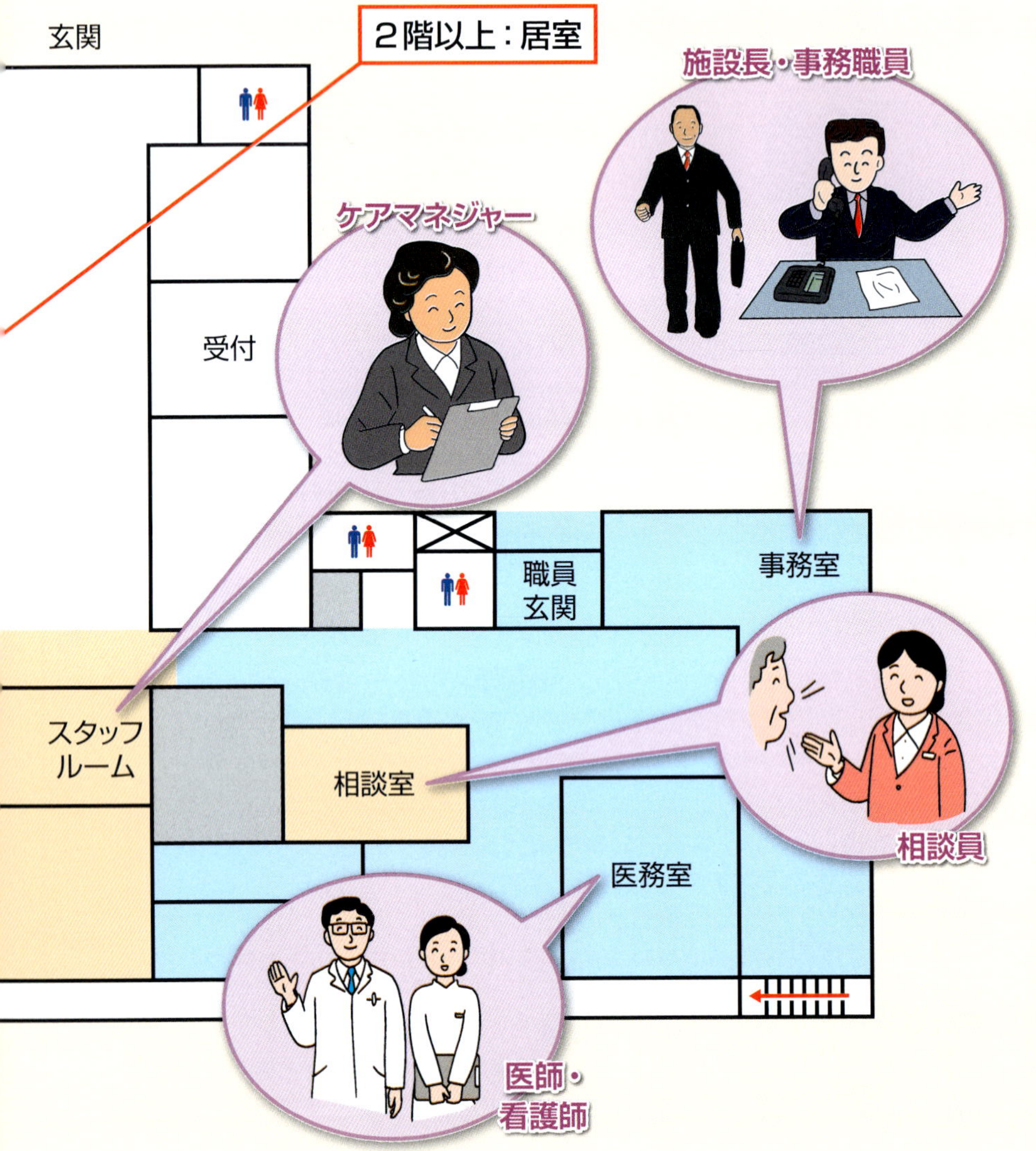

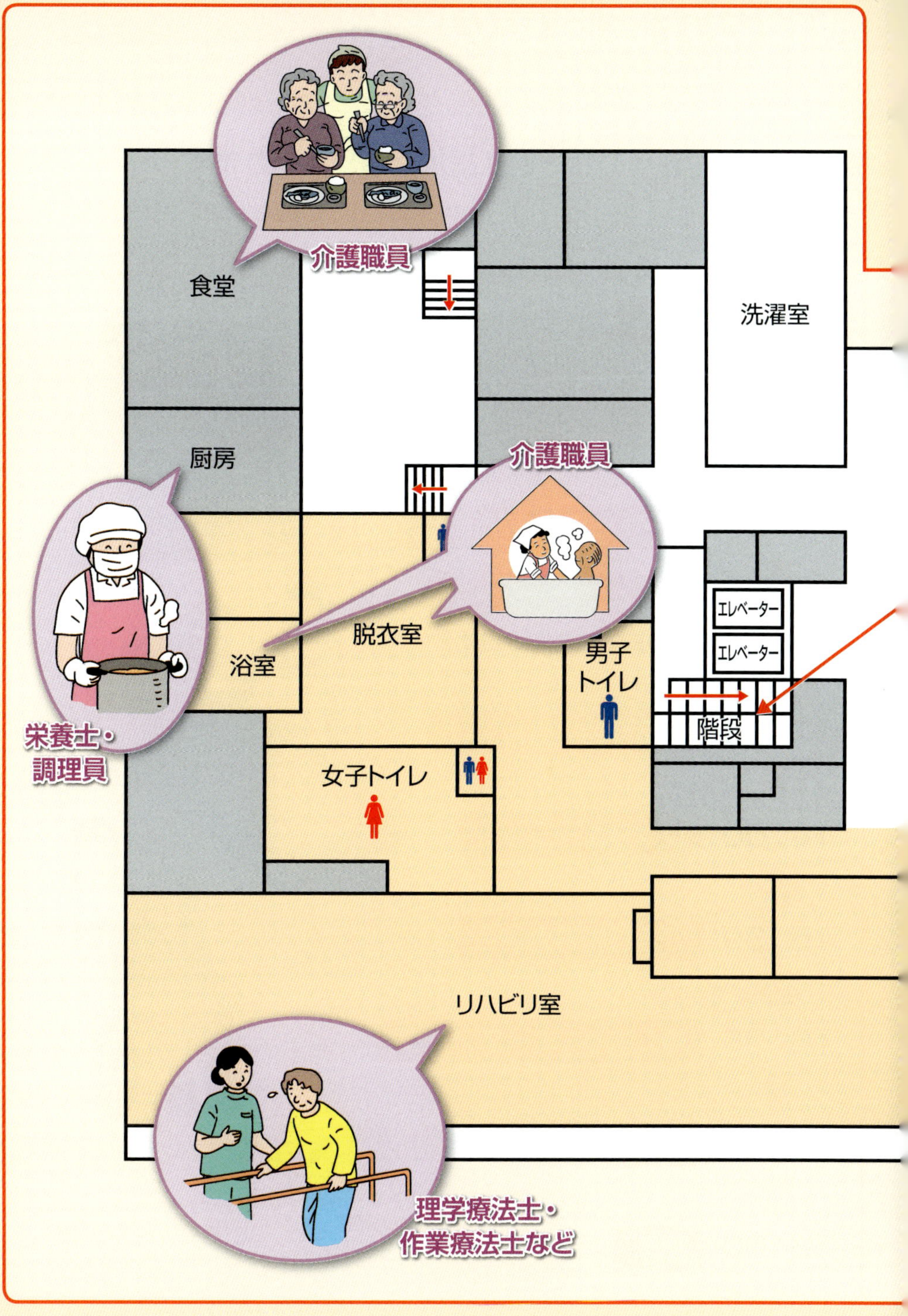
介護職員
食堂
厨房
栄養士・
調理員
洗濯室
介護職員
脱衣室
浴室
男子
トイレ
エレベーター
エレベーター
階段
女子トイレ
リハビリ室
理学療法士・
作業療法士など

施設の介護職員の一日

視点③　入居者へのサービス提供から申し送りまで

特別養護老人ホームや有料老人ホームなど入所系の施設では、介護職員がシフト制で入居者の介護にあたっています。日中の勤務の場合の、典型的な一日の流れをみてみましょう。

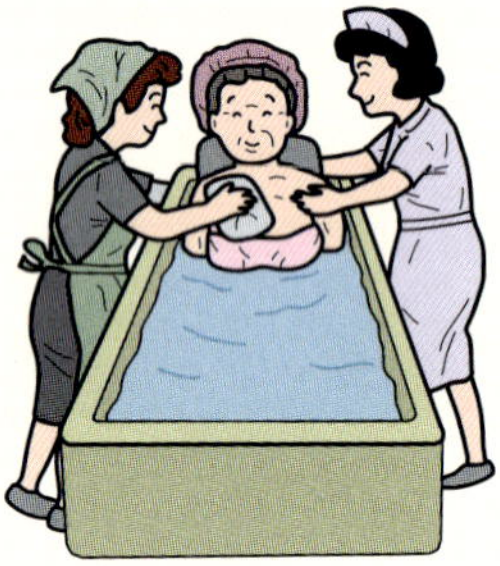

8：30　**出勤**

↓

9：00　**朝礼・申し送り**

↓

10：00　**トイレ介助・入浴準備（介助）**

リハビリテーション

＊その日によって変わります。

↓

11：30　**食事介助〜後片付け**

↓

14：00　**レクリエーション**

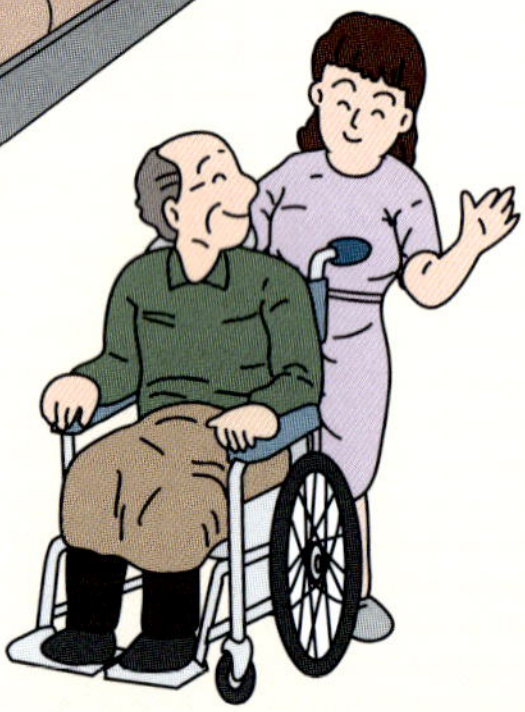

↓

15：30　**介護技術等勉強会**

↓

16：30　**申し送り・ミーティング**

↓

17：30　**サービスの記録**

↓

18：00　**退勤**

How-nual Shuwasystem Industry Trend Guide Book

図解入門 業界研究

最新 介護ビジネスの動向とカラクリがよ～くわかる本

業界人、就職、転職に役立つ情報満載

［第3版］

㈱川原経営総合センター 著

秀和システム

はじめに

政府は、介護分野について経済成長だけではなく雇用の創出効果面などでも、今後有望な産業分野と位置付けています。医療保険や介護保険などの公的保険以外にも、健康サービス提供や生活支援サービスは大きな市場規模と雇用創出を生む成長産業になると推計されています。そのため、異業種の民間事業者にとっても介護市場は非常に魅力的に映ります。しかし、参入にあたっては、その地域における医療機関や介護施設との連携が欠かせず、実現可能な事業計画の立案が重要です。参入予定地域における利用者の人口などの「外部環境」、そして採用や雇用面などの「内部環境」を調査、分析し、具体的に「担当者」「責任者」「期限」などを明示した計画を策定して、その計画の成功のイメージが明確に浮かぶようにしなければなりません。

介護保険制度は二〇〇〇年四月の開始以来、サービス受給者が一四九万人から二〇一八年四月には四七四万人になるなど、定着しつつある一方で、財源問題などの課題も山積しています。その課題に対応すべく、厚生労働省は、だれもが住み慣れた地域で安心して暮らし続ける社会を作る「地域包括ケアシステムの構築」を目標に掲げています。医療と介護などの社会資源が地域で有機的に連携し、自宅で高齢者を看取るという文化が改めて育まれれば、世界に例のない超高齢社会でも安心して老後を過ごすことができ、介護や医療にかかる社会的費用が抑えられる可能性が見えてくるでしょう。介護ビジネスを行っている、または参入を検討する事業者にとっては財源問題の解決としての給付の抑制は望ましくないでしょうが、日本経済の破綻はすべてを失います。経済成長や安定化の実現をも視野に入れた中長期の事業展開を取り入れる必要があります。世界に目を向ければ、高齢化の進行は日本だけの問題ではありません。アジア諸国も日本の後を追うように急速に高齢化していきます。今後、日本が少子高齢化における経済成長や社会保障モデルをどのように構築し、この問題を乗り越えていくのか、世界中が期待をもって見つめているのです。本書は、介護事業への参入を考えている方や、介護業界で働いてみたいと考えている方、そして介護サービスを受ける方（家族を含めた）それぞれのお役に立てればと考え執筆いたしました。そのために、介護保険制度や業界の最新動向と取り巻く環境、様々な介護サービスの問題点や今後の展望、そして介護ビジネスを手がける企業などについて紹介し、介護ビジネス業界の概要を学べるよう幅広い内容を網羅しています。

二〇一九年一二月　（株）川原経営総合センター「介護ビジネス」執筆班

How-nual 図解入門 業界研究

最新介護ビジネスの動向とカラクリがよ～くわかる本［第3版］

●目次

第3章 介護ビジネスの全体像

第4章 介護ビジネスが抱える課題

第5章 介護ビジネス業界の最新動向

第6章 介護ビジネスの未来

Data 資料編

本書における用語表記について

1.「事業者」および「事業所」の表記について

本文で使用されている介護保険サービスの「事業者」「事業所」は、次の定義に準じて用いています。

事業者	都道府県知事や市区町村長から指定（許可）を受け、介護保険サービスを提供する主体（法人・組織）。
事業所	実際にサービスを実施する介護保険施設や居宅サービス事業所（一事業者が複数の事業所でサービスを実施することもあります。その場合、別々の事業所とみなします）。

2.略称について

本文における介護保険サービス種別は、一部略称が使用されています（下表）。

区分	サービス種別	略称（一部、略称なし）
居宅サービス	訪問介護	訪問介護
	訪問入浴介護	訪問入浴
	訪問看護	訪問看護
	訪問リハビリテーション	訪問リハビリテーション
	居宅療養管理指導	療養管理
	通所介護	デイサービス
	通所リハビリテーション	デイケア
	短期入所生活介護	ショートステイ
	短期入所療養介護	ショートステイ
	特定施設入居者生活介護	特定施設
	福祉用具貸与	福祉用具
	特定福祉用具販売	福祉用具販売
	住宅改修	住宅改修
地域密着型サービス	夜間対応型訪問介護	夜間対応型
	認知症対応型通所介護	認知症デイサービス
	小規模多機能型居宅介護	小規模多機能
	看護小規模多機能型居宅介護	看多機
	認知症対応型共同生活介護	グループホーム
	地域密着型特定施設入居者生活介護	地域密着特定施設
	地域密着型介護老人福祉施設入所者生活介護	地域密着特養
マネジメント	居宅介護支援	ケアマネジメント
施設入所サービス	介護老人福祉施設	特別養護老人ホーム
	介護老人保健施設	老人保健施設
	介護療養型医療施設	介護療養病床
	介護医療院	介護医療院

※「介護予防給付サービス」は省略

※図表および巻末資料は元資料の記載を優先し、この限りではない

第1章

介護ビジネスを取り巻く環境

介護ビジネスは、社会保障制度と密接な関係があります。そのため、ビジネスの展開を考えるとき、人口動態や社会情勢、制度の動向に注視していく必要があります。

第1章では、介護ビジネスの周辺にある最新動向を、利用者の立場、就労者の立場、そして事業者の立場に立って考えます。

1 かつてない人口減少社会がやってくる

超高齢社会の到来は、総人口の減少という問題に直面することでもあります。今後どのように人口が変化するのかを知ることは、ビジネスのありようや利用者ニーズ、働き方などを考える指標となります。

歯止めがかからない人口減少

日本の総人口は長期の人口減少過程に入っており、二〇〇八年の一億二八〇八万人をピークに減少に転じ、今後、半世紀のうちに約三分の二に縮小、二〇五三年には一億人を下回って九九二四万人となり、二〇六五年には八八〇八万人になると推計されています。

多くの先進国も、近代化や経済の発展につれてこうした**「多産多死」**から**「少産多死」**という人口転換の経過をたどってきていますが、日本は他に類のないスピードとレベルで少産多死という減少が進行しています。

戦争や飢餓など一定期間に限った要因によって起こる減少とは異なり、出生数や高齢化などの人口の構造的な変化によって生じている現在の人口減少は、その解決が難しく、現在、社会全体で長期的な視点に立った様々な対策が講じられています。

人口減少の何が問題なのか

戦後から二〇〇〇年初頭までは、出生率が死亡率を上回ってきました。しかし、近年では**人口置き換え水準**＊以下の出生率が続いています。この水準以下で生まれた子どもが成人し、水準以下で子どもを産むという悪循環に陥っており、今後数百年程度は、減少を止めることは難しいといわれています。

一方、高齢者人口（六五歳以上）は今後増加するものの、二〇四二年の三九三五万人をピークに減少に転じます。しかし、出生率の低下により総人口が減少する結果、二〇一八年に二八・一％となった高齢化率は上昇

用語解説

＊**人口置き換え水準**　ある死亡の水準の下で、人口が長期的に増えも減りもせずに一定となる出生の水準のこと。現在のわが国における死亡の水準を前提とした場合、合計特殊出生率の人口置き換え水準は、2.06（2017年）となっている。

し、二〇三六年に三三・一%、二〇六五年には三八・四%に達し、国民の約二・六人に一人が高齢者となります。七五歳以上の後期高齢者の割合は、二〇六五年には二五・五%となり、約三・九人に一人が七五歳以上の者となると推計されています。

人口構造の変化をチャンスと捉えよう

この現実を前に、中長期的な経営をどう描くかが、ビジネスを展開するうえで重要です。同じ高齢者でも、年齢層で人口推計の傾向が少し異なります。七五歳以上人口は二〇五四年まで増加傾向が続くのに対し、六五〜七四歳人口は、二〇二八年まで減少傾向が続いたあと再び増加に転じ、二〇四一年に一七一五万人に至ったあと、減少に転じると推計されています。

人口構造の変化は、暮らし方や価値観を変えていきます。高齢者はもとより、介護を必要とする人たちの介護に対する意識を変えると共に、質の高いサービスを求める声が高まってくると思われます。こうした思いをくみ取り、よりよいサービスにつなげることがこれからの介護ビジネスの成長の鍵となります。

人口減少社会の到来

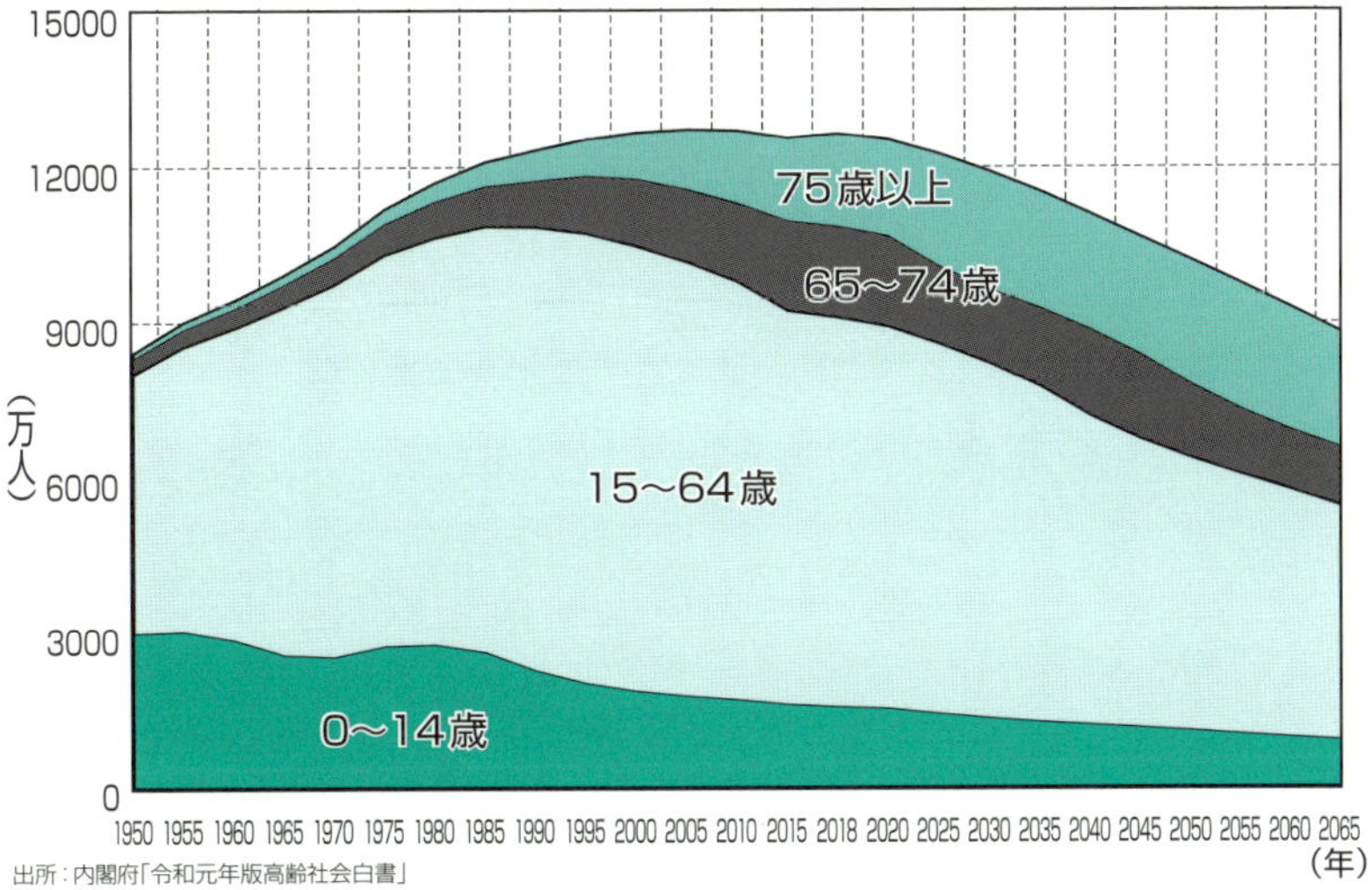

出所：内閣府「令和元年版高齢社会白書」

ワンポイントコラム

【多産多死から少産多死へ】 経済発展に伴い多産多死から多産少死を経て少産少死に至る人口動態の変化を「人口転換理論」と呼ぶ。日本は多産多死（〜1870年）、多産少死（1870〜1960年）、少産少死（1960〜）と、ほぼ西欧諸国と同じ型で人口転換を遂げているが、今後は急激な少子化、高齢化の進展により、いち早く少産多死の時代に入るとみられている。

2 人口構造の変化は何をもたらすのか

人口構成が大きく変わる人口減少時代の到来は、暮らしにかかわる経済活動やライフスタイル、地域のありようなどを変えていきます。こうした状況は、介護ビジネスにどのような影響を与えるのでしょうか。

働き手も財源も減少する

高齢化に伴う介護サービス需要の高まりとは裏腹に、**生産年齢人口**である一五～六四歳までの人口は、一九九五年に八七一六万人でピークを迎えたのち減少に転じ、二〇一八年には七五四五万人と、総人口の五九・七％となりました。二〇六五年には四五二九万人になると予測されています。生産年齢人口の減少により、全産業における働き手の減少は避けることができません。

また、各種の社会保障財源確保という点での問題もあります。現在の医療保険は、生産年齢人口にあたる世代のうち第二号被保険者（四〇～六四歳）が多くの保険料を負担しています。介護保険についても、生産年齢人口のうちの四〇～六四歳の年齢層が納付する保険料がその多くを占めています。ほかの財源である国や自治体の負担分も、人口減少による経済活動の鈍化による減少を考慮すると、将来的に増大する介護ニーズに人的・財源的にどう対応するかが課題となってきます。

家族構成の変容

人口減少は、家族のあり方をも変えていきます。昨今は、戦後の家族モデルの主流だった「三世代同居」に代わり「夫婦と子」の世帯が主流となってきました。二〇一五年と二〇四〇年を比較すると、世帯主が六五歳以上の世帯数は全国で一六・九％増加。七五歳以上の世帯は三七・〇％増加すると推計されています。ちなみに、七五歳以上の世帯で「単独世帯」が五二・一％も増加します。介護を必要とする「単独世帯」「夫婦のみ世帯」の増加とあわせ、未婚者の増加と高齢の親の介護問題などを背景とする世帯に対するサービスについても考えていく必要があります。また、これらの傾向には地域差もあることに留意が必要です。

地域格差と地域の機能低下

過疎化などで人口の五〇％以上が六五歳以上になり、社会的共同生活の維持が困難となる集落を指す「限界集落」。一九九一年頃に登場したこの言葉は当初、一部地域を指す言葉として使われていましたが、いまや日本の将来像を語る際に欠かせない言葉です。

生産年齢人口の減少は、地域産業の衰退や交通機関などのインフラ、行政サービスの低下、地域における共助のしくみの脆弱化を招き、人口の少ない地域の人口流出をさらに加速させ、高齢化の進展を招きます。一方、都市部では、高度成長期に地方から大都市圏に移り住んだ人たちの高齢化により、急速に高齢者の数が増えていくという別の問題があります。

世帯主75歳以上の世帯の家族類型別世帯数の推移

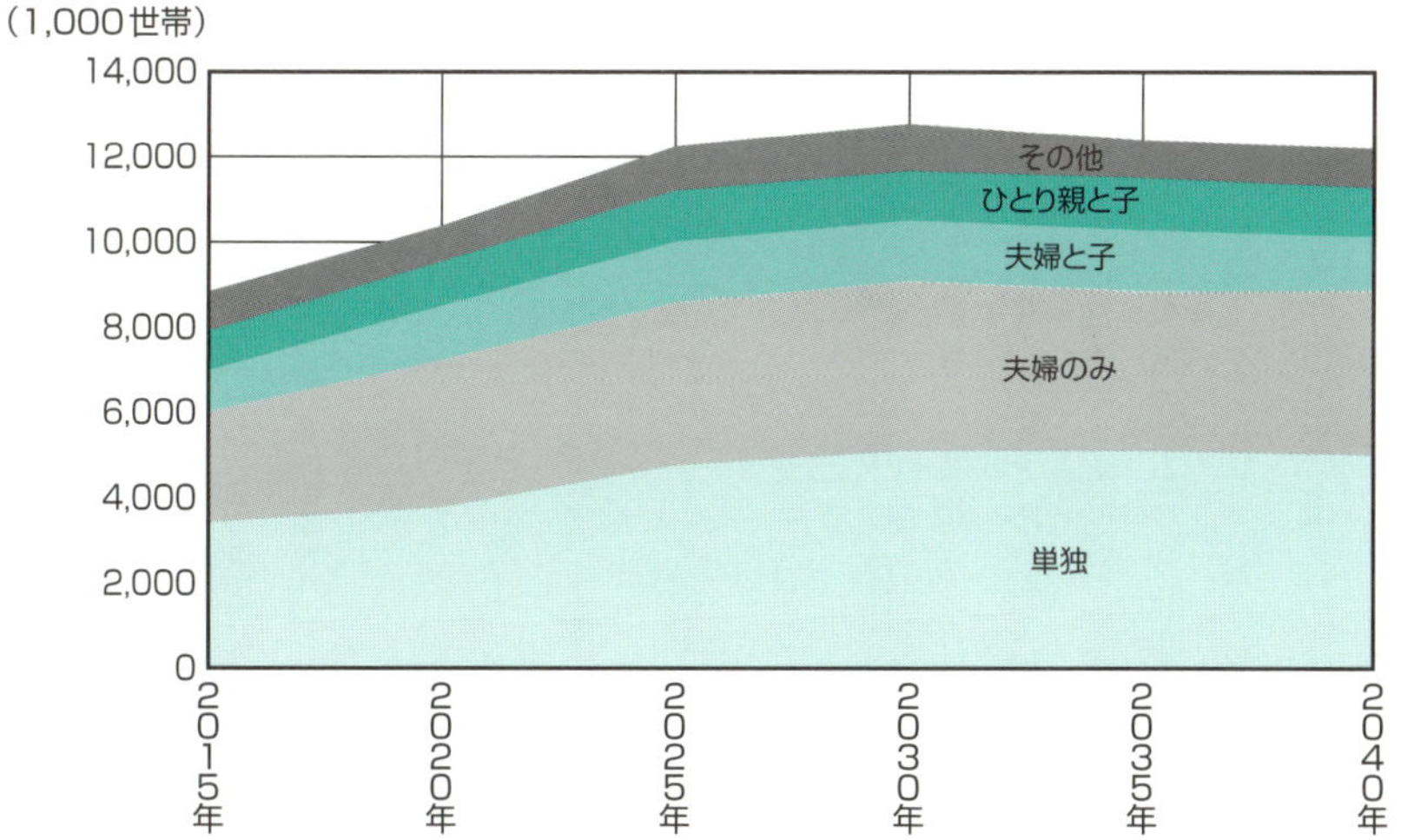

出所：国立社会保障・人口問題研究所「日本の世帯数の将来推計（全国推計）」（2019：平成31年推計）より

ワンポイントコラム

【生産年齢人口と労働参加率】　生産年齢人口とは、労働力の中核となる15歳以上65歳未満の人口層のことを指す。労働参加率とは、生産年齢人口から高齢・疾病・犯罪などの理由で、施設や病院、刑務所等におり働けない人を除いた、労働力人口（生産年齢人口のうち、働く意志を表明している人）の割合をいう。

3 「高齢者」の定義を変えることが鍵

高齢者数の増減のタイミングと、それに伴う環境の変化などを視野に入れながら、高齢者の将来像を的確に捉え、状態やニーズに合わせたサービスをつくり出していくことが求められています。

時代と共に変わる「高齢者像」

世界保健機構（WHO）の定義では、六五歳以上を高齢者としており、日本においても同様です。この高齢者の定義と区分に関しては、二〇一七年に日本老年学会などが七五歳以上を高齢者の新たな定義とすることを提案しました。検討の結果、六五～七四歳では心身の健康が保たれ、活発な社会活動が可能な人が大多数を占めている実態が分かったためです。

これまで、とかく「弱者」として扱われがちであった高齢者。時代の変遷と共に、その概念は大きく変わってきています。「団塊の世代」、そして、さらに新しい時代を生きてきた人たちが、次々と介護を必要とする世代の層へと移り変わっていきます。それぞれの世代の人が、どのようなライフコース*をたどり、価値観や考え方を形成してきたかを考えることは、介護ビジネスを考えるうえで大きなヒントとなります。

どんな高齢期をデザインできるか

経済成長の著しい時代を生きてきた世代の多くは、医療技術の飛躍的な進歩や食生活、衛生面の改善などによって、高齢期とされる六五歳以上となっても、元気で活躍していたいと思う人が多くなってきています。

また、多様なライフスタイルや個性を尊重する生き方が重視されると共に、高齢期をどこでどのように過ごすのかや、社会とのつながり方、実りある人生の最期の迎え方など、一人ひとりが「老い」のデザインを描くために必要なサービスを得たいとも考えています。

用語解説

*ライフコース（life course）　個人が生まれてから死ぬまでの間にたどる人生の道筋のこと。人生の出来事（就学、就職、結婚、出産など）をどう経験し、積み重ねてきたのかを時間軸に沿って分類し、人生の段階（成熟の過程）を表す考え方。

一方で、前述した家族構成や環境の変容に対する社会全体の対策が充分とはいえない状況から、そうした思いに応えられる介護サービスの供給体制が整っていないのが現状です。

選ばれる事業者となるには

国では、持続可能な社会保障制度の実現に向け、医療や介護の制度や財源にかかる検討を進めています。

その根幹をなす考え方として国は、高齢者が尊厳保持と自立生活の支援の目的のもと、可能な限り住み慣れた地域で自分らしい暮らしを人生の最期まで続けることができるよう、地域の包括的な支援・サービスを提供することのできる**地域包括ケアシステム***の構築を目指しています（資料編参照）。

住まいや医療、介護予防、生活支援などを一体的に提供することを目指したこのシステムを担う介護ビジネスは、高齢者とその家族の周辺にある様々な問題を横断的に支え、生活目線に立ったサービスの提供を通じて多様化するニーズに応える役割を担っています。

地域包括ケアシステムの姿

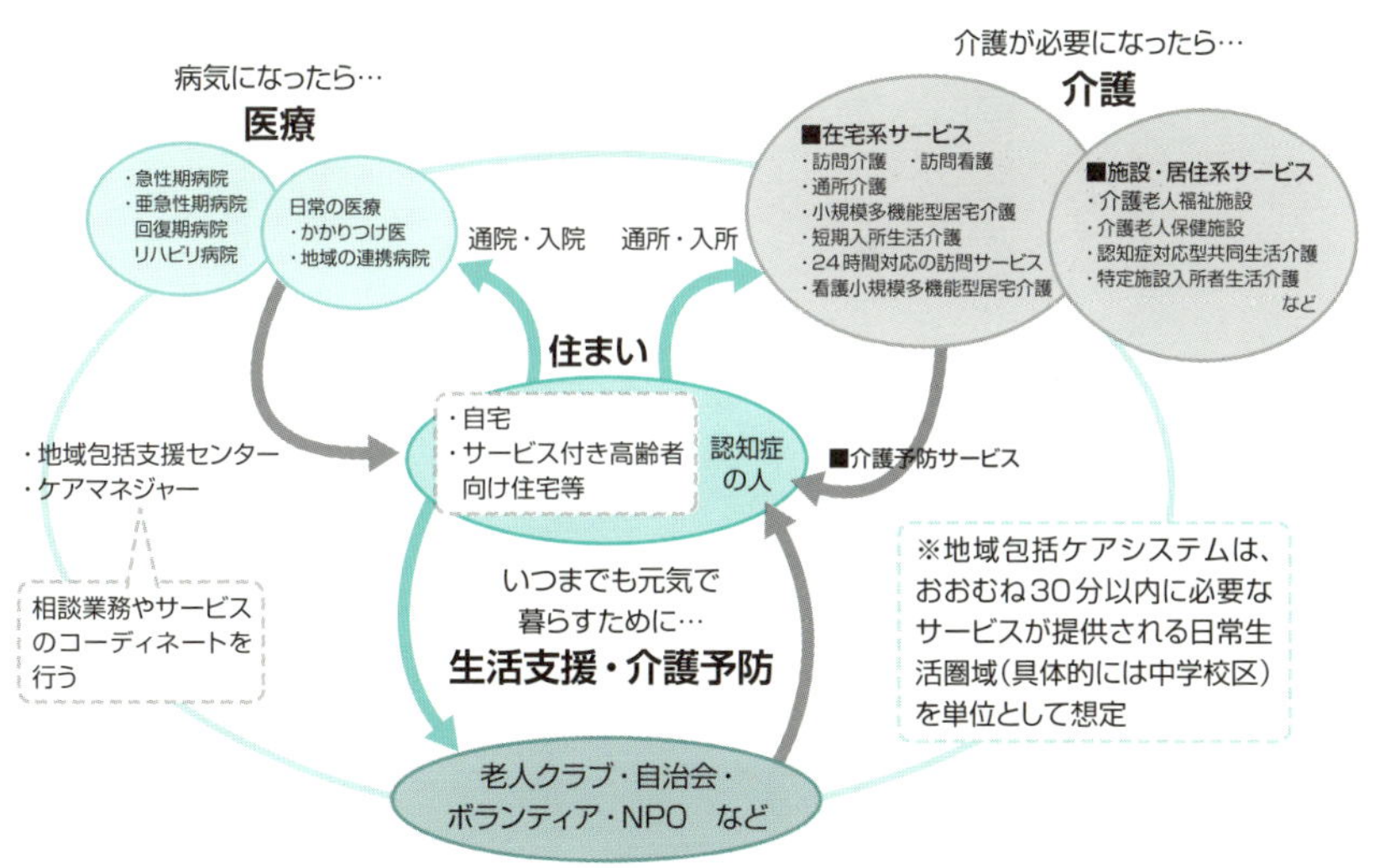

出所：厚生労働省ホームページより改変

用語解説

＊**地域包括ケアシステム**　厚生労働省は団塊の世代が75歳を迎える2025年までに、誰もが住み慣れた地域で安心して暮らし続ける社会を作るため地域包括ケアシステムの構築を目標に掲げている。歩いて30分以内の範囲で介護や看護、在宅診療、それに地域の人たちの支え合いの手が切れ目なく一体的に提供され、24時間365日の安心のサポートを自宅にいても受けられるようにすることを目指している。

4 今後の医療・介護と社会保障

厳しい国の財政事情により、社会保障制度の持続性が問われています。改革の方向性を理解し、ビジネス展開上、介護のみならず医療分野も見据えた事業を検討する必要があります。

将来像を示す「社会保障制度改革国民会議報告書」

社会保障制度の持続可能性を高めるために、福田・麻生政権時の社会保障国民会議（二〇〇八年）、安心社会実現会議（二〇〇九年）において新しい社会保障のあり方をめぐる議論が開始されました。二〇〇九年税制改正では、消費税の全額が年金・医療・介護・少子化対策に充てられるよう、二〇一一年までに税制の抜本的改革を行うとされました。

この議論は民主党政権下でも引き続き行われ、二〇一二年八月一〇日に社会保障制度改革推進法が成立して、「社会保障制度改革国民会議（以下、「国民会議」）」の設置などにより改革を総合的かつ集中的に行

問われる社会保障制度の持続可能性

年金、医療、介護などの**社会保障給付費**＊は、既に年間一〇〇兆円を超えており、二〇一七年に約一二〇兆円となり、対前年比で約一・八兆円（一・六％）増加しています。

この給付を賄うため、現役世代の保険料や税負担は増大し、さらにかなりの部分は国債などによるため、将来世代の負担となっています。

そのこともあり、日本の公的債務残高の対ＧＤＰ比は二〇一九年に二・三七倍となっており、社会保障制度自体の持続可能性も問われています。

用語解説

＊**「社会保障関係費」と「社会保障給付費」** 公的年金、医療、介護などに対する国の負担額を「社会保障関係費」（2019年予算で約34兆円）といいます。一方「社会保障給付費」は、実際に社会保障を通じて、国民に給付される年間の金銭・サービスの合計額です。

うことが定められました。同年、消費税を段階的に一〇％に引き上げる税制改革関連法案なども成立し、消費税の税収については、社会保障財源化されることになりました。そののち、増税時期の延期などはありましたが、消費税率は二〇一九年一〇月に八％から一〇％となりました。

国民会議が二〇一三年八月六日に公表した報告書は、今後の医療・介護業界の動向を占ううえでのグランドデザインといえ現在もその流れを受けた政策が進められています。

国民会議報告書は、いわゆる「団塊の世代」が七五歳以上となる二〇二五年に向けた改革の道筋を提示しています。患者・利用者のニーズの変化については、今後、複数の疾患を抱える高齢患者が増加し、病院・介護施設においては早期の在宅復帰、在宅の現場では、QOL（Quality of Life＝生活の質）のみならず、いかにして死ぬか、QOD（Quality of Death＝死の質）が重要になってくると述べられています。

医療介護提供体制については、報告書では、都道府県レベル、地域レベルで様々な機関の連携・役割分担な

変化する医療介護施設の経営モデル

	1970年代モデル	21世紀（2025年）日本モデル
経営戦略	・病院完結型	・地域完結型
他の法人・病院との関係	・競争関係に陥りがち（過重投資、患者・医療従事者獲得競争）	・協調・連携がより重要
	・部分最適	・地域レベルでの全体最適（医療・介護の連携）
医療法人・社会福祉法人制度	・法人単独での運営	・非営利性等を堅持のうえ、医療法人等が容易に再編・統合

出所：「社会保障制度改革国民会議報告書」より作成

どにより、医療・介護提供体制の再編が重要だとされています。

地域包括ケアシステムの構築

介護保険制度改革については、その根幹をなす考え方として、高齢者の尊厳保持と自立生活の支援という目的の下、可能な限り住み慣れた地域で自分らしい暮らしを人生の最期まで続けることができるよう、地域の包括的な支援・サービスを提供することのできる**地域包括ケアシステム**の構築が最大の課題であるとされています。また、介護サービスの効率化と重点化が必要であり、一定以上の所得のある利用者負担は引き上げるべきであるなどと提言されています。

医療分野も見据えた経営戦略の必要性

このように、医療と介護は一体的に改革が行われるようになってきており、介護事業者も**医療を含めたトータルな施策**を理解する必要があります。例えば、入院患者の早期退院促進という政策を認識しておくことによって、病院との連携の方策も検討できます。

ビジネスチャンスとしての規制改革の流れ

近年、社会保障の効率化や人生百年を見据えたさまざまな改革も声高に叫ばれています。ＩＣＴ（情報通信技術）の活用などにより、医療介護などの公共サービス分野生産性の向上などが打ち出されています。

二〇一九年六月二一日に閣議決定された「経済財政運営と改革の基本方針二〇一九（骨太の方針二〇一九）」では、人生百年時代というキーワードを使い、〝全世代型社会保障の構築に向けた改革を進めていくことが必要であり、少子高齢社会の中で、生き方、働き方の多様化に対応できる持続可能な社会保障制度へと改革していく必要がある〟とされています。次のような事項が例示されています（抜粋）。

● **予防・重症化予防・健康づくりの推進**

健康寿命延伸プランの推進、生活習慣病・慢性腎臓病・認知症・介護予防への重点的取組

● 医療・福祉サービス改革プランの推進

ロボット・AI・ICT等、タスク・シフティング、シニア人材の活用推進、組織マネジメント改革、経営の大規模化・協働化

● 医療提供体制の効率化

人材不足等の新たな課題に対応するため、地域医療構想の実現、医師偏在対策、医療従事者の働き方改革を三位一体で推進し、総合的な医療提供体制改革を実施

一方で、効率化の概念が非営利の理念の下に提供している医療・介護サービスにかなうものなのかと懸念する声もあります。しかし、事業者としては非営利事業であることを基本としながらも、多様化する患者・利用者のニーズに応えていく必要があります。政府の政策もうまく活用することが求められます。

医療分野の改革 — 地域医療構想

○「医療介護総合確保推進法」により、2015年4月より、都道府県が「地域医療構想」を策定。2016年度中に全都道府県で策定済み。※「地域医療構想」は、2次医療圏単位での策定が原則。

○「地域医療構想」は、2025年に向け、病床の機能分化・連携を進めるために、医療機能ごとに2025年の医療需要と病床の必要量を推計し、定めるもの。

○都道府県が「地域医療構想」の策定を開始するに当たり、厚生労働省で推計方法を含む「ガイドライン」を作成。2015年3月発出。

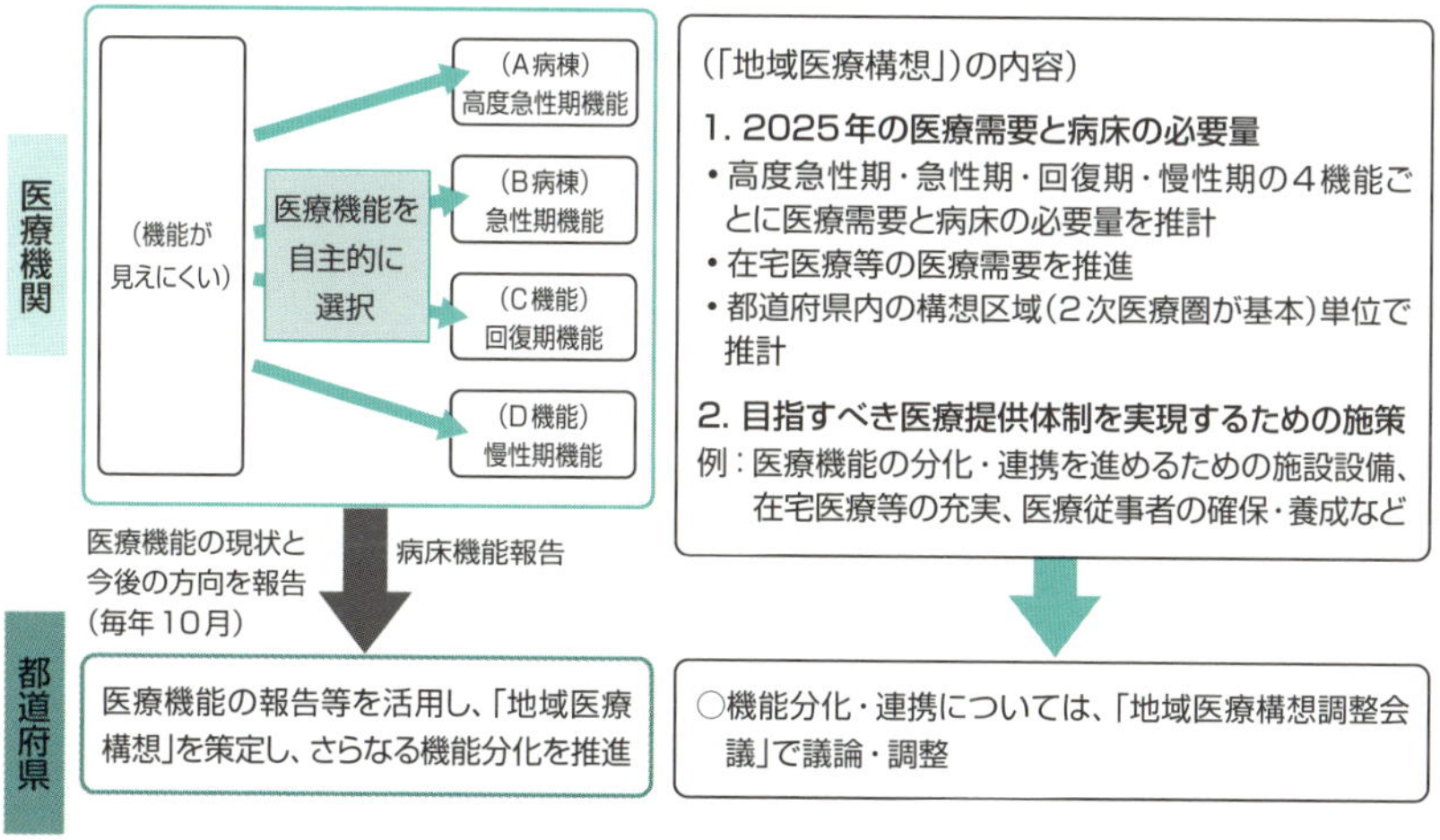

出所：厚生労働省資料を改変

5　介護ビジネスの歴史を読み解く

一九八〇年代頃から「介護」という言葉や必要性は広く知られるようになりましたが、この言葉と表裏一体にある「福祉」の歩みを理解し、ビジネスの展望を予測します。

救貧対策から福祉向上への転換

「絶対主義的家父長制*」の下での家族扶養が主流だった日本の介護。しかし、高度経済成長の流れと共に、公衆衛生や栄養の改善による平均寿命の向上や高齢者人口の増加、核家族など家族のあり方の変容などにより、これまで主に低所得者層の救済を目的としていた高齢者対策を、抜本的に見直す必要が生じました。

一九六三年制定の老人福祉法では、広く高齢者の心身の健康を保持すると共に、生活の安定のために必要な措置を講じることを通じ、総合的に高齢者福祉の向上を目指すことを目的に、従来の救貧対策を継承した養護老人ホームや特別養護老人ホーム、軽費老人ホームなどの施設が新たに整備されました。また、今日の訪問介護(ホームヘルプ)にもつながる、老人家庭奉仕員制度なども創設されました。

サービスではなく支援としての介護

こうした取り組みは、行政機関が必要性を判断し支援を実施する「**措置**」の下に運用されてきました。財源は税に委ねられていたため、利用者の支払い能力の有無を問わず支援が受けられるしくみ(**応能負担**)である反面、利用者自身が支援を選択できないといった問題がありました。また、施設運営や在宅介護事業の多くは、社会福祉法人や社会福祉協議会等など公益性の高い事業者だけに運営が認められていたこともあり、受け皿の整備が進みにくい側面もありました。

以降、高齢者の健康づくり推進と高齢者医療費の抑

用語解説　***絶対主義的家父長制**　家父長権をもつ男子が家族員を統制・支配する家族形態をいう。

制の一環として、老人病院と在宅の中間的役割を担う老人保健施設が、一九八二年の老人保健法の制定に合わせ誕生。一九八八年には、高齢者のケア付き住宅の必要性が高まり、措置制度の中でも唯一利用者との契約の下に運営されていた**軽費老人ホームの類型にケアハウス*が加わる**など、介護保険の前身となるしくみが構築されていきました。

誰もがサービスを選び取る時代に

二〇〇〇年の介護保険制度スタートにより、介護市場への民間参入が促進されました。介護は「与えられるもの（救済）」から、利用者から徴収した介護保険料を財源の一部とする制度（**応益負担**）の導入により、「選び取るもの（サービス）」へと変わりました。

介護保険制度については後述しますが（1-6節、2章）、制度の根底にある「福祉的視点」を踏まえた質の高いサービスを提供すると共に、利益追求のみに陥ることなく、事業の効率化や収入の安定化などバランスのとれた事業展開を図ることが、事業者には求められています。

社会保障制度の変遷

昭和20年代

<時代背景>
・戦後の混乱
・栄養改善、伝染病予防と生活援護

戦後の緊急援護と基盤整備（いわゆる「救貧」）

↓

昭和30・40年代

<時代背景>
・高度経済成長
・生活水準の向上

国民皆保険・皆年金と社会保障制度の発展（いわゆる「防貧」）

↓

昭和50・60年代

<時代背景>
・高度経済成長の終焉
・行財政改革

安定成長への移行と社会保障制度の見直し

↓

平成以降

<時代背景>
・少子化問題
・バブル経済崩壊と長期低迷

少子高齢社会に対応した社会保障制度の構造改革

出所：厚生労働省「戦後社会保障制度史」より

用語解説

＊**軽費老人ホーム・ケアハウス**　原則60歳以上の人で、独立して生活するには不安がある人や身体機能の低下が認められる人で、家族による援助を受けることができない人が、無料または低額な料金で暮らせる施設。身体や生活状況に応じ、A型、B型、ケアハウスの3種類がある。

6

介護保険制度の目的と現状

介護ビジネスの根幹ともいえる介護保険制度は、その根幹の目的は変わらないものの、高齢化の進展状況や財政状況等を鑑みながら、迅速かつ柔軟に対応できる体制づくりに向け、変革を遂げています。

介護保険制度創設の背景

介護保険制度は二〇〇〇年に施行されました。背景には、高齢化の進展に伴い要介護高齢者の増加、介護期間の長期化など、介護ニーズの増大や、核家族化の進行、介護する家族の高齢化などにより要介護高齢者を支えてきた家族をめぐる状況の変化があります。また、従来あった老人福祉、老人医療制度という観点からの対応では限界を迎えていました。例えば、介護を理由とする一般病院へのいわゆる〝社会的入院〟が課題となっていました。

重視しているのは「利用者本位」

介護保険制度は、①介護問題を社会全体で支えるしくみの構築（介護の社会化）、②介護を必要としても、能力や自らの意思にもとづき自立した質の高い日常生活を送るための支援（自立支援）、③利用者の希望を尊重できる多様な主体の創出とサービスの総合的・一体的提供（利用者本位とサービスの総合化）、④被保険者が共同連帯の理念にもとづき公平に保険料を負担する社会保険方式の導入を目的に創設されています。

利用者は**要介護度**＊に応じた支給限度基準額の範囲で、自らが望むサービスを受けられるようになりました。支給限度基準額を超えた部分は、自己負担により利用が可能です。また、**これまで介護ビジネスの運営主体は社会福祉法人および自治体などの限られたものから、民間企業に市場を開放する**ことにより、サービスの供給不足の解消を図ったともいえます。

用語解説

＊**要介護度**　介護を必要とする人の介護サービスの必要度（どのくらいサービスを受ける必要があるか）を判断するもので、身体の状況から7段階に区分けされている。その人の病気の重さが要介護度の高さと必ずしも一致しない場合がある。

介護保険制度改正の経緯

第1期
(平成12年度～)

平成12年4月　介護保険法施行

第2期
(平成15年度～)

平成17年改正(平成18年4月等施行)

○介護予防の重視(要支援者への給付を介護予防給付に。介護予防ケアマネジメントは地域包括支援センターが実施。介護予防事業、包括的支援事業などの地域支援事業の実施。)
○施設給付の見直し(食費・居住費を保険給付の対象外に。所得の低い方への補足給付。)(平成17年10月)
○地域密着サービスの創設、介護サービス情報の公表、負担能力をきめ細かく反映した第1号保険料の設定　など

第3期
(平成18年度～)

平成20年改正(平成21年5月施行)

○介護サービス事業者の法令遵守等の業務管理体制の整備。休止・廃止の事前届出制。休止・廃止時のサービス確保の義務化　など

第4期
(平成21年～)

平成23年改正(平成24年4月等施行)

○地域包括ケアの推進。24時間対応の定期巡回・随時対応サービスや複合型サービスの創設。介護予防・日常生活支援総合事業の創設。介護療養病床の廃止期限の猶予(公布日)
○介護職員によるたんの吸引等。有料老人ホーム等における前払金の返還に関する利用者保護
○介護保険事業計画と医療サービス、住まいに関する計画との調和。地域密着型サービスの公募・選考による指定を可能に。各都道府県の財政安定化基金の取り崩し　など

第5期
(平成24年～)

平成26年改正(平成27年4月等施行)

○地域包括ケアシステムの構築に向けた地域支援事業の充実(在宅医療・介護連携、認知症施策の推進等)
○全国一律の予防給付(訪問介護・通所介護)を市町村が取り組む地域支援事業に移行し、多様化
○低所得の第一号被保険者の保険料の軽減割合を拡大
○一定以上の所得のある利用者の自己負担を引上げ(平成27年8月)など

第6期
(平成27年～)

平成29年改正(平成30年4月等施行)

○全市町村が保険者機能を発揮し、自立支援・重度化防止に向けて取り組む仕組みの制度化
○「日常的な医学管理」、「看取り・ターミナル」等の機能と「生活施設」としての機能を兼ね備えた、介護医療院の創設
○介護保険と障害福祉制度に新たな共生型サービスを位置付け
○特に所得の高い層の利用者負担割合の見直し(2割→3割)、介護納付金への総報酬割の導入　など

第7期
(平成30年～)

ワンポイントコラム

【介護保険制度改正】　施行後5年目の2005年に最初の改正が行われたあと、3年ごとに改正。2018年の改正では、市町村が保険者機能を発揮し、自立支援・重度化防止に向けて取り組む仕組みの制度や、特に所得の高い層の利用者負担割合の見直しが行われた。(詳細は2章参照。)

7 超高齢社会を支える制度・施策の動き

介護保険制度や医療保険制度以外にも、様々な角度から超高齢社会を乗り切るための制度や施策が講じられています。介護ビジネスを展開するうえで特に注目しておくべきものについて紹介します。

介護人材確保に向けた取り組み

介護需要が増加する一方、少子化により生産年齢人口が減少していることなどを踏まえて、国は、二〇二五年に向け、介護人材を量と質の両面から確保するため、国と地域が「参入促進」「資質の向上」「労働環境・処遇の改善」を進めるための対策に総合的・計画的に取り組むことにしています。

「骨太の方針二〇一九」に盛り込まれた、介護離職ゼロに向けた介護人材確保対策として、二〇一九年一〇月から介護職員の更なる処遇改善が行われました(障害福祉人材についても、介護人材と同様の措置)。

事業者から見ると、これらの施設整備の促進や参入規制の緩和、介護事業の生産性向上、人材育成・確保、職場環境改善に向けた様々な政策をビジネスチャンスとして経営に積極的に取り込むことが求められます。

認知症対策を加速化させる取り組み

認知症施策推進総合戦略(新オレンジプラン*)が二〇一五年に取りまとめられました。このプランは「認知症の人の意思が尊重され、できる限り住み慣れた地域のよい環境で自分らしく暮らし続けることができる社会の実現を目指す」ことを基本に置いています。認知症の理解促進や容態の変化に応じた、適時・適切に切れ目のない医療・介護等を提供するための連携、介護者の負担軽減に向けた支援、高齢者にやさしい地域づくりの推進などを柱に、関係省庁や行政、民間セクター、地域住民等がそれぞれの役割を果たしていくこ

用語解説

* **認知症施策推進総合戦略(新オレンジプラン)** 厚生労働省が進めてきた「認知症施策推進5ヵ年計画」に代わるもので、当事者や家族に優しい地域づくりを柱とし、認知症の理解に向けた普及啓発、適切な医療介護等の提供、若年性認知症施策の強化、介護者支援、認知症の予防法、介護モデル等の研究・開発の推進について、12の関係府省庁による横断的な対策が実施される。2017年7月に数値目標などが一部修正。

とが求められています。

その後、二〇一九年に「認知症施策推進大綱」が閣議決定されました。詳しくは第四章第五節で紹介します。

住まいの確保に対する取り組み

高齢者の居住に関する法律（高齢者住まい法）は、制度の複雑さや高齢者に適した住まいの供給量不足などの問題を解消するため二〇一一年に改正されました。改正では、これまでわかりにくかった高円賃・高専賃・高優賃を廃止し、サービス付き高齢者向け住宅に一本化すると共に都道府県知事の登録制度を創設。供給の促進と指導監査体制の強化を図っています。その他、地域での居住継続を支援するため、空き家等の活用と生活支援を連動した「地域善隣事業」構想など、社会全体で高齢者の「住まい方」を支える取り組みが進められようとしています。また昨今、**高齢者の地域移住**に関する関心も高まりをみせており、新しい介護ビジネスへの期待も膨らんでいます（6 - 4節参照）。

高齢者のための法律・制度

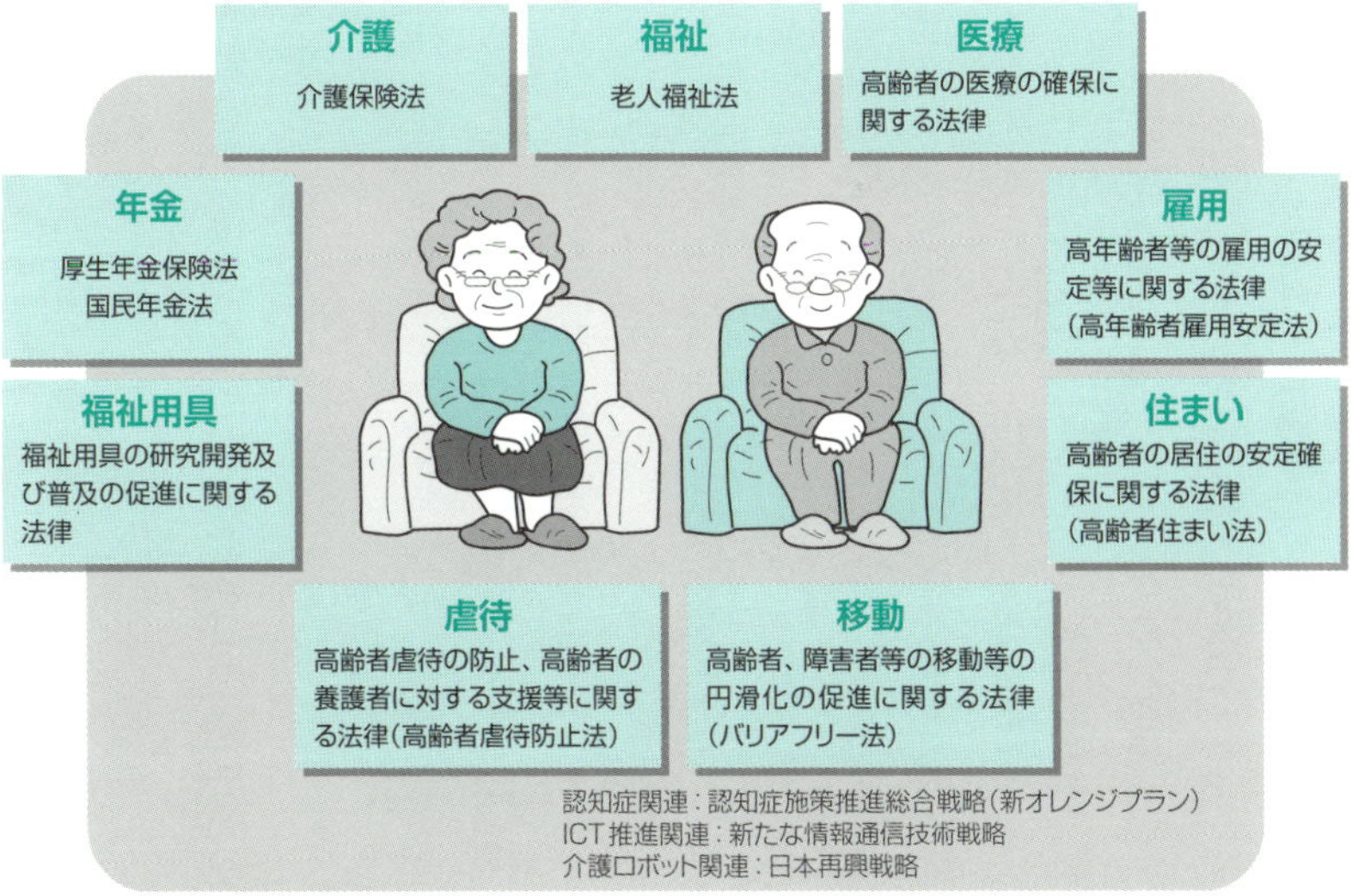

ワンポイントコラム

【高齢者の地域移住】 東京をはじめとする都市居住者の地方への移住策として、2015年12月に首相官邸の「まち・ひと・しごと創生本部」が、有識者会議で検討しまとめた「生涯活躍のまち」構想の最終報告が公表されている。2019年の基本方針では、高齢者に限らず「地方への新しいひとの流れをつくる」方針などが掲げられている。

8 事業者の視点でのマーケティング

利用者の生命や生活に直結する介護ビジネスでは、必要とされるサービスを生み出すと共に、継続的かつ安定的な提供体制を整えていくという視点を持って、戦略を考えていくことが大切です。

介護ビジネス事業の継続のためには

介護ビジネスにおいても、他のビジネスと同様にマーケティグの戦略を考える必要があります。

どの地域で事業を開始するのか、またどのような事業がその地域に必要なのかなどを、行政が公表している**介護保険事業（支援）計画**等や、地域の高齢者人口や高齢化率、世帯状況、平均的な所得などを併せて考え、その地域で求められている事業をつくり出していく必要があります。また、市町村の判断によって可能となる介護保険制度以外のサービス（**横だし・上乗せサービス***）などを付加するなどの工夫を凝らすことで、他の事業所との差別化を図ることができます。

利用者確保の面からは、何よりもまず利用者とその家族にサービスを知ってもらうという取り組みが必要となってきます。介護サービスの場合その地域の住民すべてが利用するわけではないので、一般的な方法ではなかなか情報が伝わりにくいということを認識し、開設前の地元説明会や行政の広報、地域密着のフリーペーパーの活用など、可能な限り身近で丁寧にサービスの内容が伝わるよう工夫しましょう。また、介護支援専門員（ケアマネジャー）が従事する介護事業所や地域包括支援センターなどへの周知も効果があります。

サービスの質と経営

次に重要な視点はサービスの質の確保です。

マーケティング戦略に成功しても、サービスの質が確保できなければ、事業者の質の悪さを宣伝すること

ワンポイントコラム

【介護保険事業（支援）計画】　3年間を1期として策定されており、市町村等が介護サービス量を見込む際の参考となる基準を記した基本指針を国が定め、区域（日常生活圏域）ごとの設定を「市町村介護保険事業計画」で、それを踏まえた区域（老人福祉圏域）の設定を「都道府県介護保険事業支援計画」で策定し、保険料の設定や基盤整備を進める。

になってしまいます。そこで重要なのは、人材育成に重点を置いた人材管理です。資格保有者の採用もさることながら、それ以上に重要なのは人材の育成です。施設や事業所の中でのスキルアップのしくみを構築しておけば、利用者へのサービス提供と、雇用者への人材確保の双方でメリットがあります。

また、第三者の視点で事業者の体制やサービスの取組み状況を公平に確認してもらうＩＳＯの認証取得や福祉サービス第三者評価の受審なども、サービスを知ってもらう一つのきっかけとなります。

事業の成否の鍵を握るのは財務管理です。事業を開始する前のシミュレーションの時点で利益が出ないようでは、実際に開始してもうまくいきません。事業の継続が可能な、現実的な利用率での収入計画が求められます。

また、それらの決定権を持つ経営機能が十分に機能していなければなりません。事業の計画を立て、実行し、結果や数値を検証し、事業の必要性や今後の方向性を判断します。その判断が事業の生き残りを左右するのです。

介護保険事業者がいまなすべきこと

≪経営機能、それは意思決定スピード≫
キーワード１『意思決定スピードを上げる、そして否認の場合理由を明確に説明する。』

≪マーケティング機能、チェックポイントは計画が実際に実行されているか≫
キーワード２『数値目標も大切だが、まずは計画が実行されているかを確認する。』

≪サービス機能、外部機能を活用して維持向上を図る≫
キーワード３『外部の視点を有効に活用することがレベルアップそして評価につながる。』

≪人事機能、一人ひとりが大切である。よって育成・モチベーションの向上が目的≫
キーワード４『人事制度は育成が目的である。また労務管理はモチベーションに大きな影響を与える』

≪財務機能、決算書は経営の成績表である。課題発見、改善のための指標に活用する≫
キーワード５『計画の実行が数値に結びついているか、成績表で確認する。』

出所：株式会社　法研「月刊　介護保険」より抜粋

用語解説

＊**横だし・上乗せサービス**　横だしサービスは、介護保険以外に市町村が独自に条例を定め行っているサービス。配食、おむつ支給、移送などがある。上乗せサービスは、介護保険の限度額を超えたサービスを、市町村の判断によって利用時間や回数を増やしたりするもの。対象となるのは、居宅サービス（一部除く）、福祉用具購入、住宅改修。

9 介護人材確保に向けた国の施策動向

二〇二五年に向けた介護人材の需給推計では、二〇二五年には二四五万人の介護人材が必要となり、二〇一六年時点と比較すると五五万人不足することになります。いまや、介護ビジネスにとって介護人材確保が最大の経営課題といっても過言ではありません。

介護人材を量と質の両面から確保

二〇一八年五月に第七期介護保険事業計画の介護サービス見込み量等に基づき、都道府県が推計した介護人材の必要数が公表されました（二九ページ図参照）。これによれば、二〇二五年度末に必要な介護人材数は約二四五万人となり、二〇一六年度の約一九〇万人に加え約五五万人、年間六万人程度の介護人材を確保する必要があると推計されています。

介護人材の確保のためには「介護人材確保の目指す姿～「まんじゅう型」から「富士山型」へ～」という概念が示されています（三一ページ上図参照）。「参入促進」「労働環境・処遇の改善」「資質の向上」の三つの観点にそれぞれ目指すべき姿が設定されており、これにもとづき主要な施策が打ち出されています。

具体的な「総合的な介護人材確保対策」としては、三一ページ下図に記載のあるとおり、「介護職員の処遇改善」「離職防止・定着促進・生産性向上」など五つの観点からの対策が示されました。

つまり、介護人材の確保を実現するためには、まずは介護人材が安心して働き続けられるような処遇改善、環境整備、ＩＣＴ活用などによる生産性向上を図ることが必須であり、結果として介護人材確保にも資する施策となっています。

介護人材の構造的特性と賃金水準

介護人材の構造的特性として、女性や中高年齢者層の割合が高く、非常勤労働者が多いといった点が挙げられます。二〇二五年に向け、介護人材確保の持続可能性を高めるには、こうした既存の労働市場への対策強化に加え、若者や障害者、さらには他業界からの参入を進めていくことが重要です。しかしながら、

・介護の一面的なマイナスイメージが流布されている
・核家族化に伴い児童・生徒の介護との接点がないこと等により、介護を職業として認知している、あるいは、夢見る児童・生徒が極めて少ないうえに、保護者や教員も就職先として勧めることに抵抗がある

等の指摘があります。

特に、「介護職員の賃金は低い」といわれます。例えば、「ホームヘルパー・福祉施設介護員」の平均賃金（所定内給与額：賞与は含まない）の水準は産業計と比較して月額約一〇万円低い傾向です（**厚生労働省「平成三〇年賃金構造基本統計調査***」）。ただしこの点は、介護職員の勤続年数は産業計と比較して短い傾向にあ

第７期介護保険事業計画に基づく介護人材の必要数

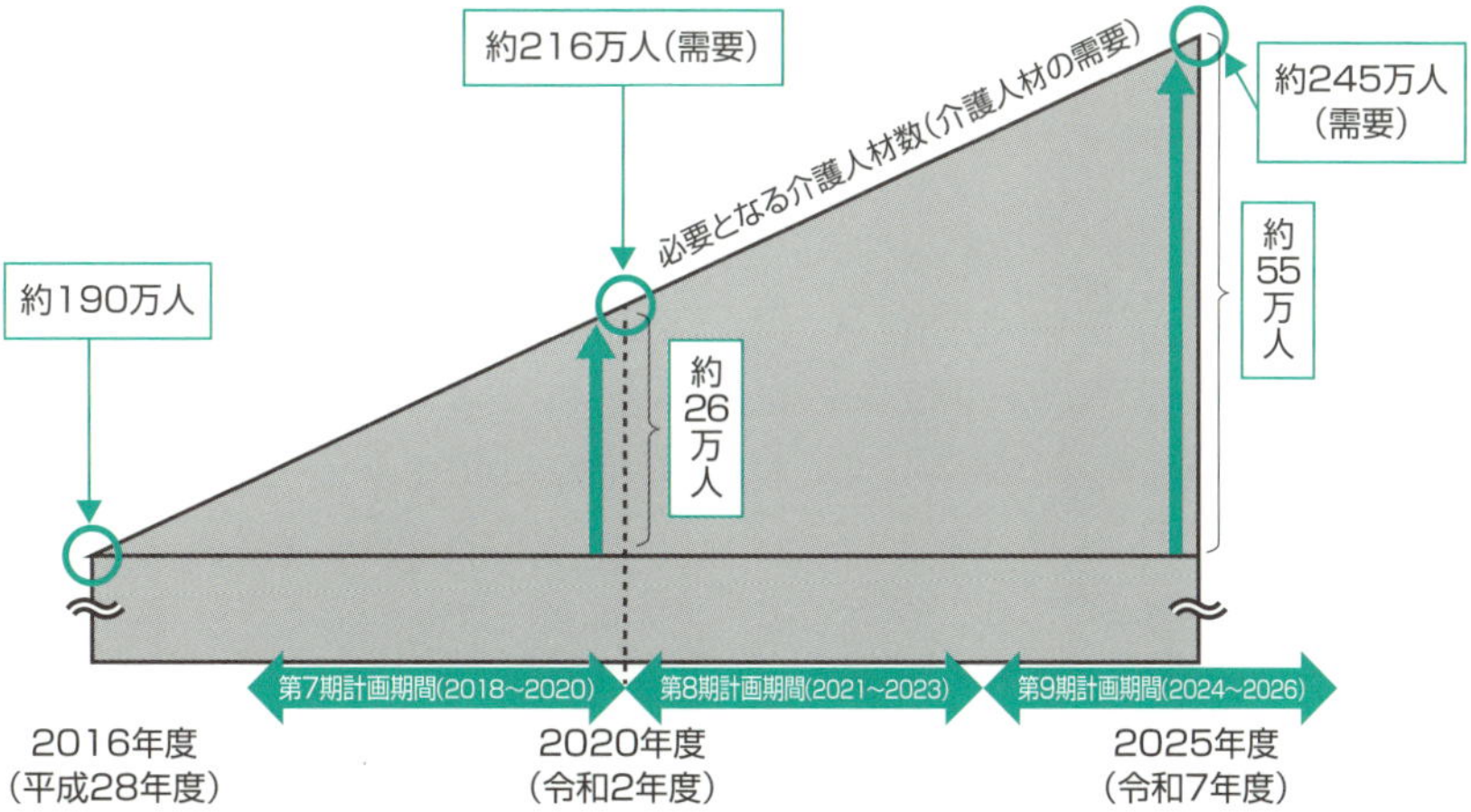

出所：厚生労働省ホームページ「介護人材確保に向けた取り組み」より

用語解説

*** 厚生労働省「平成30年賃金構造基本統計調査」**　男女別にみると、福祉施設介護員の月額賃金は全国平均で男性25万4700円、女性23万1400円であり、調査産業計平均の男性37万4700円、女性26万5600円よりいずれも低いが、男性の賃金により大きな差がある。

り、定期昇給など十分な賃金水準に至る前の早期の離職が遠因と考えられます。

その介護職員の主たる離職事由については、「結婚・出産・育児」、「労働環境、雇用管理の在り方」、「将来の見通しが立たない」、「心身の不調、腰痛等」の四点が上位に挙げられ、こうした離職事由に応じた雇用管理の改善を進める必要があります。その際、非常勤労働者が多い業界である実態を踏まえ、正規職員と非正規職員の均等・均衡処遇に努めることも必要です。

これらを背景に、国は人材の量的確保と質的確保を両輪として、介護人材の「量」と「質」の好循環を進めるという視点に立ち、そのうえで、**「参入促進」「労働環境・処遇の改善」「資質の向上」という三つのアプローチ**による総合的な政策対応を進めています。

介護福祉士の資格取得方法の見直し

二〇〇七年の「社会福祉士及び介護福祉士法」の改正により、介護人材の資質向上を図る観点から、**介護福祉士資格取得が一元化**される予定でした(二〇一二年度施行)。具体的には、三つの資格取得ルート「実務経験三年以上」「介護福祉士養成施設等」「福祉系高校」で一定の教育プロセスや実務経験を経たすべての者に、国家試験を義務付ける(一元化)というものです。

しかし、その後も一元化は延期され、二〇一九年にようやく施行されました。

介護福祉士養成施設卒業者も介護福祉士となる(介護福祉士登録を受ける)には介護福祉士試験に合格しなければならないこととなりましたが、新法の施行(二〇一七年四月一日)から二〇二二年三月三一日までに介護福祉士養成施設を卒業した者については、介護福祉士試験に合格しなくても(不合格又は受験しなかった者)、卒業年度の翌年度から五年間は介護福祉士となる資格を有する者とする経過措置が設けられています。

介護人材確保の目指す姿 ～「まんじゅう型」から「富士山型」へ～

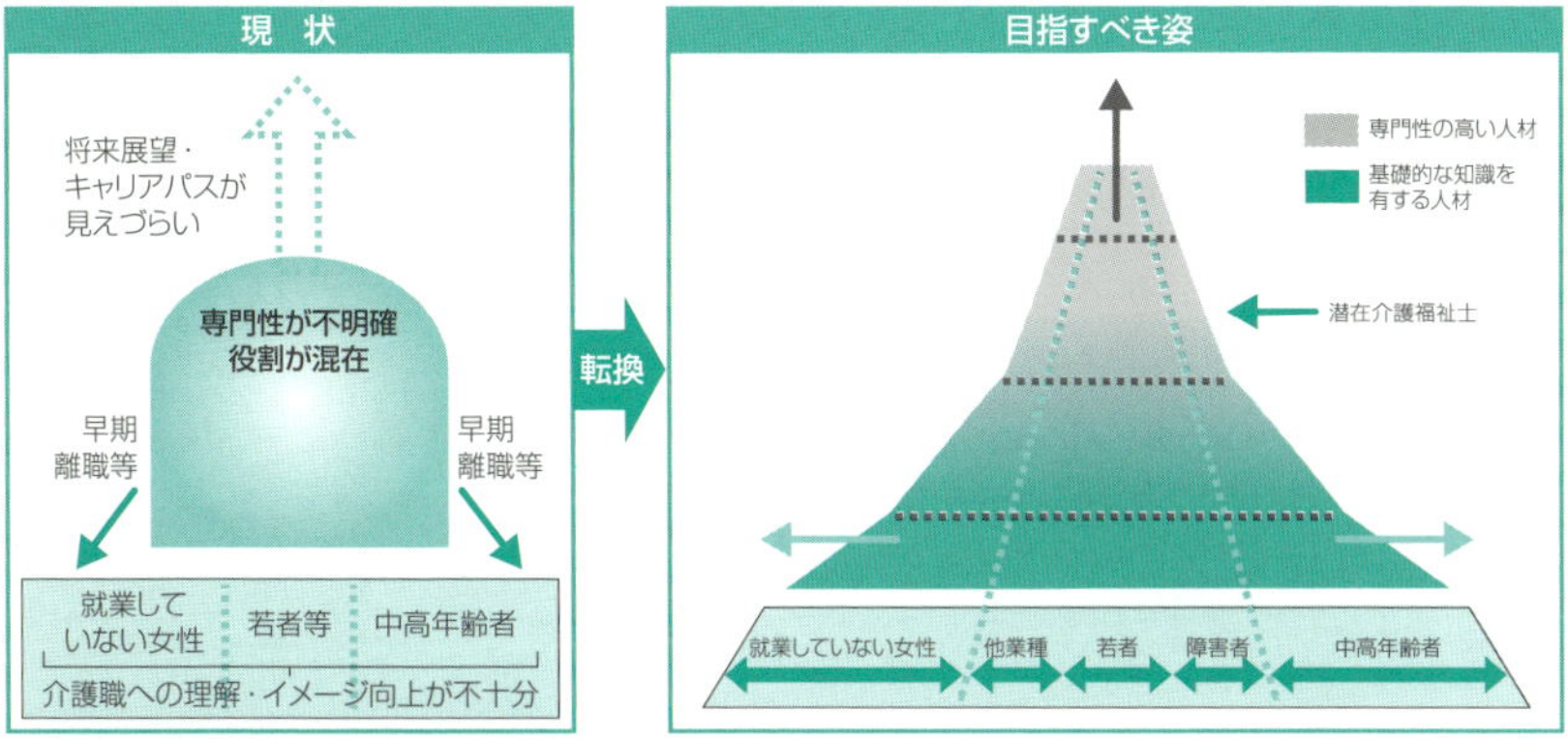

参入促進	1. すそ野を拡げる	人材のすそ野の拡大を進め、多様な人材の参入促進を図る
労働環境・処遇の改善	2. 道を作る	本人の能力や役割分担に応じたキャリアパスを構築する
	3. 長く歩み続ける	いったん介護の仕事についた者の定着促進を図る
資質の向上	4. 山を高くする	専門性の明確化・高度化で、継続的な質の向上を促す
	5. 標高を定める	限られた人材を有効活用するため、機能分化を進める

国・地域の基盤整備

出所：厚生労働省資料「介護人材の確保・介護現場の革新」（2019年7月）より

総合的な介護人材確保対策（主な取組）

	これまでの主な対策		今後、さらに講じる主な対策
介護職員の処遇改善	（実績）月額平均5.7万円の改善 月額平均1.4万円の改善（29年度～） 月額平均1.3万円の改善（27年度～） 月額平均0.6万円の改善（24年度～） 月額平均2.4万円の改善（21年度～）	＋	・2019年10月の消費税率の引き上げに伴い、更なる処遇改善を実施
多様な人材の確保・育成	・介護福祉士を目指す学生への修学資金貸付 ・いったん仕事を離れた介護人材への再就職準備金貸付（人材確保が特に困難な地域では貸付額を倍増）	＋	・中高年齢者等の介護未経験者に対する入門的研修を創設し、研修受講後のマッチングまでを一体的に支援 ・介護福祉士養成施設における人材確保の取組を支援
離職防止 定着促進 生産性向上	・介護ロボット・ICTの活用推進 ・介護施設・事業所内の保育施設の設置・運営の支援 ・キャリアアップのための研修受講負担軽減や代替職員の確保支援	＋	・介護ロボットの導入支援や生産性向上のガイドラインの作成など、介護ロボット・ICT活用推進の加速化 ・認証評価制度の普及に向けたガイドラインの策定
介護職の魅力の向上	・学生やその保護者、進路指導担当者等への介護の仕事の理解促進	＋	・介護を知るための体験型イベントの開催（介護職の魅力などの向上）
外国人材の受入れ環境整備	・在留資格「介護」の創設に伴う介護福祉士国家資格の取得を目指す外国人留学生等の支援（介護福祉士修学資金の貸付推進、日常生活面での相談支援等）		

出所：厚生労働省資料「介護人材の確保・介護現場の革新」（2019年7月）より

用語解説

＊**キャリアパス（Career Path）**　直訳は「キャリアを積む道」。ある職位に就くまでに辿る経験や順序など長期的な職務の道や展望のことであり、いわば、経営者側が従業員に、組織内における将来の働きかたの可能性を示すもの。一方、本人の自発的主体的な面を重視し、仕事と自分の成長や人生とのかかわりを重視する「キャリア開発」あるいは「キャリア発達」（いずれも英語ではcareerdevelopment）という考え方がある。

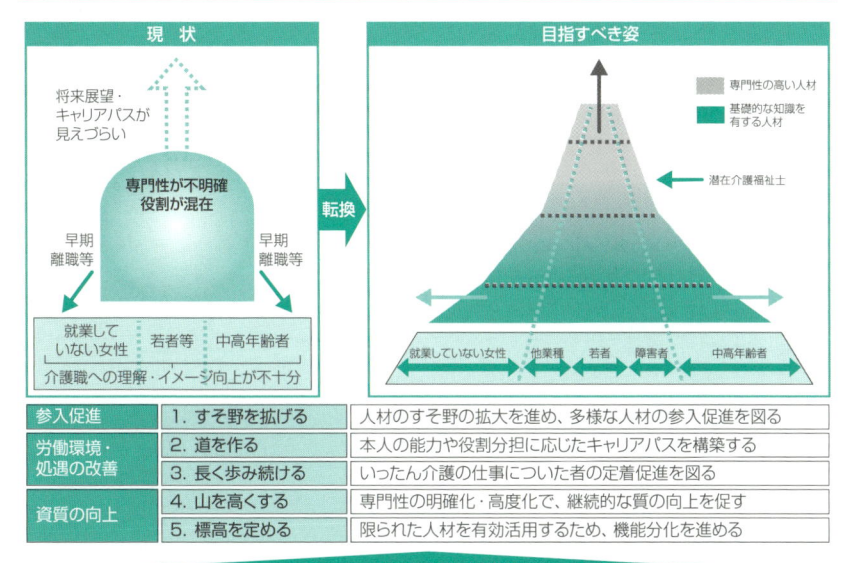

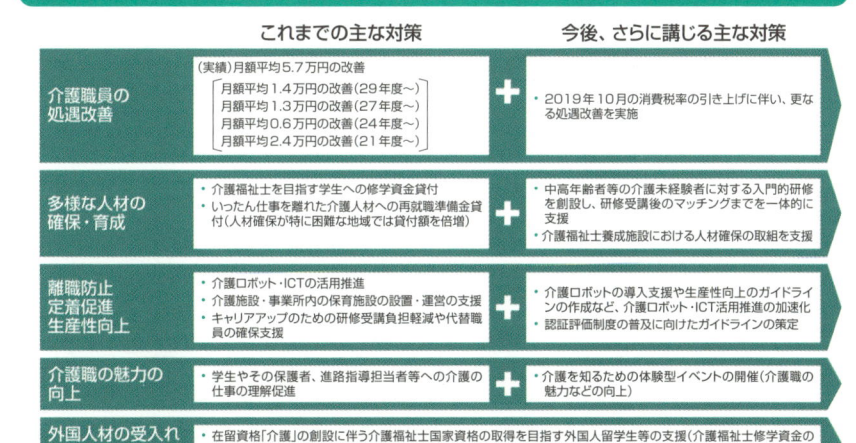

10 介護ビジネスと行政との関係性

制度や施策を背景にした介護ビジネスにおいては、行政計画にもとづいた整備やチェック機能があります。そのため、行政との良好な関係をいかに築いていくかが一つの課題となります。

行政の要望に呼応する

介護保険制度が始まる以前の措置制度下では、地域住民の施設への入所は行政機関である福祉事務所が行っていました。この時代は、都市部に入所施設が少なかったため、都市部の行政が近隣地方の施設に対して施設整備の補助金を支給し、入所する施設をベッド単位で確保していた時代でもあります。また、訪問系サービスの中心である訪問介護（ホームヘルプ）についても、社会福祉協議会など公益性の高い団体が、その地域の中心となってサービスを展開していました。

介護保険制度の施行と同時にこのしくみも大きく変わると共に、法人の認可や施設の開所、監査の権限も市区町村へ移譲されています。

それぞれの事業の制限を認識する

介護保険事業を行うための法人格並びに各事業については、すべて所轄庁の承認および届出が必要となり、届出にもとづき保険請求に必要な番号が事業所に付与されます。この手続きを経なければ事業を行うことも保険請求もできません。代表的な法人は社会福祉法人ですが、そのほかに特定非営利活動法人（ＮＰＯ法人）、医療法人等があり、届け出先も異なります。

介護保険施設には「特別養護老人ホーム（介護老人福祉施設）」「介護老人保健施設」「介護療養型医療施設（二〇二三年度末まで廃止）」および介護療養型医療施設からの移行先として二〇一八年に設けられた「介護医療院」があります。二〇〇六年の介護保険制度改

用語解説

＊**地域密着型サービス**　住み慣れた地域で、多様かつ柔軟なサービスを提供するために、市町村が地域の特性に応じて日常生活圏域を定め、必要なサービスを整備する。市町村が指定・監督する事業者や施設がある地域に暮らす人たちが利用対象となることが基本。

正時に創設された「**地域密着型サービス**＊」とともに市区町村が地域の実情に応じて策定する計画により整備されます。公募により事業者が選定されることが多いため、行政との事前相談や広報等で情報をチェックしましょう。「地域密着型サービス」の訪問系・通所系サービスは現在は、市区町村への届出により事業開始が可能です。

「有料老人ホーム（特定施設入居者生活介護）」は、定員二九人以下の地域密着型特定施設と政令指定都市や中核市に開設する場合を除き、開設にかかる諸手続きは都道府県と調整します。「サービス付き高齢者向け住宅（サ高住）」にかかる整備補助は、都道府県・指定都市・中核市への申請となりますが、事業に対する市区町村の意見聴取申請書が必要となっています。

全事業において指定基準（人員、施設、運営等）をクリアする必要があります。遵守しないと介護報酬の不正請求となり、報酬返還や悪質な場合、事業者指定を取り消されることもあります。

法人格として開設できるサービス一覧（例）

分類	サービス	医療法人	社会福祉法人	一般企業
居宅	訪問介護（ホームヘルプサービス）	○	○	○
居宅	訪問入浴介護 ★	○	○	○
居宅	訪問看護 ★ ●			
居宅	・訪問看護	○	△	×
居宅	・訪問看護ステーション	○	○	○
居宅	訪問リハビリテーション ●	○	△	×
居宅	居宅療養管理指導 ★ ●			
居宅	・医師、歯科医師、歯科衛生士、薬剤師、管理栄養士	○	△	×
居宅	・薬局薬剤師	×	×	○
居宅	通所介護（デイサービス）／療養通所介護	○	○	○
居宅	通所リハビリテーション（デイケア） ★	○	○	×
居宅	短期入所生活介護（ショートステイ） ★	○	○	○
居宅	短期入所療養介護（ショートステイ）	※○	※○	×
居宅	特定施設入居者生活介護（外部利用型）			
居宅	・有料老人ホーム・サービス付き高齢者向け住宅	○	○	○
居宅	・養護老人ホーム	×	○	×
居宅	・軽費老人ホーム（ケアハウス）	○	○	×
居宅	福祉用具貸与 ●	○	○	○
居宅	居宅介護支援（ケアマネジメント） ★	○	○	○
施設	介護老人福祉施設（特別養護老人ホーム）	×	○	×
施設	介護老人保健施設／介護療養型老人保健施設	○	○	×
施設	介護療養型医療施設	○	△	×
施設	介護医療院	○	○	×
地域密着型	夜間対応型訪問介護	○	○	○
地域密着型	認知症対応型通所介護 ★	○	○	○
地域密着型	小規模多機能型居宅介護	○	○	○
地域密着型	認知症対応型共同生活介護（グループホーム）	○	○	○
地域密着型	地域密着型特定施設入居者生活介護（29人以下）	○	○	○
地域密着型	地域密着型介護老人福祉施設入居者生活介護（29人以下）	×	○	×

△一部に例外的に認められている　※①介護老人保健施設　②介護療養型医療施設
★外部利用型特定施設入居者生活介護対応サービス　●小規模多機能型居宅介護利用者の算定可能サービス

11 地域性を考慮したビジネス展開

雇用面や利用者の待機状況、所得水準など、都市部と地方での傾向の違いを明確に把握し、それぞれニーズに合ったサービスを提供することが、介護ビジネスの安定化につながります。

雇用面からみた地域性

都心部と地方での介護ビジネスの違いを二つの視点から比較してみます。まずは、雇用面から考えます。その地域に暮らす住民が介護ビジネスを支える職員であり、またサービスの利用者でもあります。雇用面が安定していなければ世帯単位での収入も不安定となり、安心して介護サービスを受けることは難しくなります。

雇用環境を推し量る一つの手段として、**有効求人倍率**＊をみてみましょう。全国平均値でみた有効求人倍率は二〇〇九年度の〇・四五倍から継続的に上昇しており、二〇一八年度は一・一六ポイント増の一・六一倍に上昇しています。

地域別では、二〇一九年五月の値を見てみると、富山、福井など四県が二・〇を超える一方、北海道と高知県がもっとも低く一・三〇、次いで沖縄県が一・三三となっており、地域によって偏りがあることがわかります。介護ビジネスを支える人材の確保面からも、こうした地域別の雇用環境を視野に入れておくことは大切です。

利用者からみた地域性

二つ目は利用者の状況（入所申込者、所得）です。まずは特別養護老人ホームの入所申込者の傾向でニーズを考えます。二〇一七年に厚生労働省が公表した全国の特別養護老人ホームの入所申込者は二九・五万人でした。なお、特別養護老人ホームについては、介護の必要性がより高い中重度の要介護者を支える機能を重

用語解説

＊**有効求人倍率**　求職者1人あたりの企業等からの求人数の割合で、雇用動向を示す指標のひとつ。2019年7月の有効求人倍率は1.59。

視する観点から、二〇一五年四月より新規入所者を原則要介護三～五の者に限ることとする制度改正が行われましたので、二〇一七年調査は要介護三～五の人数となっています。ちなみに、二〇一五年の調査では入所申込者数は五二万四〇〇〇人でした。

また、地域による利用者の所得の違いも明確です。県別の平均給与額をみると、二〇一八年の厚生労働省賃金構造基本統計調査における所定内給与額は、トップの東京都が月額三八万四〇〇〇円、続いて神奈川県、愛知県となっています。一方、最も低い宮崎県は二三万五一〇〇円で、秋田県、青森県の順となっています。東京都と宮崎県では一・六二倍もの格差が生じています。これだけ所得格差があるにもかかわらず、介護報酬には、ほとんど単位ごとの格差のない地域加算しかありません。したがって、所得の格差が利用できるサービスの選択に大きく影響します。こうした地域ごとの所得格差を意識しながら、人材の確保や賃金などの処遇、また、利用者確保および利用者の自己負担面について考え、事業計画を立案していくことが必要なのです。

平成30年賃金構造基本統計調査

順位	男女計							
	都道府県	年齢 歳	勤続年数 年	所定内実労働時間数 時間	超過実労働時間数 時間	きまって支給する現金給与額 千円	所定内給与額 千円	年間賞与その他特別給与額 千円
1	東　京	42.2	12.6	160	12	410.8	380.4	1293.3
2	神奈川	43.1	12.5	161	15	373.5	339.1	1050.0
3	愛　知	41.6	13.1	163	17	365.2	322.4	1163.8
4	大　阪	42.0	12.0	165	13	359.2	329.1	1017.2
5	千　葉	42.9	11.7	165	16	340.3	304.2	796.6
6	三　重	42.8	13.0	164	15	338.7	302.3	909.7
7	埼　玉	43.1	12.1	164	15	336.4	303.7	841.1
42	岩　手	[illegible]	12.4	[illegible]	[illegible]	269.0	[illegible]	[illegible]
43	山　形	43.6	13.4	167	12	267.5	244.0	619.2
44	沖　縄	43.3	9.6	166	10	265.3	246.8	511.2
45	青　森	44.0	12.4	167	11	262.0	241.2	575.1
46	秋　田	44.3	13.1	166	10	260.0	240.1	591.6
47	宮　崎	44.1	11.0	167	11	255.3	235.1	591.7

出所：厚生労働省「平成30年賃金構造基本統計調査」より

ワンポイントコラム

【地域加算】　介護保険のサービス利用料は単位によって表される。自己負担額は基本1割、1単位10円で算定されるが、住んでいる地域によって、物価や人件費等が異なることを考慮し、8つの地域区分が設定され、地域や利用するサービスによって加算されるしくみになっている。最も加算額が大きいのは東京23区の「1級地」。

何歳から高齢者？　高齢者はどう思っているか

第１章３節で触れた「高齢者の定義」について、高齢者自身はどう思っているのでしょうか。2016年に厚生労働省が公表した「高齢社会に関する意識調査」結果に以下の図表に見る調査結果が報告されています。

高齢者としての年齢定義を全体でみると、多い順に「70歳以上（41.1%）」「65歳以上（20.2%）」「75歳以上（16.0%）」と続いています。

続いて、年代別に同じ質問をしたところ、年齢が上がるほど高齢者としての年齢定義が高い傾向があります。例えば40歳代では「65歳以上」「70歳以上」を高齢者とする回答がほぼ拮抗して最も多かったですが、60歳代の方々は「70歳以上」が高齢者であるとした回答が49.3%も占めました。

このような高齢者の心情や志向の変化にも留意しつつ、ニーズに対応していく必要があるでしょう。

▼高齢者としての年齢定義（N=3,000）（単位：%）

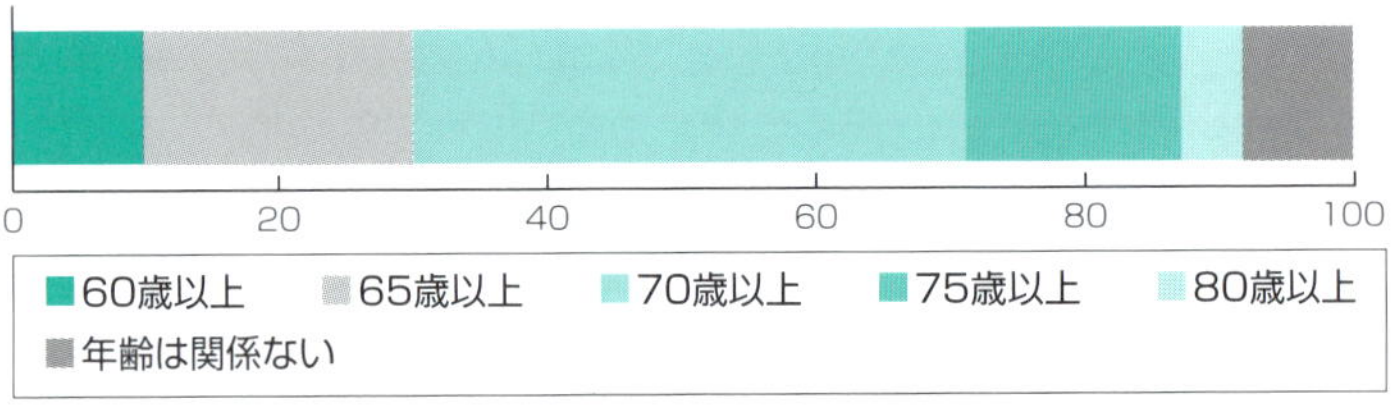

▼高齢者としての年齢定義（年齢別）

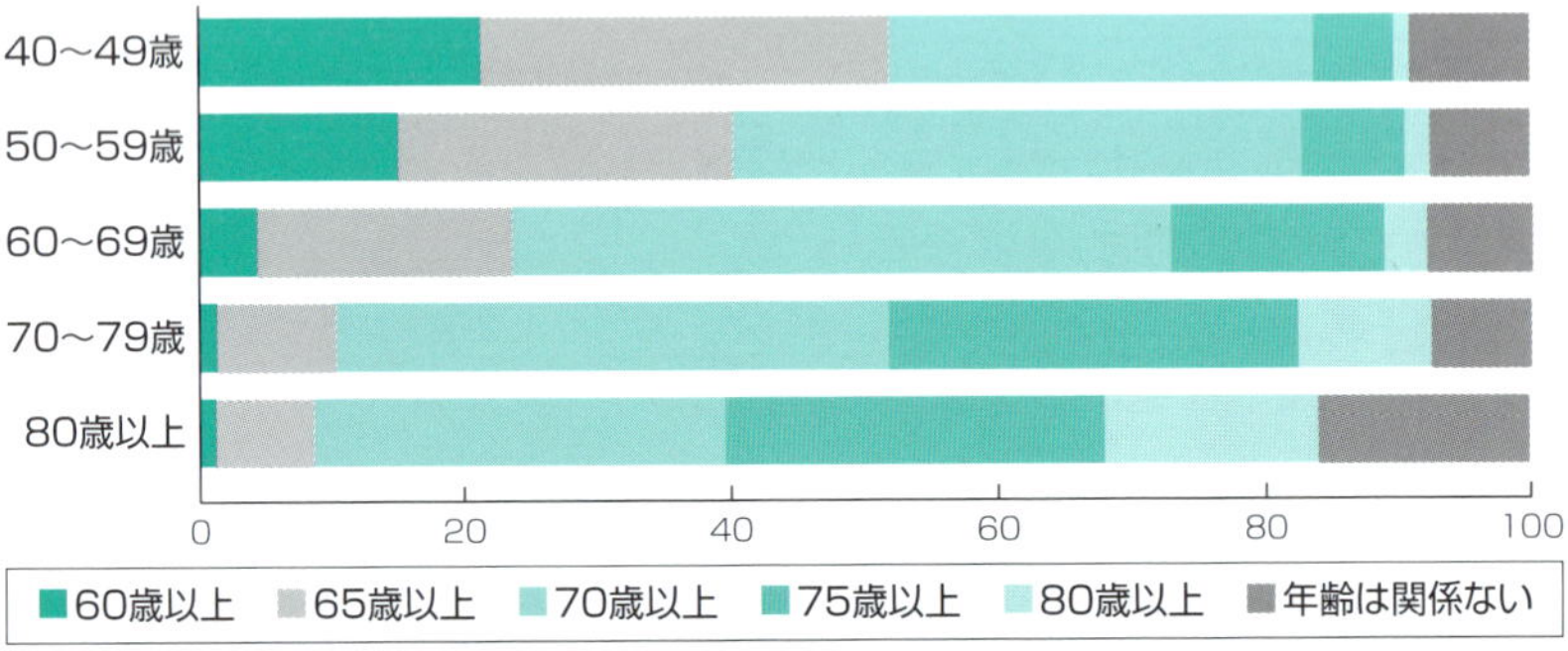

第2章

介護ビジネスの根幹をなす介護保険制度

介護サービスの根幹となるのが介護保険制度です。介護保険制度は2000年に施行されて以来、社会情勢や時代のニーズに対応するため改正を繰り返してきました。本章では、介護保険制度の基本的なしくみと最新動向を解説します。

介護市場における競争原理の導入 1

旧来、行政の措置により利用開始が決定されてきた介護サービス。介護保険制度の導入により、利用者の自由な選択にもとづく契約制度へと移行し、本格的なサービス競争の時代に突入しました。

介護保険制度のねらいとしくみ

二〇〇四年から介護事業に参入し、全国に一二五カ所の介護事業を展開していた居酒屋チェーン大手のワタミグループは二〇一五年一〇月、介護事業を売却し、同事業からの撤退を発表しました。また、二〇一八年の介護事業者の倒産件数は一〇六件で、一〇年前の二〇〇八に比べ約二・三倍に増えています。

高齢者人口の増加に伴い介護ニーズが増大する一方で、介護サービスの担い手も着実に増え、いまや事業者間での利用者の獲得競争は不可避となりました。

介護保険制度は、国民皆保険により高齢者の介護を支えると共に、利用者が民間企業を含めた多様なサービスを選択できることで、高度な介護産業を確立することをねらいとしています。

制度が導入される以前は、**措置制度***の下、利用できるサービス内容や事業所は行政によって決定され、それにかかる費用は所得に応じて負担が求められていました（**応能負担**）。

介護保険制度下においては、要介護認定（一から五）もしくは要支援認定（一、二）を受けた人は、その介護度の点数の範囲内であれば、サービスを自由に選択し組み合わせて利用することができます（**契約制度***）。ここで利用者はサービスにかかった費用のうち原則一割を負担し（**応益負担**）、残りの九割は保険料と税金により賄われるしくみです。

用語解説

＊措置制度と契約制度　措置制度とは、行政権限により福祉サービスを受ける要件を満たしているかを判断し、そのサービスの開始・停止を判断する制度である。これに対し契約制度は、利用者が福祉サービスの提供者（事業者）との契約にもとづいてサービスを利用する制度である。措置制度の下では利用者側の意向が尊重されにくいという構造が指摘され、社会福祉基礎構造改革以降、措置制度から契約制度への移行が加速している。

介護保険の財源構造

介護保険は社会保険方式ですが、加入者（被保険者）の保険料だけで運営されているわけではなく、税金などで賄っています。

介護保険の財源は、五〇％を保険料、残りの五〇％を税金などの公費で負担しています。保険料による部分は、六五歳以上の**第一号被保険者**と、四〇～六四歳までの**第二号被保険者**で構成され、現在は、第一号被保険者が費用全体の二三％、第二号被保険者が二七％を負担しています。

税金などの内訳では、都道府県負担金と市町村負担金がそれぞれ一二・五％ずつ（合計二五％）で構成され、残りの二五％は国庫負担金と**調整交付金**により賄われています。

介護保険の財源構造

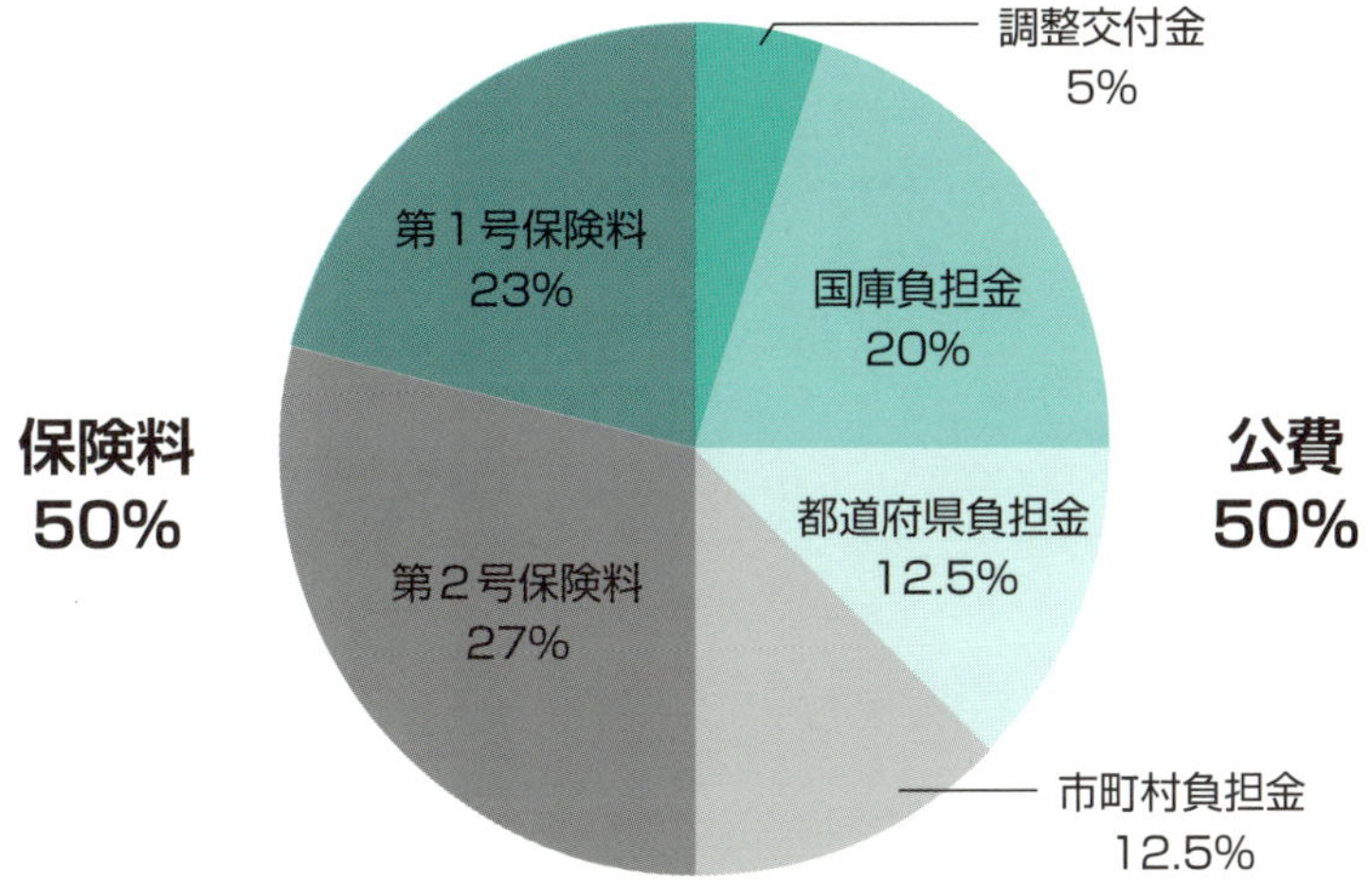

出所：厚生労働省資料より作成。数値は2019年度予算

従前の制度の問題点

わが国における高齢者保健福祉政策の始まりは、一九六三年の老人福祉法の制定にさかのぼります。この時点で六%未満だった高齢化率は、その後飛躍的に上昇し、一九八〇年代には一〇%台に突入しました。政府は一九八九年にゴールドプラン（高齢者保健福祉推進十か年戦略）を策定し、施設整備と在宅福祉の推進に舵を切りました。

この当時の老人福祉施策の特徴と問題点は、次のとおりです。

- **市町村がサービスの種類・事業所を決定（措置制度）**
  ⬇利用者が自身でサービスを選択できない、競争原理が働かない。
- **各人の所得に応じて利用料を設定するため、所得調査が実施される**⬇利用に際し心理的抵抗が生じる、中高所得層に負担が重い。

また、老人医療政策においても、当時福祉サービスの整備が不十分であったことから、介護を理由に一般病院へ長期入院する患者（いわゆる、社会的入院）が増加し、従来の制度での対応はいよいよ限界を迎えることとなりました。

介護保険の基本理念

介護保険制度は、以下の三点を基本理念に設計されています。

①自立支援

単に介護を要する高齢者の身の回りの世話をするということを超えて、高齢者の自立を支援することを理念とする。

②利用者本位

利用者の選択により、多様な主体から保健医療サービス、福祉サービスを総合的に受けられる制度。

③社会保険方式

給付と負担の関係が明確な社会保険方式の採用。

高齢者保健福祉政策の流れ

年代	高齢化率	主な政策
1960年代 高齢者福祉政策の始まり	5.7% (1960)	1963年　老人福祉法制定 ◇特別養護老人ホーム創設 ◇老人家庭奉仕員（ホームヘルパー）法制化
1970年代 老人医療費の増大	7.1% (1970)	1973年　老人医療費無料化
1980年代 社会的入院や寝たきり老人の社会的問題化	9.1% (1980)	1982年　老人保健法の制定 ◇老人医療費の一定額負担の導入費 1989年　ゴールドプラン（高齢者保健福祉推進十か年戦略）の策定 ◇施設緊急整備と在宅福祉の推進
1990年代 ゴールドプランの推進	12.0% (1990)	1994年　新ゴールドプラン（新・高齢者保健福祉推進十か年戦略）策定 ◇在宅介護の充実
介護保険制度の導入準備	14.5% (1995)	1996年　連立与党3党政策合意 介護保険制度創設に関する「与党合意事項」 1997年　介護保険法成立
2000年代 介護保険制度の実施	17.3% (2000)	2000年　介護保険法施行

利用者から見た従前の制度と介護保険制度の違い

従前の制度		介護保険制度（施行当時）
①行政窓口に申請し、市町村がサービスを決定	→	利用者が自らサービスの種類や事業者を選んで利用
②医療と福祉に別々に申し込み	→	介護サービスの利用計画（ケアプラン）をつくって、医療・福祉のサービスを総合的に利用
③市町村や公的な団体（社会福祉協議会など）中心のサービスの提供	→	民間企業、農協、生協、NPOなど多様な事業者によるサービスの提供
④中高所得者にとって利用者負担が重く、利用しにくい 例：世帯主が年収800万円の給与所得者、老親が月20万円の年金受給者の場合 ○特別養護老人ホーム　月　19万円 ○ホームヘルパー　1時間 950円	→	所得にかかわらず、1割の利用者負担 例：世帯主が年収800万円の給与所得者、老親が月20万円の年金受給者の場合 ○特別養護老人ホーム　月　5万円 ○ホームヘルパー　30分～1時間　400円

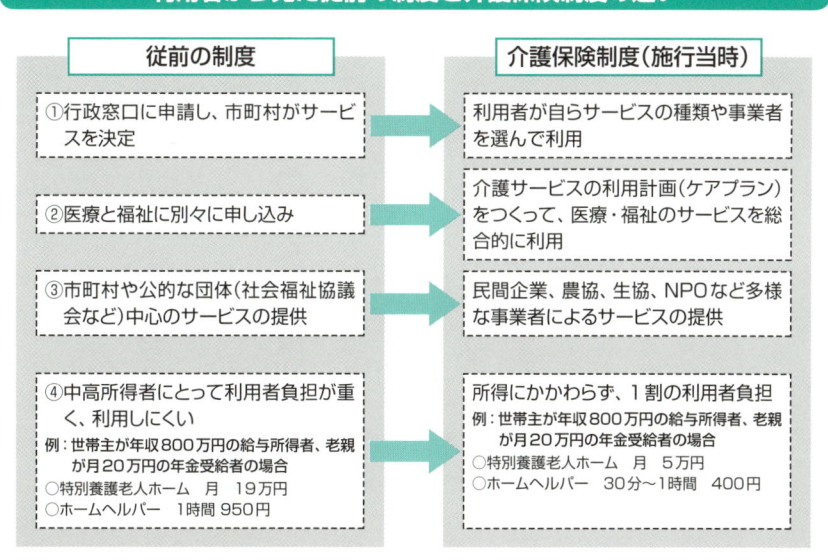

2 標準的なサービス利用の流れ

介護保険のサービスを利用するためには、「要介護認定」を受ける必要があります。認定までの流れをみてみましょう。近年、認定の審査が厳しくなっているとも言われています。

要介護認定とサービス利用の流れ

被保険者が実際に介護保険のサービスを利用するには、**要介護（要支援）認定**を受けている必要があります。認定を受けるには、被保険者本人や家族が保険者である各市区町村などの窓口や居宅介護支援事業所、地域包括支援センターなどへ認定調査の依頼を申請します。認定調査の結果、「非該当」となるケースもありますが、要介護または要支援の認定を受けると、介護支援専門員（ケアマネジャー）が作成する居宅サービス計画（ケアプラン）にもとづきサービス利用を開始できます。

また、特別養護老人ホームなどの介護保険施設の利用者のケアプランは、その施設内で作成されます。

要介護認定のしくみと区分内容

要介護認定は、該当する利用者の介護や支援の必要性とその度合いを、二段階で判定します。

一．介護が必要かどうかの調査段階

①**認定調査**　申請手続き後、「認定調査員」が家庭などを訪問し、本人の心身の状態や日常生活の状況などについて聞き取り調査（訪問調査）する。

②**一次判定**　訪問調査の結果と「主治医意見書（主治医が医学的な管理などの必要性について意見書を作成）」の内容の一部をコンピュータ処理し、介護に要する時間がどの程度必要であるかを推計して判定。

用語解説

＊**基本チェックリスト**　介護予防・生活支援サービス事業の利用を希望する場合に、25の質問項目からなる「基本チェックリスト」を用いて日常生活に必要な機能が低下していないかを確認する。該当する場合はサービスを利用できる。非該当の場合は、65歳以上のすべての高齢者向けのサービス（一般介護予防事業）を利用できる。

二.「介護認定審査会」で総合的に判定

③二次判定　一次判定の結果と認定調査時の特記事項、主治医意見書をもとに、保健医療福祉の学識経験者で構成される**介護認定審査会**が総合的に判断。

④結果の通知　二次判定の結果にもとづき、市区町村などが要介護（要支援）認定区分などを決定し、申請者に通知する。

要介護認定には、**認定有効期間***があるため、更新や区分変更申請の場合は、市区町村などの職員に加え、居宅介護支援事業所などで研修を修了した者に委託することができます。

認定調査は原則として一名の認定調査員が、高齢者の日頃の状況を把握できる場所に訪問して行います。訪問調査員自身が確認できる事実をもとに調査を行いますが、本人や家族など介護者からの聞き取りや日頃の状況を把握している人に立ち会いを求めることになっています。

介護保険サービスの利用手続き

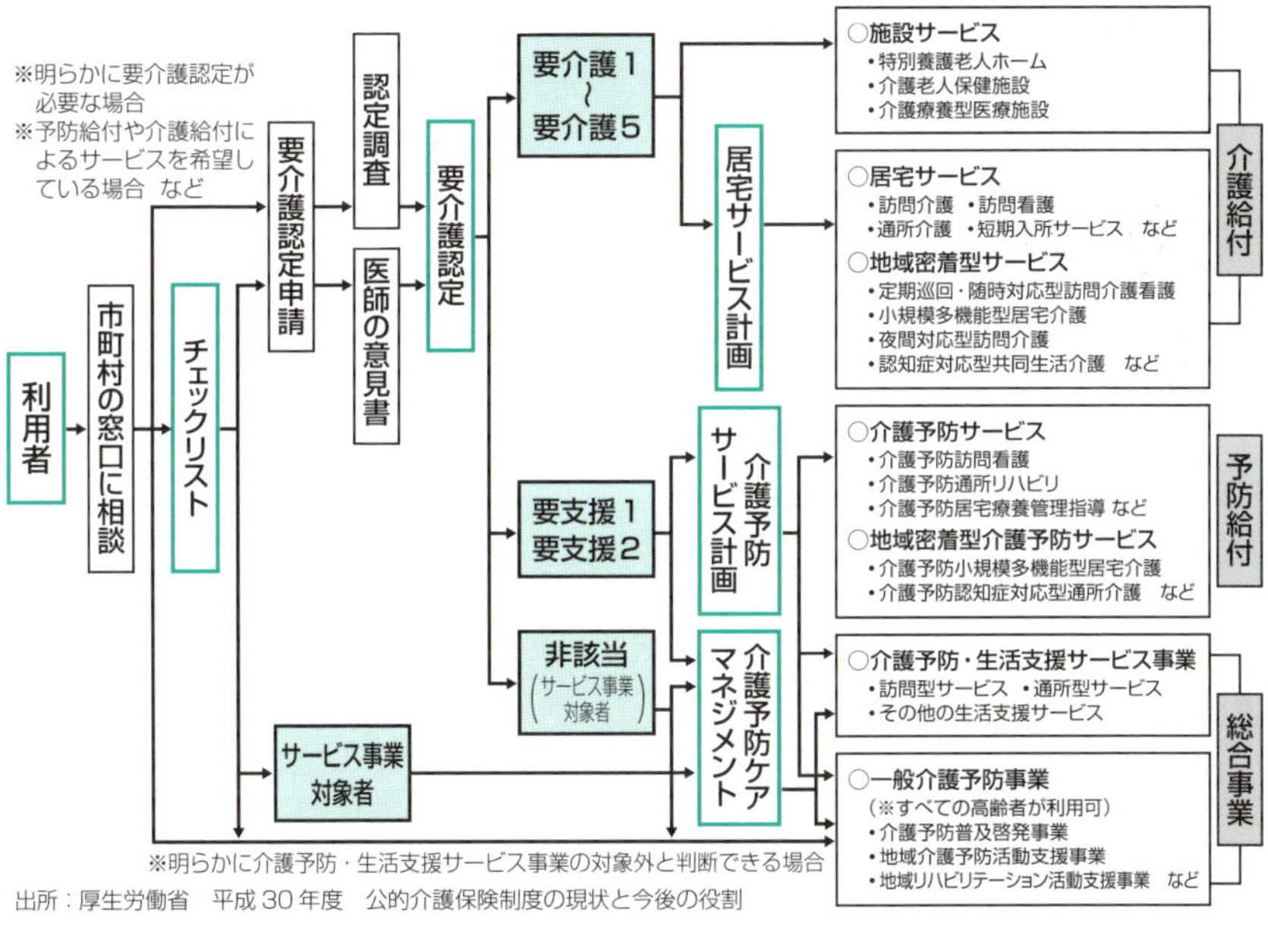

出所：厚生労働省　平成30年度　公的介護保険制度の現状と今後の役割

用語解説

＊**認定有効期間**　新規の場合、認定有効期間は申請日から6～12ヵ月です。一方、更新認定の有効期間は前回の認定有効期間満了日の翌日から6～36ヶ月間有効とされています。期間は更新前後の介護度、認定審査会の判断によりことなります。

3 利用者が支払う費用と介護報酬

介護保険の費用はサービスの公定価格である介護報酬にもとづいて設定されており、利用料金の基礎となります。サービス利用者の自己負担は、一〜三割です。

サービス費用の一割負担が原則

ケアプランにもとづいて介護サービスを利用すると、利用者はひと月のサービス費用の一割相当分を自己負担します。これはすべてのサービスに共通です。これに加えて、通所介護（デイサービス）などでは食事代（食費）、特別養護老人ホームやショートステイ、グループホームであれば食事代に加えて部屋代（居住費）などの費用が自己負担の対象となります。

なお、サービス費の一割負担については、従来は年金収入等が二八〇万円未満の場合は一割、二八〇万円以上（単身世帯）が二割でしたが、二〇一八年八月より新たに年金収入等が三四〇万円（単身世帯）以上という分類が設けられ該当する場合は、三割負担となります。

サービス費用の基礎となる介護報酬

自己負担額は、サービス種別ごとに設定される介護報酬をもとに算定されます。介護報酬はサービスの種別に加え、事業の規模、事業所の地域、サービスの提供体制などにより設定され、利用者の要介護度によっても異なります。特別養護老人ホームを利用するにしても、個室と相部屋、東京都と沖縄県、要介護一の人と五の人では料金が異なります。介護報酬は三年ごとに見直されます。直近の介護報酬改定（二〇一八年）では、すべての事業種別を平均すると、従来の水準に比べ全体で〇・五四％のプラス改定でした。なお、二〇一九年一〇月の消費増税による諸費用増加分への補填として、同月〇・三九％のプラス改定が行われました。

ワンポイントコラム

【2割負担と3割負担となる年間年金収入】 単身者は年間280万円以上、夫婦世帯は年間346万円以上の合計所得金額がある場合に2割負担、単身者340万円以上、夫婦世帯463万円以上の場合は３割負担となる。

介護保険制度の仕組み

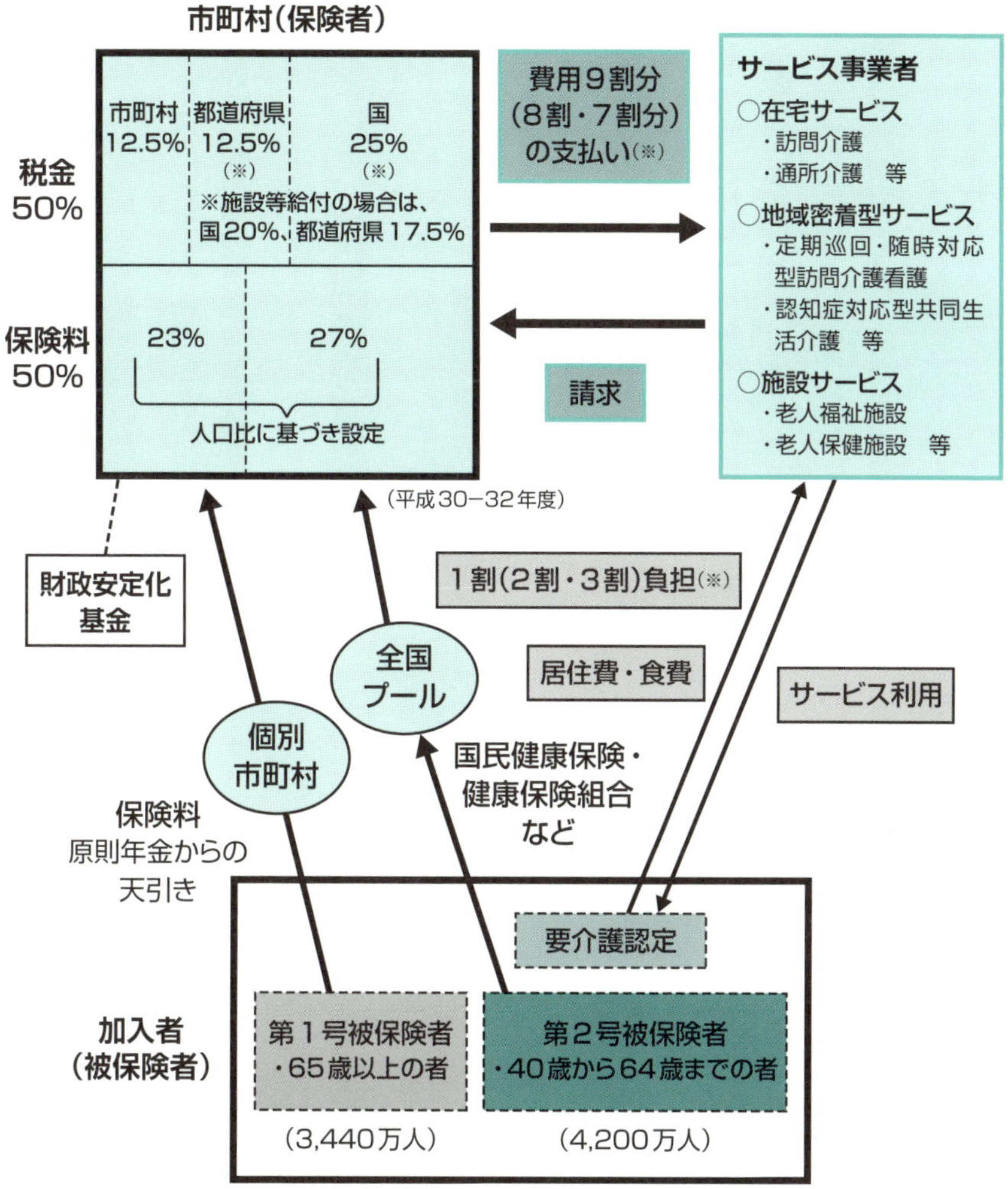

出所：厚生労働省資料より作成

（注）第1号被保険者の数は、「平成28年度介護保険事業状況報告年報」によるものであり、平成28年度末現在の数である。第2号被保険者の数は、社会保険診療報酬支払基金が介護給付費納付金額を確定するための医療保険者からの報告によるものであり、平成28年度内の月平均値である。

（※）一定以上所得者については、費用の2割負担（平成27年8月施行）又は3割負担（平成30年8月施行）。

ワンポイントコラム

【介護報酬改定率】　介護報酬は3年に一度改定されるが、そのほかに消費税の引き上げ対応（2014年、2019年）、介護人材の処遇改善（2017年）にも改定が行われている。改定率は、2012年は+1.2%、2014年+0.63%、2015年-2.27%、2017年+1.14%、2018年+0.54%となっている。

サービス利用の支給限度額と負担額 4

介護サービスの利用者が負担する費用の割合は前述のとおりですが、その負担する額や利用できるサービスの上限は、利用者の所得や要介護度によって異なります。

施設サービスの負担額軽減制度

介護サービスは、自宅で生活しつつ利用する「居宅(在宅)サービス」と、施設に入所する「施設サービス」の二つに大別できます。

施設サービスの対象には特別養護老人ホームなどがあり、利用者は介護サービス費用の自己負担分と、食費や居住費などを負担します。食費や居住費の料金は事業者ごとに設定されますが、利用者のなかにはこれらすべてを負担するのが困難な人もいます。そこで、そのような利用者がそれぞれの所得段階に応じて負担する額の軽減措置を受けられる制度(**負担額軽減制度**)があります。

居宅サービスの利用限度額と負担額

デイサービス、訪問介護等の居宅サービスを利用する場合、利用限度額などは施設サービスと異なります。

まず、施設サービスは一つの施設を選択してサービスを受けるのに対し、居宅サービスでは多様なサービスからその人に必要なものを組み合わせて利用することが可能です。この場合、無制限にサービスを利用できるわけではなく、要介護度別に月額の利用上限額が定められています(**支給限度基準額**)。この上限の範囲内であれば全額が介護保険の対象となり、かかった費用の自己負担分を利用者が負担します。なお、仮にこの上限を超えた場合は、その超えた部分については保険対象外となり、全額自己負担となります。

ワンポイントコラム

【負担額軽減制度の補填】 利用者が負担額軽減制度を利用した場合、支払う料金が少なくなるため、受け入れた事業者は通常であれば減収となるが、介護保険から「特定入所者介護サービス費」の給付を受けることができる。これにより標準的な費用の額と負担限度額との差額分が補填される。

施設サービスにおける負担軽減のしくみ

○食費・居住費について、利用者負担第1～第3段階の方を対象に、所得に応じた負担限度額を設定。
○標準的な費用の額（基準費用額）と負担限度額との差額を介護保険から特定入所者介護サービス費（補足給付）として給付。

	利用者負担段階	主な対象者	
負担軽減の対象となる低所得者	第１段階	・生活保護受給者 ・世帯（世帯を分離している配偶者を含む。以下同じ。）全員が市町村民税非課税である老齢福祉年金受給者	かつ、預貯金等が単身で 1,000 万円（夫婦で 2,000 万円）以下
	第２段階	・世帯全員が市町村民税非課税であって、年金収入金額（※）＋合計所得金額が 80 万円以下	
	第３段階	・世帯全員が市町村民税非課税であって、第2段階該当者以外	
	第４段階	・世帯に課税者がいる者　・市町村民税本人課税者	

※ 平成 28 年8月以降は、非課税年金も含む。

			基準費用額（日額（月額）） 上段：2019年10月以降 下段：現行	負担限度額（日額（月額））		
				第１段階	第２段階	第３段階
食費			1,392 円（4.2 万円） 1,380 円（4.2 万円）	300 円 （0.9 万円）	390 円 （1.2 万円）	650 円 （2.0 万円）
居住費	多床室	特養等	855 円（2.6 万円） 840 円（2.6 万円）	0 円 （０万円）	370 円 （1.1 万円）	370 円 （1.1 万円）
		老健・療養、医療院等	377 円（1.1 万円） 370 円（1.1 万円）	0 円 （０万円）	370 円 （1.1 万円）	370 円 （1.1 万円）
	従来型個室	特養等	1,171 円（3.6 万円） 1,150 円（3.5 万円）	320 円 （1.0 万円）	420 円 （1.3 万円）	820 円 （2.5 万円）
		老健・療養、医療院等	1,668 円（5.1 万円） 1,640 円（5.0 万円）	490 円 （1.5 万円）	490 円 （1.5 万円）	1,310 円 （4.0 万円）
	ユニット型個室的多床室		1,668 円（5.1 万円） 1,640 円（5.0 万円）	490 円 （1.5 万円）	490 円 （1.5 万円）	1,310 円 （4.0 万円）
	ユニット型個室		2,006 円（6.1 万円） 1,970 円（6.0 万円）	820 円 （2.5 万円）	820 円 （2.5 万円）	1,310 円 （4.0 万円）

※月額については、一月を 30.4 日として計算

介護サービスの利用者負担「居住サービス費」

要介護度別の支給限度額と平均的な利用率　（※2019年9月時点）

	支給限度額(円)	受給者１人当たり平均費用額(円)	支給限度額に占める割合(%)
要支援1	50,030	13,358	26.7
要支援2	104,730	22,049	21.1
要介護1	166,920	74,184	44.4
要介護2	196,160	103,980	53.0

	支給限度額(円)	受給者１人当たり平均費用額(円)	支給限度額に占める割合(%)
要介護3	269,310	156,289	58.0
要介護4	308,060	190,492	61.8
要介護5	360,650	236,498	65.6

（注）額は介護報酬の１単位を 10 円として計算。

ワンポイントコラム

【地域区分】　地域による人件費の差を反映するため、国家公務員の地域手当（民間の賃金実態に応じて設定）に準拠し「地域区分」が設定されている。2015年度改定以降、全国の市町村は8つに区分され、サービスごとに報酬単価の上乗せ割合が設定されている。

5 介護保険で利用できるサービス

介護保険で利用できるサービスの種類は多岐にわたります。ここでは、どのようなサービスを利用できるかをまとめます。

介護保険で利用できるサービス内容

●居宅サービス

一四種類のサービスがあり、それぞれ要介護者に介護給付、要支援者に予防給付があります。また、訪問サービス、通所サービス、短期入所サービスなどに分けることができ、これらに属さないものとして、ケアプランの作成を行う居宅介護支援、福祉用具貸与などがあります。

●施設サービス

介護保険施設には四種類があり、介護に重点を置いているか、医療的なケアが充実しているかなどによって役割が異なります。

●地域密着型サービス

市区町村が地域の特性に応じて**日常生活圏域***を定め、必要なサービスを整備します。利用者は事業所や施設が所在する市区町村に住んでいる人に限られます。一〇種類のサービスがあり、このうち「地域密着型介護老人福祉施設入所者生活介護」は定員二九名以下の特別養護老人ホームとなります。

●サービス名称の読み替え

表に記載されたサービスの名称は、介護保険法上の名称となります。一般的に馴染みのある「特別養護老人ホーム」は老人福祉法上の名称であり、介護保険法上では「介護老人福祉施設」となります。同様に、老人福祉法上の「老人デイサービス事業」は、介護保険制度においては「通所介護」と読み替えられます。

用語解説

＊**日常生活圏域**　市区町村は、日常生活圏域を単位として、3年毎に事業量を介護保険事業計画に盛り込んでいる。圏域は、地理的条件、人口、交通事情その他社会的条件などを総合的に勘案し、利用者に最も身近な圏域を設定することになっており、設定例として、「中学校区」「小学校区」「公民館区域」などが挙げられる。

介護保険サービスの種類

	都道府県・政令市・中核市が指定・監督を行うサービス	市町村が指定・監督を行うサービス
介護給付を行うサービス	◎居宅介護サービス 【訪問サービス】 ○訪問介護（ホームヘルプサービス） ○訪問入浴介護 ○訪問看護 ○訪問リハビリテーション ○居宅療養管理指導 【通所サービス】 ○通所介護（デイサービス） ○通所リハビリテーション 【短期入所サービス】 ○短期入所生活介護（ショートステイ） ○短期入所療養介護 ○特定施設入居者生活介護 ○福祉用具貸与 ◎居宅介護支援 ◎施設サービス ○介護老人福祉施設 ○介護老人保健施設 ○介護療養型医療施設 ○介護医療院	◎地域密着型介護サービス ○定期巡回・随時対応型訪問介護看護 ○夜間対応型訪問介護 ○地域密着型通所介護 ○認知症対応型通所介護 ○小規模多機能型居宅介護 ○認知症対応型共同生活介護（グループホーム） ○地域密着型特定施設入居者生活介護 ○地域密着型介護老人福祉施設入所者生活介護 ○複合型サービス（看護小規模多機能型居宅介護）
予防給付を行うサービス	◎介護予防サービス 【訪問サービス】 ○介護予防訪問入浴介護 ○介護予防訪問看護 ○介護予防訪問リハビリテーション ○介護予防居宅療養管理指導 【通所サービス】 ○介護予防通所リハビリテーション 【短期入所サービス】 ○介護予防短期入所生活介護（ショートステイ） ○介護予防短期入所療養介護 ○介護予防特定施設入居者生活介護 ○介護予防福祉用具貸与	◎地域密着型介護予防サービス ○介護予防認知症対応型通所介護 ○介護予防小規模多機能型居宅介護 ○介護予防認知症対応型共同生活介護（グループホーム） ◎介護予防支援

この他、居宅介護（介護予防）福祉用具販売、居宅介護（介護予防）住宅改修、介護予防・日常生活支援総合事業がある。

介護保険で利用できるサービス

居宅（在宅）サービス	訪問サービス	訪問介護	利用者の自宅に訪問して買い物や掃除、食事や排泄の介護などを行う。
		訪問入浴介護	利用者の自宅に訪問して移動式浴槽による室内での入浴などを行う。
		訪問看護	利用者の自宅に訪問して、医師の指示に基づく医療処置、医療機器の管理、床ずれ予防・処置などを行う。
		訪問リハビリテーション	利用者の自宅に訪問してリハビリテーションの指導・支援などを行う。
		居宅療養管理指導	医師などが自宅を訪問し、医学的な助言・指導をする。
	通所サービス	通所介護	施設に通ってきた利用者に、食事や排泄の介護、機能訓練などを提供する。
		通所リハビリテーション	医療機関などに通い、機能の維持回復に向けた訓練を行う。
	短期入所サービス	短期入所生活介護	施設に利用者を一定期間受け入れ、食事や排泄の介護、機能訓練などを提供する。
		短期入所療養介護	医療機関などに利用者を一定期間受け入れ、医療や介護、機能訓練を行う。
	居宅区分施設入所	特定施設入居者生活介護	有料老人ホームやケアハウスなどにおいて、要介護者に対し、食事や排泄の介護などを提供する。
	福祉用具に関連	福祉用具貸与	利用者に、車いすや特殊ベッドなどの福祉用具をレンタルする。
		福祉用具販売	利用者に、腰掛便座、特殊尿器、入浴補助用具などの福祉用具を販売する。
		住宅改修	利用者の自宅に、手すりの取り付け、段差解消などの小規模な改修を実施する。
ケアマネジメント		居宅介護支援	利用者の依頼の下で、身体・生活状況、本人・家族の希望に沿ったケアプランを作成する。

地域密着型サービス	訪問・通所型サービス	小規模多機能型居宅介護	1つの拠点で訪問・通所・短期入所の全サービスを提供する。
		看護小規模多機能型居宅介護（複合型サービス）	「小規模多機能型居宅介護」と「訪問看護」を組み合わせて提供するサービスで、要介護が高く、医療的なケアを必要とする人が対象。
		夜間対応型訪問介護	夜間の定期的な訪問や緊急時の随時訪問による介護を行う。
		定期巡回・随時対応型訪問介護看護	日中・夜間を通じて1日複数回の定期訪問と緊急時の随時訪問による介護と看護を一体で提供する。
	認知症対応型サービス	認知症対応型通所介護	施設に通ってきた認知症の利用者に、食事や排泄の介護、リハビリやレクリエーションなどを提供する。
		認知症対応型共同生活介護	グループホームにおいて、見守りや生活援助、リハビリやレクリエーションなどを提供する。
	施設・特定施設型サービス	地域密着型特定施設入居者生活介護	利用人数29人以下のケアハウスなどにおいて、見守りや生活援助、リハビリやレクリエーションなどを提供する。
		地域密着型介護老人福祉施設入所者生活介護	利用人数29人以下の特別養護老人ホームにおいて、食事は排泄の介助、リハビリやレクリエーションなどを提供する。
施設サービス		介護老人福祉施設	特別養護老人ホームに利用者を長期間受け入れ、食事や排泄の介護、リハビリやレクリエーションなどを提供する。
		介護老人保健施設	介護老人保健施設に利用者を一定期間受け入れ、医学管理下におけるケアと食事や排泄の介護などを提供する。
		介護療養型医療施設	介護療養型医療施設に利用者を受け入れ、医学管理下におけるケアと食事や排泄の介護などを提供する。
		介護医療院	長期的な医療と介護のニーズを併せ持つ高齢者を対象とし、「日常的な医学管理」や「看取りやターミナルケア」等の医療機能と「生活施設」としての機能とを兼ね備える。

6 介護サービス事業者の運営主体

介護保険サービスの種類は先述のとおりですが、その担い手となる事業者にも多様な運営主体があり、様々なサービスを展開しています。

社会福祉法上の社会福祉事業

社会福祉法第二条には、第一種社会福祉事業と第二種社会福祉事業がそれぞれ明記されています。ここでいう社会福祉事業には、介護サービスだけでなく、児童福祉事業、障害福祉事業など様々な事業が含まれます。

第一種社会福祉事業は、より利用者の保護の必要性が高い事業とされ、その運営は原則、行政および社会福祉法人とされています。介護保険サービスの代表的なものには、特別養護老人ホームなどがあります。

これに対し、デイサービスやショートステイなどの居宅サービスは第二種社会福祉事業に分類され、運営主体の制限はないため、民間企業の参入が可能です。

事業者の構成割合

54ページの表は、主に第二種社会福祉事業の運営主体別の構成割合です。事業種別にみると、訪問介護は営利法人が全体の六六・二%を占め、介護保険制度施行前に主たる事業者であった社会福祉法人の一八・二%を大きく上回っています。通所介護、訪問入浴介護なども同様の傾向があり、福祉用具貸与や特定福祉用具販売においてはほぼすべてのシェアを営利法人が占めています。本文55ページの表の居宅介護支援事業所の直近五年の割合推移をみても、民間企業が着実にシェアを伸ばしています。一方、地域密着型介護老人福祉施設(特別養護老人ホーム)は第一種社会福祉事業であるため、社会福祉法人の構成割合が九五・九%を占めています。

第一種社会福祉事業と第二種社会福祉事業

第一種社会福祉事業

経営適正を欠いた場合、利用者の人権擁護の観点から問題が大きいため、
確実公正な運営確保の必要性が高い事業（主として施設入所サービス）

・生活保護法に規定する救護施設・更生施設
・生計困難者を無料または低額な料金で入所させて生活の扶助を行う施設
・生計困難者に対して助葬を行う事業
・児童福祉法に規定する乳児院、母子生活支援施設、児童養護施設、障害児入所施設、情緒障害児短期治療施設、児童自立支援施設
・老人福祉法に規定する養護老人ホーム、特別養護老人ホーム、軽費老人ホーム
・障害者総合支援法に規定する障害者支援施設
・売春防止法に規定する婦人保護施設
・授産施設
・生計困難者に無利子または低利で資金を融通する事業
・共同募金を行う事業（法第１１３条）

第二種社会福祉事業

事業の実施に伴い、弊害のおそれが比較的少なく、自主性と創意工夫を助長するため、
公的規制の必要性が低い事業（主として在宅、通所サービス）

・生計困難者に対して日常生活必需品・金銭を与える事業
・生計困難者生活相談事業
・児童福祉法に規定する障害児通所支援事業、障害児相談支援事業、児童自立生活援助事業、放課後児童健全育成事業、子育て短期支援事業、乳児家庭全戸訪問事業、養育支援訪問事業、地域子育て支援拠点事業、一時預かり事業、小規模住居型児童養育事業、小規模保育事業、病児保育事業、子育て援助活動事業
・児童福祉法に規定する助産施設、保育所、児童厚生施設、児童家庭支援センター
・児童福祉増進相談事業
・幼保連携型認定保育園
・母子及び寡婦福祉法に規定する母子家庭等日常生活支援事業、寡婦日常生活支援事業
・母子及び寡婦福祉法に規定する母子福祉施設
・老人福祉法に規定する老人居宅介護等事業、老人デイサービス事業、老人短期入所事業、小規模多機能型居宅介護事業、認知症対応型老人共同生活援助事業、複合型サービス福祉事業
・老人福祉法に規定する老人デイサービスセンター（日帰り介護施設）、老人短期入所施設、老人福祉センター、老人介護支援センター
・障害者総合支援法に規定する障害者福祉サービス事業、一般相談支援事業、特定相談支援事業、一般相談支援事業、特定相談支援事業、移動支援事業、地域活動支援センター、福祉ホーム
・身体障害者福祉法に規定する身体障害者生活訓練等事業、手話通訳事業又は介助犬訓練事業若しくは聴導犬訓練事業
・身体障害者福祉法に規定する身体障害者福祉センター、補装具製作施設、盲導犬訓練施設、視聴覚障碍者情報提供事業、身体障害者更生相談事業
・知的障害者福祉法に規定する知的障害者更生相談事業
・生計困難者に無料または低額な料金で簡易住宅を貸し付け、または宿泊所等を利用させる事業
・生計困難者に無料または低額な料金で診療を行う事業
・生計困難者に無料または低額な費用で介護老人保健施設を利用させる事業
・隣保事業
・福祉サービス利用援助事業
・各社会福祉事業に関する連絡
・各社会福祉事業に関する助成

運営主体別事業所数の構成割合

（単位：%）　　　　平成29年10月1日現在

	総数	地方公共団体	日本赤十字社・社会保険関係団体・独立行政法人	社会福祉法人[1]	医療法人	社団・財団法人	協同組合	営利法人（会社）	特定非営利活動法人（NPO）	その他
居宅サービス事業所										
（訪問系）										
訪問介護	100	0.3	…	18.2	6.2	1.4	2.3	66.2	5.0	0.4
訪問入浴介護	100	0.1	…	34.8	1.9	0.6	0.6	61.6	0.4	-
訪問看護ステーション	100	2.1	2.0	6.7	27.3	8.2	1.9	49.6	1.6	0.6
（通所系）										
通所介護	100	0.5	…	38.8	8.3	0.6	1.6	48.5	1.6	0.1
通所リハビリテーション	100	2.7	1.3	8.3	77.3	2.7	…	0.1	…	7.6
介護老人保健施設	100	3.5	2.0	16.2	74.3	3.1	…	-	…	0.9
医療施設	100	2.0	0.7	1.4	80.0	2.3	…	0.1	…	13.5
（その他）										
短期入所生活介護	100	1.7	…	83.4	3.5	0.1	0.4	10.3	0.4	0.2
短期入所療養介護	100	3.8	1.6	11.9	77.6	2.9	…	-	…	2.1
介護老人保健施設	100	3.5	1.8	15.3	75.3	3.1	…	-	…	1.0
医療施設	100	4.9	1.1	0.5	85.3	2.3	…	-	…	6.0
特定施設入居者生活介護	100	0.8	…	23.8	6.2	0.6	0.4	67.4	0.4	0.6
福祉用具貸与	100	0.0	…	2.3	1.3	0.4	1.5	93.5	0.7	0.3
特定福祉用具販売	100	-	…	1.8	1.0	0.4	1.5	94.5	0.7	0.3
地域密着型サービス事業所										
定期巡回・随時対応型訪問介護看護	100	-	…	30.6	17.1	2.0	3.4	45.0	1.5	0.4
夜間対応型訪問介護	100	0.6	…	36.7	8.9	2.2	2.8	46.7	2.2	-
地域密着型通所介護	100	0.3	…	11.7	3.9	0.9	1.1	75.3	6.3	0.5
認知症対応型通所介護	100	0.3	…	44.3	11.9	0.9	1.4	35.3	5.7	0.2
小規模多機能型居宅介護	100	0.1	…	31.9	12.8	0.7	2.1	46.1	5.9	0.4
認知症対応型共同生活介護	100	0.1	…	24.4	16.5	0.4	0.6	53.6	4.3	0.2
地域密着型特定施設入居者生活介護	100	-	…	31.2	16.4	0.7	0.7	48.3	2.4	0.3
複合型サービス（看護小規模多機能型居宅介護）	100	-	…	18.1	20.3	4.9	3.2	50.1	3.4	-
地域密着型介護老人福祉施設	100	4.1	-	95.9	·	·	·	·	·	-
介護予防支援事業所（地域包括支援センター）	100	24.5	…	55.2	13.6	3.4	1.1	1.5	0.6	0.3
居宅介護支援事業所	100	0.8	…	25.1	16.0	2.4	2.2	49.9	3.2	0.6

注）訪問看護ステーション、通所リハビリテーション、短期入所療養介護および地域密着型介護老人福祉施設については、開設主体であり、それ以外は経営主体である。
1）「社会福祉法人」には社会福祉協議会を含む。
出所：厚生労働省「平成29年度介護サービス施設・事業所調査」より作成

2-6 介護サービス事業者の運営主体

	総数	都道府県	市区町村	広域連合・一部事務組合	日本赤十字社・社会保険関係団体・独立行政法人	社会福祉協議会	社会福祉法人（社会福祉協議会以外）	医療法人	社団・財団法人	その他の法人	その他
介護保険施設											
介護老人福祉施設	100	0.5	3.1	1.3	0.1	0.2	94.8	-	-	0.0	-
介護老人保健施設	100	0.0	3.6	0.5	1.7	-	15.0	75.3	2.8	1.0	0.1
介護療養型医療施設	100	-	4.7	0.3	1.1	-	1.1	83.4	2.3	0.6	6.6

出所：厚生労働省 「平成29年度介護サービス施設・事業所調査」より作成

居宅介護支援事業に関する直近5年間の運営主体割合の変化

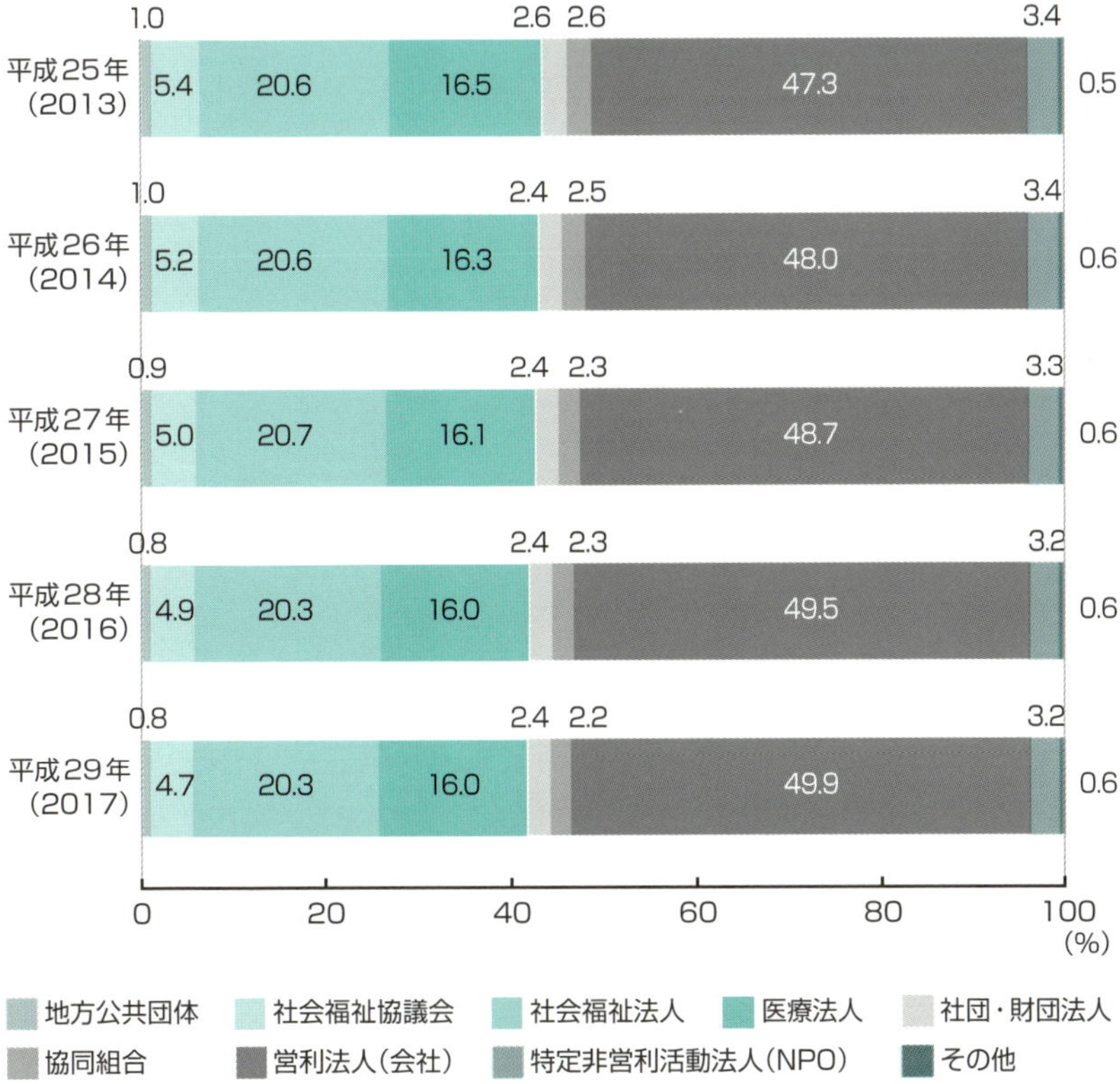

出所：厚生労働省 「平成29年度介護サービス施設・事業所調査」より作成

7 介護サービス事業者の収支構造

これまで主に利用者の視点で介護サービスの内容と料金等について説明してきましたが、ここでは入所施設を例にして事業者（運営者）の立場から介護事業の運営を考えます。

利用料金の設定

先述のとおり、介護サービス費用は、国の定める介護報酬にもとづいて設定されるため、原則として事業者ごとに料金を定めることができません。介護報酬外の居住費や食費などは事業者が設定できるものの、第四節で述べた負担額軽減制度などもあるため、他の事業所に比べ極端に異なる料金設定がされないのが一般的です。

介護保険制度に分類される介護サービスを運営するに際しては、介護報酬の枠組み（上限）のなかで他社とサービスの差別化を図る必要があり、そこに介護報酬の価格競争は発生しないのが原則です。

事業者の収支構造

お金の流れをみてみましょう。まず、介護サービスに要した費用のうち自己負担を除く部分（七～九割）は、保険者である市区町村に請求します。サービスの利用者に対しては自己負担分（一～三割分）と、居住費・食費などを加えた額を請求します（第三節を参照）。運営する事業が介護保険上の介護サービスのみである場合は、これらが主な収入となります。ただし、介護保険から支払われる保険者への請求分の入金時期は注意が必要です。例えば、四月にサービス提供した請求分は、翌々月である六月二五日頃に入金されます。その際、審査がされて、返戻や減額があれば、六月初旬に通知がきます。

介護報酬を細かくみると、サービス種別ごとに設定される「基本サービス費」と、そのサービスの内容を拡充することで基本サービス費に上乗せされる「加算」があります。加算の内容としては、例えば、通常よりも手厚い人員配置、有資格者を多く配置、充実した医療の提供体制、施設での看取りの実施など、様々な設定がされており、要件を満たせば加算が取得できます。

事業所の収入を増やすためには、事業内容を拡充して(加算を取得して)収入単価を上げるか、定員数の枠内で回転数(稼働数)を上げ、実利用の人数を上げるか、もしくは定員を増やして規模を拡大するか、のいずれかになります。ただし、加算を取得する場合は、サービスの拡充に伴い、通常よりも人件費などの費用がかかる場合もあります。

収入に対する支出の大半を人件費が占めます。特別養護老人ホームは一般的には総収入の約六五%、居宅介護支援事業所では約八五%です。加えて、事業所の電気代などの事務経費(事務費)や、利用者へ提供する食事の食材費、介護用品費などの材料費(事業費)などの支出と収入との差額が事業者の利益となります。

介護事業者の収入と支出のイメージ

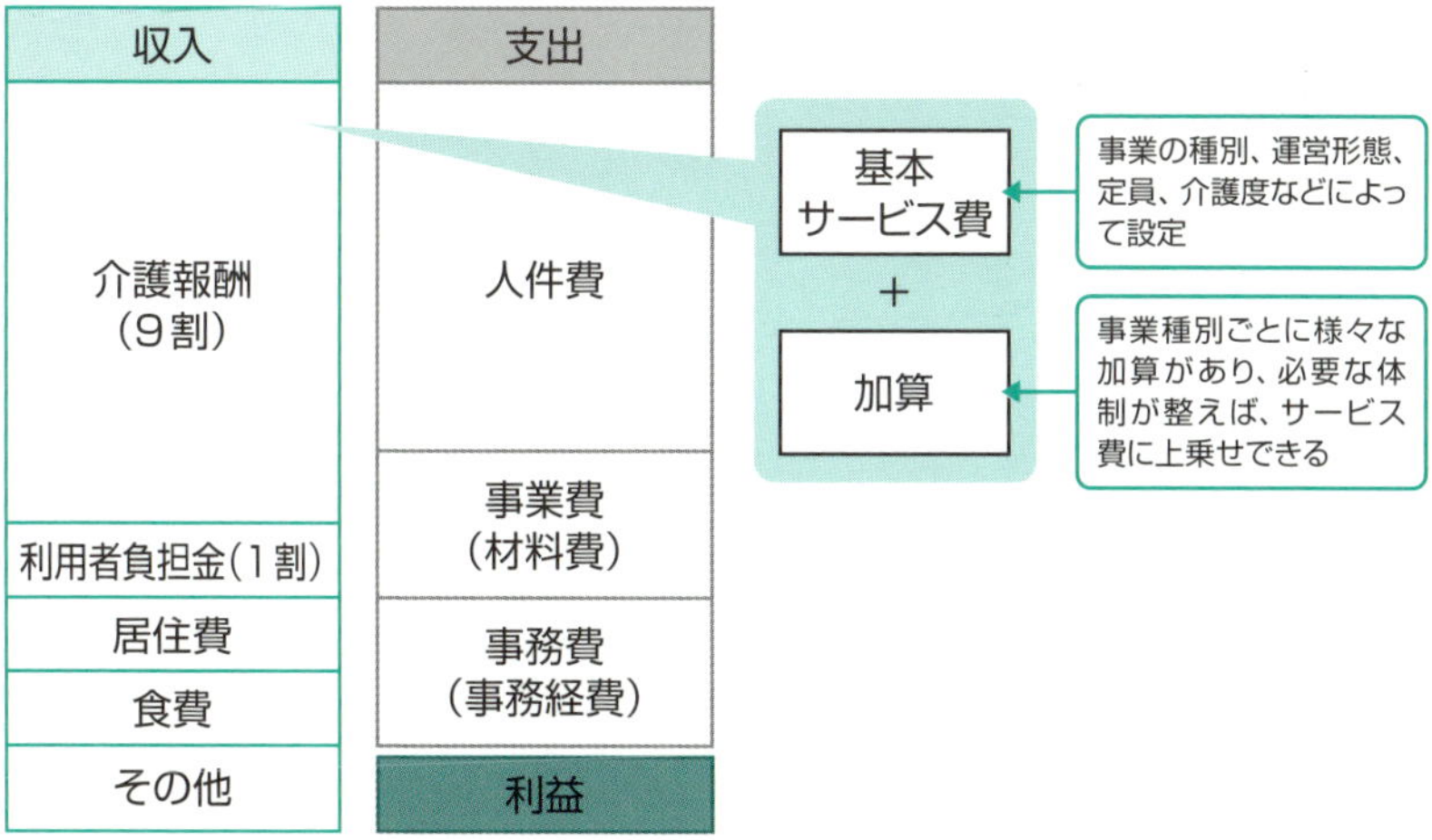

8 介護保険サービス事業者の経営状況

国は定期的に、介護サービスの経営実態を調査しています。この節では経営状態の実態を確認します。

介護事業経営実態調査

介護事業経営実態調査は、「各サービス施設・事業所の経営状況を把握し、次期介護保険制度の改正及び介護報酬の改定に必要な基礎資料を得る」ことを目的に、厚生労働省が実施しているものです。

直近の調査は、二〇一七年五月に実施され、全国一万五〇六二の施設・事業所を対象に、サービスの提供状況、居室・設備等の状況、職員配置・給与、収入や支出の状況などを調査しています。

主な介護サービスの経営状況は次のとおりです。

- **介護老人福祉施設（特別養護老人ホーム）**

利用者一人当たり（一日当たり）の収入は一万二三二三円、同支出は一万二〇二四円、収支差率は一・六％。

- **認知症対応型共同生活介護（グループホーム）**

利用者一人当たり（一日当たり）の収入は一万二九五八円、同支出は一万二三九五円、収支差率は五・一％。

- **訪問介護（ホームヘルプ）**

訪問一回当たりの収入は三五〇三円、同支出は三三三六円、収支差率は四・八％。

- **通所介護（デイサービス）**

利用者一回当たりの収入は九一一九円、同支出は八六七八円、収支差率は四・九％。

- **特定施設入所者生活介護**

利用者一人当たりの収入は一万二九二七円、同支出は一万二六〇七円、収支差率は二・五％。

介護事業経営実態調査・各介護サービスの状況（抜粋）

	延べ利用者1人あたり収入（1日あたり）	延べ利用者1人あたり支出（1日あたり）	収入に対する給与費の割合	収支差率 ()内は税引後
施設サービス				
介護老人福祉施設	12,213円	12,024円	64.6%	1.6%(1.6%)
介護老人保健施設	13,272円	12,819円	60.1%	3.4%(3.0%)
居宅サービス				
訪問介護（介護予防を含む）	3,503円※1	3,336円※1	76.1%	4.8%(4.1%)
訪問看護（介護予防を含む）	7,971円※1	7,673円※1	78.3%	3.7%(3.0%)
通所介護（介護予防を含む）	9,129円	8,678円	64.2%	4.9%(4.7%)
短期入所生活介護（介護予防を含む）	12,045円	11,581円	64.0%	3.8%(3.8%)
特定施設入居者生活介護（介護予防を含む）	12,927円	12,607円	46.0%	2.5%(1.9%)
居宅介護支援	11,989円※2	12,153円※2	84.1%	△1.4%(△1.7%)
地域密着型サービス				
定期巡回・随時対応型訪問介護看護	162,959円※2	155,078円※2	81.6%	4.8%(4.7%)
認知症対応型通所介護（介護予防を含む）	12,526円	11,910円	68.3%	4.9%(4.7%)
小規模多機能型居宅介護（介護予防を含む）	226,974円※2	215,343円※2	67.6%	5.1%(4.9%)
認知症対応型共同生活介護（介護予防を含む）	12,958円	12,295円	62.7%	5.1%(4.8%)
地域密着型老人福祉施設	13,321円	13,252円	64.4%	0.5%(0.5%)
※看護小規模多機能型居宅介護	292,737円※2	279,400円※2	66.8%	4.6%(4.1%)

※1：訪問1回あたり
※2：実利用者1人あたり（1ヶ月あたり）
注：サービス名に「※」のあるサービスについては、集計施設・事業所数が少なく、集計結果に個々のデータが大きく影響していると考えられる
出所：厚生労働省

9 介護保険制度の改正の歴史

介護保険法は二〇〇〇年に施行されて以来、改正を繰り返してきました。ここでは、その改正の歴史を振り返ります。

これまでの改正のポイント

介護保険法は、直近の二〇一八年を含め大きく五回の改正がされてきました。二〇〇五年の最初の改正以降は、介護報酬改定と合わせ、概ね三年ごとに見直されてきました。直近の主な改正のポイントは以下のとおりです。

●二〇一二年改正

- 地域包括ケアの推進
- 定期巡回・随時対応サービスの創設
- 複合型サービスの創設
- 介護予防・日常生活支援総合事業の導入

●二〇一五年改正

- 予防給付（訪問介護・通所介護）を地域支援事業へ
- 新たな介護予防・日常生活支援総合事業の創設
- 特別養護老人ホームの入所要件を原則要介護三以上へ
- 一定以上の所得者の二割負担へ引き上げ
- 補足給付の要件に資産などを追加

●二〇一八年改正

- 全市町村が保険者機能を発揮し、自立支援・重度化防止に向けて取り組む仕組みの制度化
- 「日常的な医学管理」、「看取り・ターミナル」等の機能と「生活施設」としての機能を兼ね備えた、介護医療院の創設
- 介護保険と障害福祉制度に新たな共生型サービスを位置づけ
- 特に所得の高い層の利用者負担割合の見直し（二割

➡三割）、介護納付金への総報酬割の導入 など

飛躍的に伸びるサービス受給者

介護保険サービスの受給者は制度施行時の約一四九万人から、二〇一七年には約五五四万人と約三・七倍に増えており、特に予防サービスを含む居宅サービスは三・九倍に増えています。これは、高齢者人口の増加に伴い事業所の整備を推進したこと、とりわけ要介護状態になることを予防するための施策の充実化を図ることを念頭に進められてきたことが理由として挙げられます。

今後は、現在予防サービスを受給している要支援者等が重度化した場合に備え、特別養護老人ホームなどの施設サービスの整備が図られることに加え、自宅で生活する高齢者を医療との連携などにより地域全体で支えていく「地域包括ケアシステム」を中心とした制度構築が進められていくことでしょう。また、介護保険制度自体を持続的に支えるため、介護報酬の改定と併せて、利用者の費用負担割合の見直しも引き続き検討されていくと考えられます。

サービス受給者数の推移

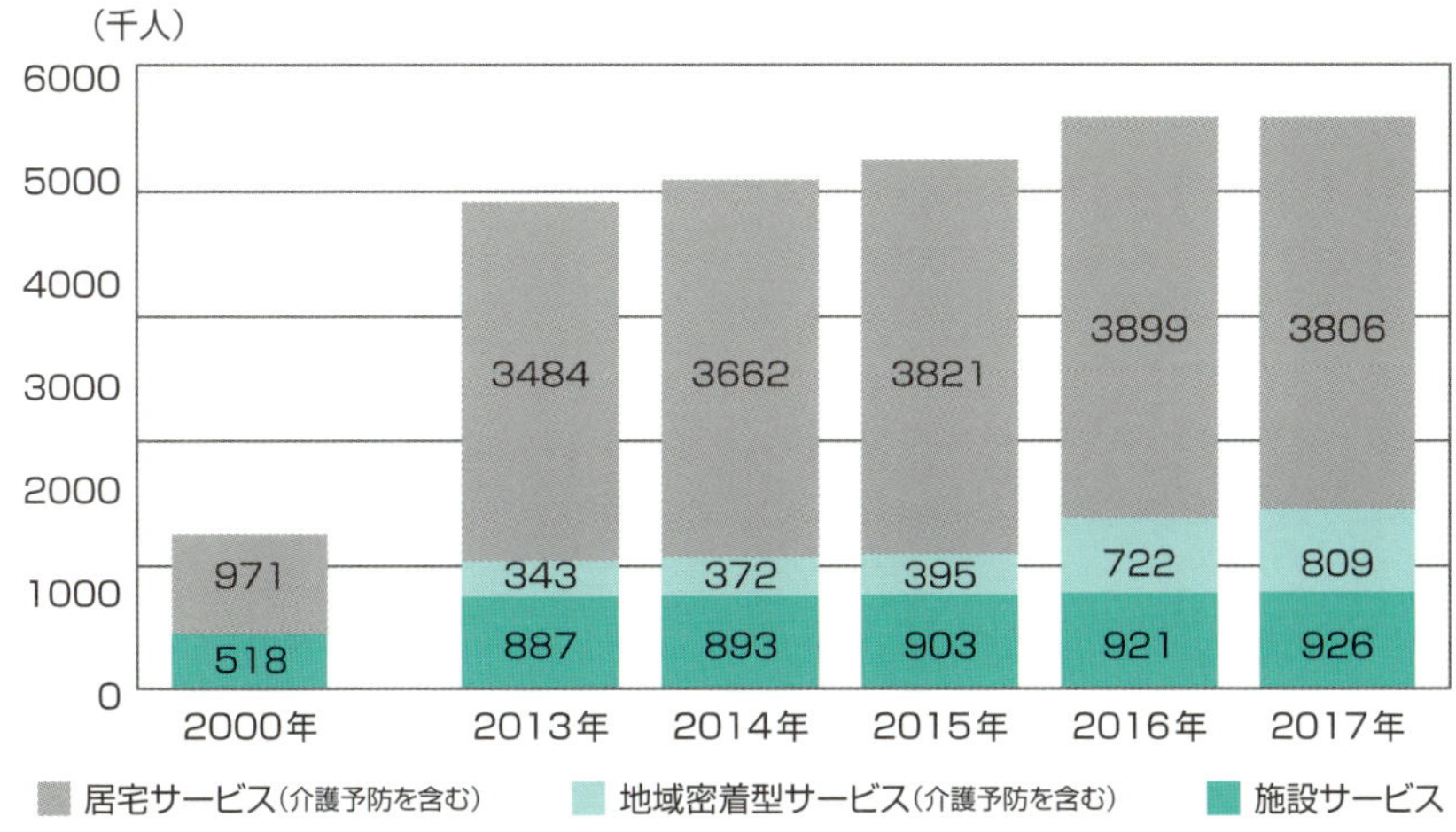

出所：厚生労働省老健局「介護保険事業状況報告」

10 二〇一八年介護保険法改正のポイント

二〇一八年の介護保険法改正では、高齢者の自立支援と要介護状態の重度化防止、地域共生社会の実現を図るとともに、制度の持続可能性の確保が打ち出されました。そのポイントを解説します。

法改正の三つの背景

二〇一八年改正には、大きく三つの背景があります。

一つ目は財政的な介護保険制度の持続性の担保です。二〇一六年一二月に厚生労働省の社会保障審議会介護保険部会で取りまとめられた「介護保険制度の見直しに関する意見」では、高齢化に伴い介護費用の総額も制度創設時から約三倍の約一〇兆円を突破しており、六五歳以上の人が支払う保険料の全国平均も大幅に増加、今後も介護費用の拡大に伴い増加することが見込まれるとされました。経済・財政の再生や社会保障制度の持続可能性の確保の観点から、介護保険制度の見直しについて、様々な指摘がなされていました。

次に、療養病床の在り方についてです。療養病床再編により廃止が決定されていた「介護療養型医療施設」の方向性も盛り込まれました。

最後に、「地域共生社会」の実現に向けた動きです。公的な福祉サービスは、高齢者・障害者などの対象者ごとに、典型的と考えられるニーズに対して専門的なサービスを提供することを主眼としてきました。近年は、福祉ニーズが多様化・複雑化してきており、複合的な課題がある場合や分野横断的な対応が必要な場合の相談・支援において課題が出てきていました。

二〇一八年介護保険法改正の概要

改正の概要は大きく二つに分けることができます。

● **地域包括ケアシステムの深化・推進**

自立支援・重度化防止に向けて保険者機能の強化等

地域包括ケアシステムの強化のための介護保険法等の一部を改正する法律案のポイント

高齢者の自立支援と要介護状態の重度化防止、地域共生社会の実現を図るとともに、制度の持続可能性を確保することに配慮し、サービスを必要とする方に必要なサービスが提供されるようにする。

Ⅰ 地域包括ケアシステムの深化・推進

1 自立支援・重度化防止に向けた保険者機能の強化等の取組の推進（介護保険法）

全市町村が保険者機能を発揮し、自立支援・重度化防止に向けて取り組む仕組みの制度化
- 国から提供されたデータを分析の上、介護保険事業（支援）計画を策定。計画に介護予防・重度化防止等の取組内容と目標を記載
- 都道府県による市町村に対する支援事業の創設
- 財政的インセンティブの付与の規定の整備

（その他）
- 地域包括支援センターの機能強化（市町村による評価の義務づけ等）
- 居宅サービス事業者の指定等に対する保険者の関与強化（小規模多機能等を普及させる観点からの指定拒否の仕組み等の導入）
- 認知症施策の推進（新オレンジプランの基本的な考え方（普及・啓発等の関連施策の総合的な推進）を制度上明確化）

2 医療・介護の連携の推進等（介護保険法、医療法）

①「日常的な医学管理」や「看取り・ターミナル」等の機能と、「生活施設」としての機能とを兼ね備えた、新たな介護保険施設を創設

※現行の介護療養病床の経過措置期間については、6年間延長することとする。病院又は診療所から新施設に転換した場合には、転換前の病院又は診療所の名称を引き続き使用できることとする。

②医療・介護の連携等に関し、都道府県による市町村に対する必要な情報の提供その他の支援の規定を整備

3 地域共生社会の実現に向けた取組の推進等（社会福祉法、介護保険法、障害者総合支援法、児童福祉法）

- 市町村による地域住民と行政等との協働による包括的支援体制作り、福祉分野の共通事項を記載した地域福祉計画の策定の努力義務化
- 高齢者と障害児者が同一事業所でサービスを受けやすくするため、介護保険と障害福祉制度に新たに共生型サービスを位置付ける

（その他）
- 有料老人ホームの入居者保護のための施策の強化（事業停止命令の創設、前払金の保全措置の義務の対象拡大等）
- 障害者支援施設等を退所して介護保険施設等に入所した場合の保険者の見直し（障害者支援施設等に入所する前の市町村を保険者とする。）

Ⅱ 介護保険制度の持続可能性の確保

4 2割負担者のうち特に所得の高い層の負担割合を3割とする。（介護保険法）

5 介護納付金への総報酬割の導入（介護保険法）

- 各医療保険者が納付する介護納付金（40～64歳の保険料）について、被用者保険間では『総報酬割』（報酬額に比例した負担）とする。

※ 平成30年4月1日施行。（Ⅱ5は平成29年8月分の介護納付金から適用、Ⅱ4は平成30年8月1日施行）

の取り組みを制度化することや、地域共生社会の実現に向けた取り組みを推進すること。

● 介護保険制度の持続可能性の確保

二割負担者のうち所得の高い層の負担割合を三割とすること、介護納付金への総報酬割の導入。

介護保険制度の持続可能性の確保

● 高所得者の利用者負担割合の見直し

世代間・世代内の公平性を確保しつつ、制度の持続可能性を高める観点から、二割負担者のうち特に所得の高い層の負担割合が三割とされました（二〇一八年八月施行）。ただし、月額四四四〇〇円の負担の上限がありますので、上限額は今後直される可能性があります。

ちなみに、図表の利用者負担額割合における「年金収入等」の金額は単身世帯のもので、夫婦世帯の場合は金額が異なります。具体的には単身者は年間二八〇万円以上、夫婦世帯は年間三四六万円以上の年金収入がある場合に二割負担、単身者三四〇万円以上、夫婦世帯四六三万円以上の場合は三割負担となります。

● 介護納付金における総報酬割の導入

介護保険の給付費のうち、約二七％を第二号保険者（四〇～六四歳）の保険料で賄っています（第二章第一節参照）。この第二号の保険料は、健康保険組合などの医療保険を通じて納めていますが、その金額は国が各組合に割り当てています。この割当額は従来、加入する第二号の人数（加入者割）で決めていました。今回の改正は、これを第二号の収入の総額（総報酬割）に変えるというものでした。

総報酬割の導入により負担の増加が特に大きい健康保険組合等については、二〇一九年度までの激変緩和のため、被保険者一人当たりの介護納付金の額に上限を設けることとする措置等も設けられました。

地域包括ケアシステムの構築に向けて

● 保険者機能の強化等による自立支援・重度化防止に向けた取組の推進

国は、介護費の地域差縮減という観点からも研究をしており、和光市や大分県での地域包括ケアシステム

現役世代並みの所得のある者の利用者負担割合の見直し

見直し内容

世代間・世代内の公平性を確保しつつ、制度の持続可能性を高める観点から、２割負担者のうち特に所得の高い層の負担割合を３割とする。ただし、月額４４，４００円の負担の上限あり。【平成 30 年８月施行】

【利用者負担割合】

	負担割合
年金収入等 340 万円以上（※1）	2割 ⇒ 3割
年金収入等 280 万円以上（※2）	2割
年金収入等 280 万円未満	1割

※１具体的な基準は政令事項。現時点では、「合計所得金額（給与収入や事業収入等から給与所得控除や必要経費を控除した額）220 万円以上」かつ「年金収入＋その他合計所得金額 340 万円以上（単身世帯の場合。夫婦世帯の場合 463 万円以上）」とすることを想定。⇒単身で年金収入のみの場合 344 万円以上に相当

※２「合計所得金額 160 万円以上」かつ「年金収入＋その他合計所得金額 280 万円以上（単身世帯の場合。夫婦世帯の場合 346 万円以上）」⇒単身で年金収入のみの場合 280 万円以上に相当

【対象者数】

（単位：万人）

	在宅サービス	施設・居住系	特養	合計
受給者数（実績）	360	136	56	496
3割負担（推計）	約 13	約 4	約 1	約 16
うち負担増（対受給者数）	約 11（3%）	約 1（1%）	約 0.0（0.0%）	約 12（3%）
2割負担（実績）	35	10	2	45
1割負担（実績）	325	126	54	451

※介護保険事業状況報告（平成 28 年４月月報）

※特養入所者の一般的な費用額の２割相当分は、既に 44,400 円の上限に当たっているため、３割負担となっても、負担増となる方はほとんどいない。

介護納付金における総報酬割の導入

見直し内容

○第２号被保険者（40 ～ 64 歳）の保険料は、介護納付金として医療保険者に賦課しており、各医療保険者が加入者である第２号被保険者の負担すべき費用を一括納付している。

○各医療保険者は、介護納付金を、２号被保険者である『加入者数に応じて負担』しているが、これを被用者保険間では『報酬額に比例した負担』とする。（激変緩和の観点から段階的に導入）【平成 29 年８月分より実施】

▼介護給付費の財源

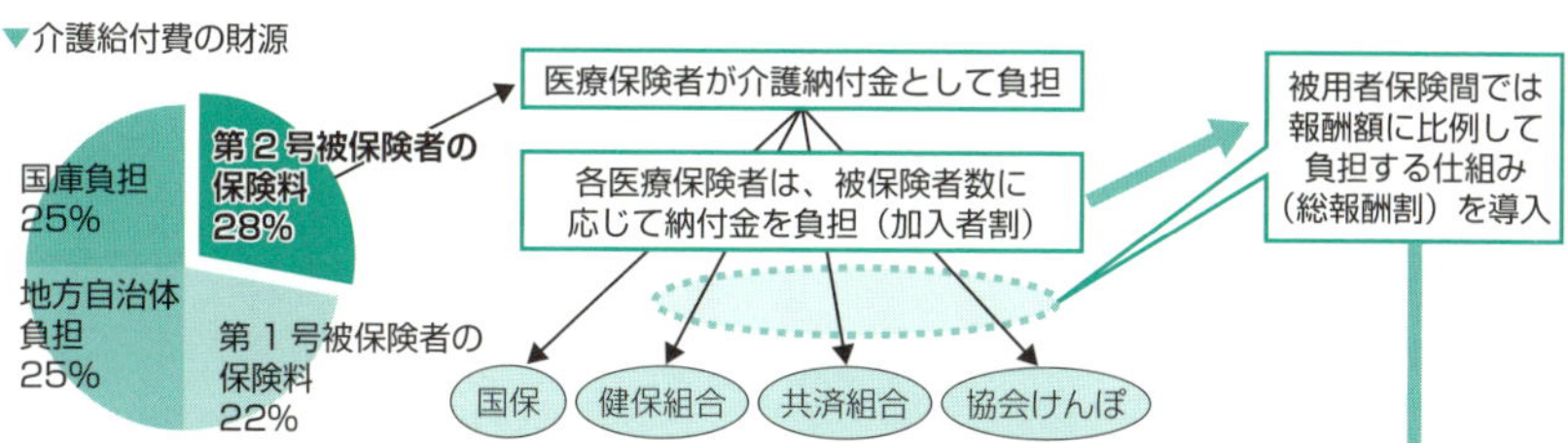

▼全面総報酬割導入の際に影響を受ける被保険者数

「負担増」となる被保険者	約 1,3000 万人
「負担減」となる被保険者	約 1,7000 万人

※平成 26 年実績ベース

▼総報酬割導入のスケジュール

	29 年度		30 年度	31 年度	32 年度
	～７月	８月～			
総報酬割分	なし	１／２	１／２	３／４	全面

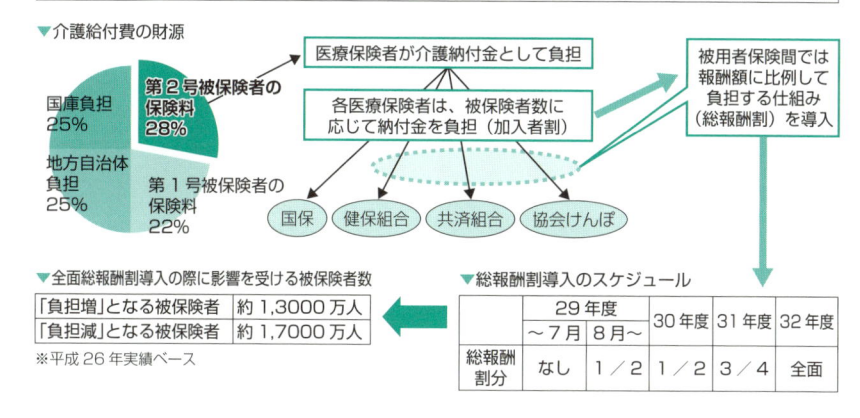

構築への取り組みによって、要介護認定率が低下した事例が報告されています。このような観点からも、保険者が地域の課題を分析して、高齢者がその有する能力に応じた自立した生活を送るための取組を進めることが必要とされ、改正では①データに基づく課題分析と対応、②適切な指標による実績評価、③インセンティブなどが法律により制度化されました。

●新たな介護保険施設の創設

すでに廃止が決まっている「介護療養型医療施設」について、その機能を引き継ぎつつ、今後、増加が見込まれる慢性期の医療・介護ニーズへの対応のため「日常的な医学管理が必要な重介護者の受入れ」や「看取り・ターミナル」等の機能と、「生活施設」としての機能を兼ね備えた、新たな介護保険施設を創設するというものです。新たに「介護医療院」が設けられました。

●地域共生社会の実現に向けた取組の推進

二〇一六年六月に閣議決定された「ニッポン一億総活躍プラン」では、「地域共生社会」の実現が掲げられ、次のように明記されました。

子供・高齢者・障害者など全ての人々が地域、暮らし、生きがいを共に創り、高め合うことができる「地域共生社会」を実現する。このため、支え手側と受け手側に分かれるのではなく、地域のあらゆる住民が役割を持ち、支え合いながら、自分らしく活躍できる地域コミュニティを育成し、福祉などの地域の公的サービスと協働して助け合いながら暮らすことのできる仕組みを構築する。また、寄附文化を醸成し、NPOとの連携や民間資金の活用を図る。

これをふまえ、厚生労働大臣を本部長とする「『我が事・丸ごと』地域共生社会実現本部（地域共生社会実現本部）」が設置され、「地域共生社会」の実現が今後の福祉改革を貫く基本コンセプトに位置づけられました。

こういった流れを踏まえて、今回の改正では、高齢者と障害児者が同一の事業所でサービスを受けやすくするため、介護保険と障害福祉両方の制度に新たに共生型サービスが位置付けられるなどしました。

地域共生社会の実現に向けた取組の推進

「我が事・丸ごと」の地域作り・包括的な支援体制の整備

1．「我が事・丸ごと」の地域福祉推進の理念を規定

地域福祉の推進の理念として、支援を必要とする住民（世帯）が抱える多様で複合的な地域生活課題について、住民や福祉関係者による①把握及び②関係機関との連携等による解決が図られることを目指す旨を明記。

2．この理念を実現するため、市町村が以下の包括的な支援体制づくりに努める旨を規定

○地域住民の地域福祉活動への参加を促進するための環境整備

○住民に身近な圏域において、分野を超えて地域生活課題について総合的に相談に応じ、関係機関と連絡調整等を行う体制*

＊例えば、地区社協、市区町村社協の地区担当、地域包括支援センター、相談支援事業所、地域子育て支援拠点、利用者支援事業、社会福祉法人、NPO 法人等

○主に市町村圏域において、生活困窮者自立相談支援機関等の関係機関が協働して、複合化した地域生活課題を解決するための体制

3．地域福祉計画の充実

○市町村が地域福祉計画を策定するように努めるとともに、福祉の各分野における共通事項を定め、上位計画として位置づける。（都道府県が策定する地域福祉支援計画についても同様。）

※法律の公布後 3 年を目途として、2 の体制を全国的に整備するための方策について検討を加え、必要があると認めるときは、その結果に基づいて所要の措置を講ずる旨の附則を置く。

新たに共生型サービスを位置づけ

○高齢者と障害児者が同一の事業所でサービスを受けやすくするため、介護保険と障害福祉両方の制度に**新たに共生型サービスを位置付ける**。（指定基準等は、平成 30 年度介護報酬改定及び障害福祉サービス等報酬改定時に検討）

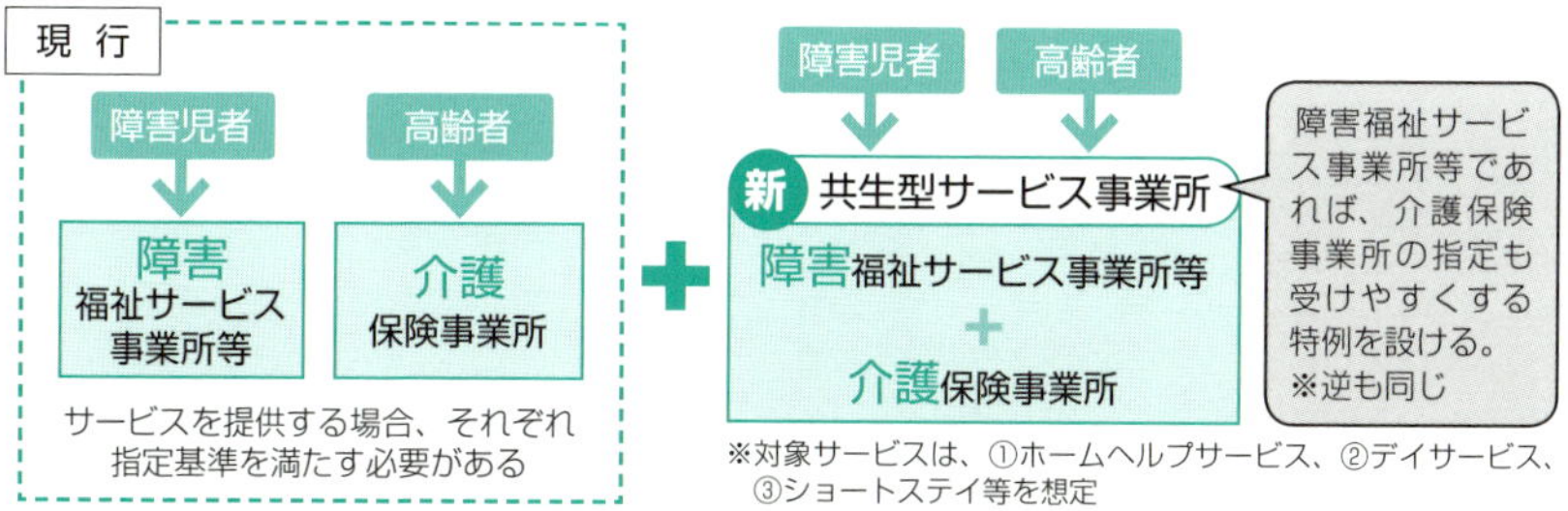

※対象サービスは、①ホームヘルプサービス、②デイサービス、③ショートステイ等を想定

11

介護保険制度の将来について

二〇二五年には、団塊世代がすべて後期高齢者となる日本。介護保険制度を取り巻く状況から、その将来について考えます。

次期(二〇二一年度)介護保険制度改正に向けて議論が開始

社会保障審議会介護保険部会では、次期介護保険制度改正に向けての議論が始まっています。二〇一九年二～七月にかけて、次の項目が議論されました。

- 介護予防・健康づくりの推進
- 保険者機能の強化
- 地域包括ケアシステムの推進
- 認知症「共生」・「予防」の推進
- 持続可能な制度の再構築・介護現場の革新

二〇一九年八月の介護保険部会では、年末のとりまとめに向けての次の論点が提示されました。別途、「地域共生社会に向けた包括的支援と多様な参加・協働の推進に関する検討会」が立ち上げられ、七月一九日に中間とりまとめが公表されました。これも念頭において検討されることになっています。

介護ビジネスに関わる方々は、年末のとりまとめに向けた議論も注視して、今後の介護保険制度のあり方と、介護保険制度を中心とした広い意味での介護ビジネスの可能性についてぜひ検討をされてみてください。

地域共生社会とは

◆制度・分野ごとの『縦割り』や「支え手」「受け手」という関係を超えて、地域住民や地域の多様な主体が『我が事』として参画し、人と人、人と資源が世代や分野を超えて『丸ごと』つながることで、住民一人ひとりの暮らしと生きがい、地域をともに創っていく社会

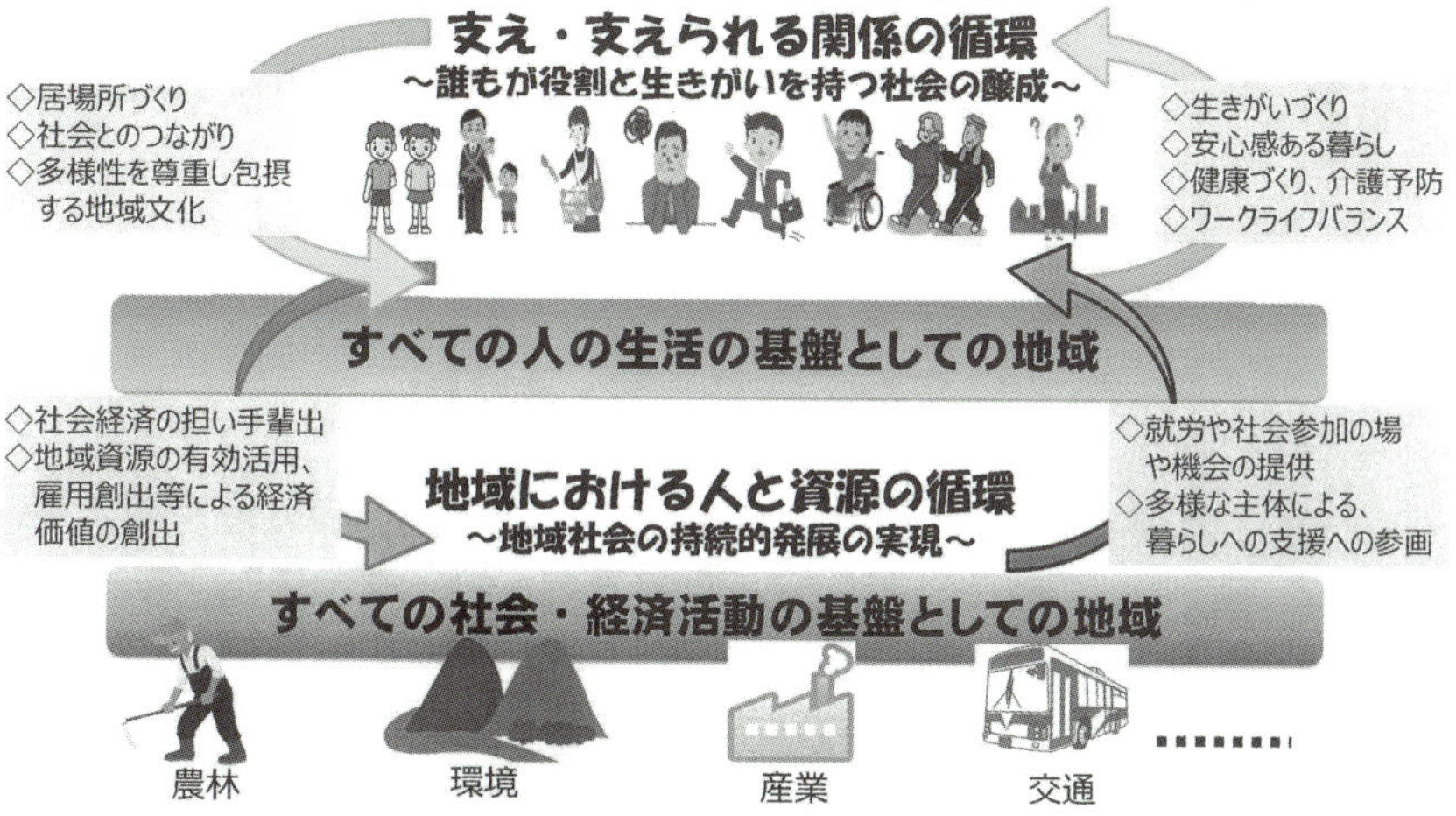

今後の検討スケジュール

今後、以下のスケジュール案に沿って、検討を進めていく。

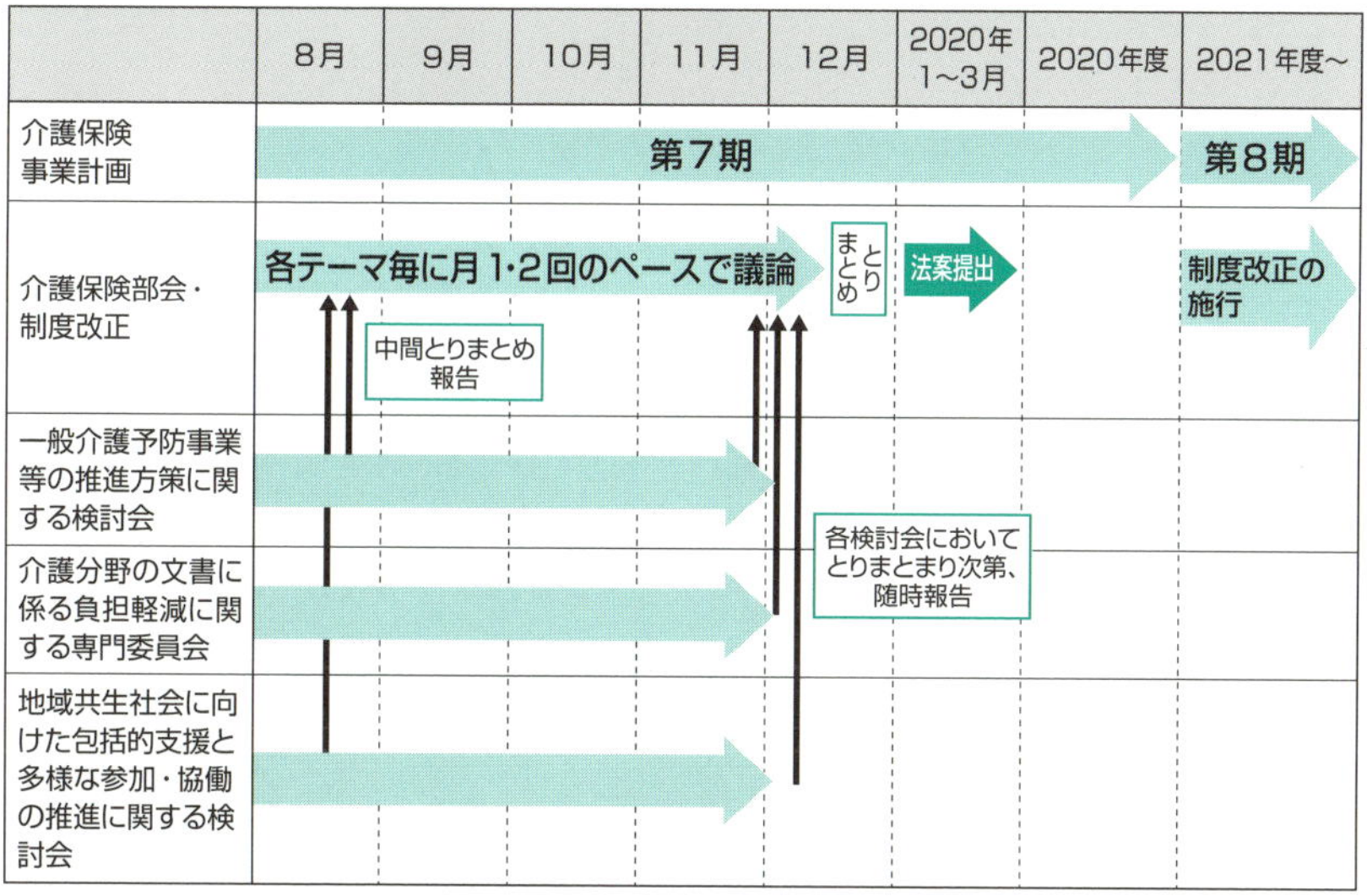

※上記の他、関係する審議会等における議論についても、随時、テーマに沿って、議論・報告を行う。
※介護報酬改定については、今後、社会保障審議会介護給付費分科会において議論。
出所：厚生労働省「社会保障審議会介護保険部会（第80回）」（2019年8月29日）資料

column

社会福祉法人制度と事業の差別化

第一種社会福祉事業の担い手でもある社会福祉法人は、全国で約2万法人あり、主に介護事業を行う法人、保育事業を行う法人、障害事業を行う法人、それぞれを同時に行う法人など、運営する事業の内容は様々です。

社会福祉法人は、福祉事業以外の収益事業を行うにあたっては一定の制約を受けます。他の運営主体と異なり税制面で優遇されているためです。一般の営利法人に課される法人税や事業税、固定資産税などが減免もしくは免除され、その利益は事業のさらなる充実にあてることとされています。そういったなか、「社会福祉法人は資金を貯めこんでいる」「社会福祉法人が運営する特別養護老人ホームは利益率が高い」などのいわゆる「内部留保」が問題となりました。その対応の一環として、社会福祉法人制度改革が行われ、2016年４月から順次施行されました。社会福祉法人が行う事業にはこのような一定の制約や方向づけがなされています。

▼社会福祉法人制度の改革

(1)経営組織のガバナンスの強化
(2)事業運営の透明性の向上
(3)財務規律の強化
(4)地域における公益的な取組を実施する責務
(5)行政の関与の在り方

出所：厚生労働省資料「社会福祉法人制度改革について」「社会福祉法等の一部を改正する法律」から一部抜粋

社会福祉法人を含めた介護事業者は、一般的には価格競争ができないため、どのように差別化を図るべきでしょうか。参考にすべきは「利用者が何を基準に事業者を選択しているか」です。地域・利用者のニーズに耳を傾け、「アクセスが容易なエリアを選択する」「接遇に力を入れる」「地域のボランティア活動に参加する」など、戦略的に事業展開できる事業者が、今後も存続し続けると思われます。

第3章

介護ビジネスの全体像

高齢者の急増と共に財源不足が課題とされている介護保険事業。介護保険事業だけでなく、医療や生活支援サービスなどあらゆるサービスの提供者によるチームケアが求められています。

第３章では、介護保険だけでなく、医療保険、行政、民間サービスなど制度に関わらず機能別に介護ビジネスを紹介します。

介護ビジネスから生活ビジネスへ 1

介護ビジネスは、いまや総人口の四人に一人の生活を支えるビジネスであり、従来の介護保険事業だけではなく、生活に関するあらゆる事業がビジネスになる可能性があります。

介護ビジネスの市場規模は、拡大するか?

介護給付費は二〇四〇年には二七兆円に拡大すると推計されています。介護保険外を含めたシルバーサービス市場規模は、六八・五兆円(二〇一二年)から一〇七・六兆円(二〇二五年)に拡大するといわれています。

なお、介護保険制度は、給付と負担の在り方が見直される方向です。次期(二〇二一年)介護保険法改正に向けた社会保障審議会介護保険部会(二〇一九年八月)の資料では、「持続可能な制度の再構築・介護現場の革新」の中で、「給付と負担」に関する検討項目として、①被保険者・受給者範囲、②補足給付に関する給付の在り方、③多床室の室料負担、④ケアマネジメントに関する給付の在り方、⑤軽度者への生活援助サービス等に関する給付の在り方、⑥高額介護サービス費、⑦「現役並み所得」「一定以上所得」の判断基準、⑧現金給付が挙げられています。介護サービス計画(ケアプラン)作成の有料化や介護の必要性が比較的低い軽度者へのサービスの見直し、軽度者への生活援助サービスの市町村への移管、介護保険に加入する期間の拡大が焦点となります。

総合事業の機能と役割

二〇一八年三月までにすべての自治体で総合事業が整備されました。**総合事業***は、配食サービスやサロン活動、体操教室、ゴミの個別回収、二四時間のコール機能など自治体によって、サービスの内容が異なります。

しかし、総合事業が目指した住民主体の多様なサービスが実施されている市町村数は六〜七割にとどまっています。また、サービス単価が低く、補助事業・委託事業の方式では自由度がなく、事業者も参入しづらいという指摘もあり、今後改善に向けて議論されます。地域包括ケアシステムにおいては、介護事業者・専門職だけでなく、地域の企業の参画も期待されています。

多様化し拡大する生活ビジネス

高齢者を支えるために必要なものは、介護だけではありません。たとえ加齢や疾病により心身機能が低下しても自宅で日常生活が過ごせるように、高齢者にとって便利な生活を構築することが求められているのです。例えば、高齢者が移動しやすいように歩道橋にエレベーターが設置されたりしています。極端にいえば、歩きながら目に入るすべてのサービスを高齢者向けに考えることで、ビジネスになる可能性があるということです。

いまや**「介護ビジネス」は、日本人の四人に一人の生活を支える「生活ビジネス」へと発展**しているのです。

高齢者を対象とした対象者・ニーズと商品の関係

商品＼対象者・ニーズ	建物	物		サービス	
		必需品	贅沢品	生活	QOL
代行：おおむね要介護3〜5（できないものを代わりに行う）	保険外	保険内	保険外	保険内	保険外
補完：おおむね要介護1・2、要支援1・2（できないものを補助できるようにする）	保険外	保険内	保険外	保険内	保険外
予防：おおむね要支援1・2、自立（できなくなりそうなものを現状維持する）	保険外	保険外	保険外	保険内（予防）	保険外
利便：すべての高齢者（加齢や疾病でしにくいものをやりやすくする）	保険外	保険外	保険外	保険外	保険外

※太枠が介護保険対象外となる可能性の高い商品。

用語解説

＊**総合事業**　「介護予防・日常生活継続支援総合事業」の略。既存の介護サービス事業者に加えて、NPOや民間企業等の多様な主体が介護予防や日常生活支援のサービスを総合的に実施できるようにすることで、市町村が地域の実情に応じたサービス提供が行えるようにすることを目的として、平成26年の介護保険法改正で創設。要支援1・2の者の訪問介護と通所介護が総合事業へと移行した。

2 地域包括ケアの前提は「住まい」

地域包括ケアシステムにおいて、高齢者支援の拠点は、「施設」でなく「住まい」が前提となります。「住まい」には自宅だけでなく、有料老人ホームを含む居住系サービスも含まれ、多様化が進んでいます。

高齢者の住まいの中心は

地域包括ケアシステムでは、高齢者の拠点は、従来の施設サービスではなく、**地域にある「住まい」が前提と**なります。さらに、支援の効率化と施設サービスの不足を補うために様々な居住系サービスが設置されています。二〇一一年に制度化した「サービス付き高齢者向け住宅（サ高住）」は、国土交通省のサービス付き高齢者向け住宅整備事業補助金も背景に、二〇一九年八月には二四万七〇〇〇戸と急増しています。

サービス付き高齢者向け住宅の必須サービスは、安否確認と生活相談サービスです。特別養護老人ホームと同等のサービスを提供している住宅もあれば、マンションと同等のサービス程度の住宅もあります。そのため、利用者や家族のサービスイメージとのギャップから苦情につながるケースが増えています。

ギャップは、利用者だけでなく経営側にも生じています。サービス過剰により経営不振に陥るケースもあれば、サービス不足により評判が落ち、入居者確保に苦戦している住宅も多く存在しています。**事業タイプにあった適切な経営管理が重要**となる事業です。

有料老人ホームなど多様化する「住まい」

有料老人ホームの定義は、①食事提供、②介護（入浴、排泄、食事）の提供、③洗濯・掃除等の家事の供与、④健康管理のいずれかのサービスを提供している高齢者が入居している施設です。サ高住の多くも法的には

ワンポイントコラム

【施設とサ高住の違い】 サ高住は、自宅同様、自由な生活を継続できるところが多い。入居している高齢者の中には、退院時に自宅に戻れずに入居したものの状態が回復したため自宅と行き来する生活を選んだり、地域コミュニティに参加したり、ときには仕事に出ている高齢者まで存在する。住宅によって自由度が異なるのも施設との大きな違いといえる。

有料老人ホームに含まれます。有料老人ホームは、都道府県知事等への届け出が必要となり、施設基準や広告規制の順守、消防法によるスプリンクラーの設置などが求められます。需要が急増しているため、基準を満たさない無届け有料老人ホームも見られます。

グループホームの意義

認知症の高齢者は二〇二五年には少なくとも六七五万人になると推計されています。認知症は、極度の物忘れ状態から徘徊や異食など、ときには生命に危険を及ぼす状態まで、個人差が大きいことが特徴です。また、発症する前とのギャップが大きいため、家族は現実を受け入れられず、本人をきつく叱るなどして、症状を悪化させる対応を取ってしまうケースもあります。

認知症ケアには、アットホームな雰囲気で安心できる環境がよいとされています。その代表格が「グループホーム」です。**グループホームは、従来から軽度の認知症の人の入居が中心でしたが、近年では、看取りまで対応**するところも増加しています。

高齢者向け住まい・施設の定員数

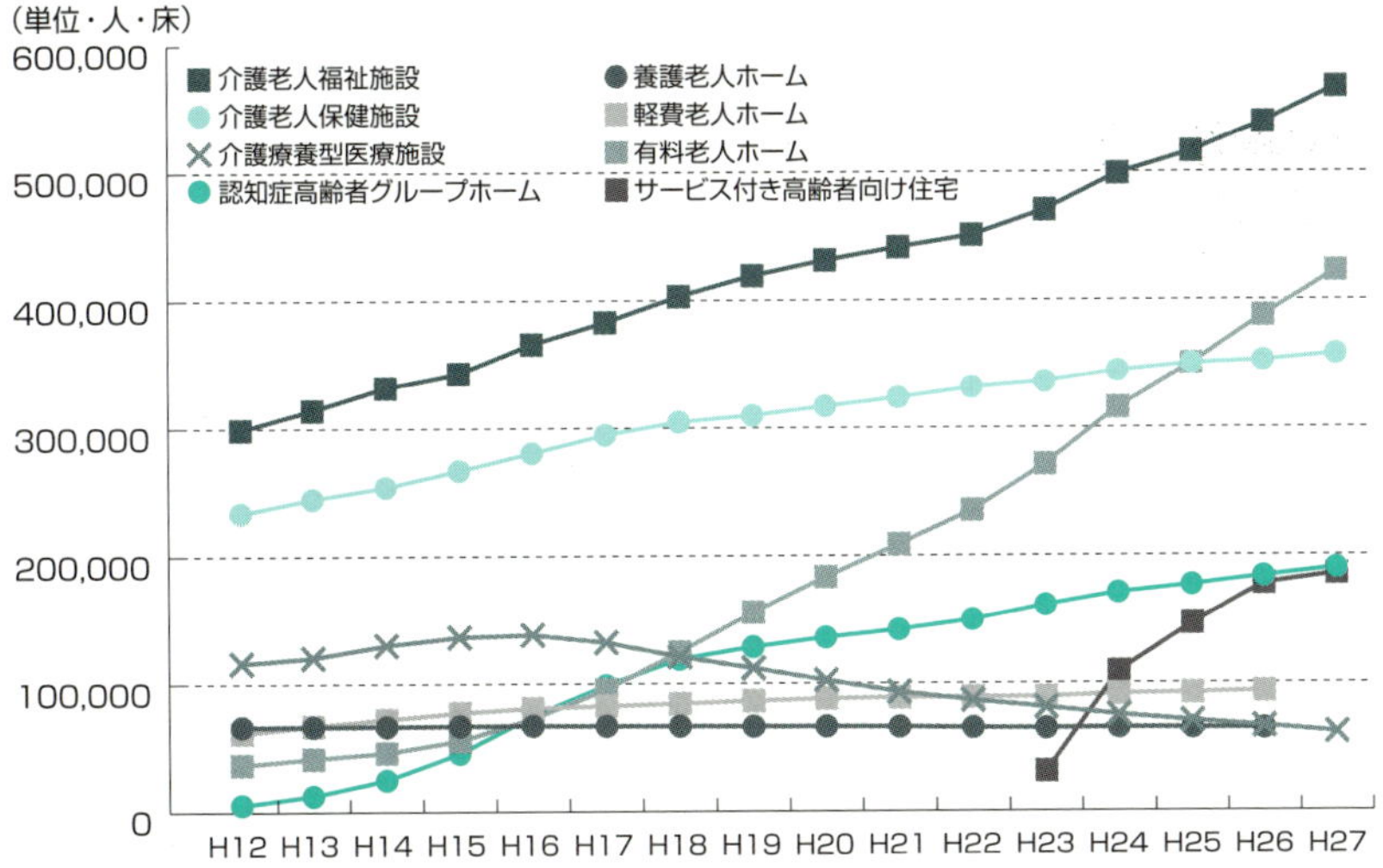

お泊まりサービス（ショートステイ）

在宅介護の推進には、家族の安らぎの時間が必要です。多くの場合、二カ月前の予約開始となるショートステイだけでは不十分です。本人や家族の都合により要介護者が気軽に泊まれる場所が増えています。

お泊りの代表格 介護保険施設のショートステイ

長期的な在宅介護を支えるには、家族がリフレッシュできる機会（**レスパイトケア***）も必要です。特別養護老人ホームなどの介護保険施設で、家族の旅行や冠婚葬祭などの場合に、一時的に宿泊を利用できるサービスがショートステイです。約七割の事業所が二カ月前に受付開始をしており、一か月〜二か月前に利用申込をする利用者が約五割いるとされ、計画的に利用する場合がほとんどです。介護保険施設は、社会福祉法人や医療法人以外は設立できないことから、**最近では株式会社が設立する単独のショートステイが増加傾向**にあります。利用期間が短いと高齢者の状態把握が不十分なことも多く、生活相談員を中心とし受入側の体制を確保することが必要となります。

ショートステイは、原則、長期の利用はできませんが、施設整備が遅れている地域や冬場の降雪地帯などでは、数カ月の利用を認めている自治体があります。

急増から規制へ「お泊りデイ」の将来

いわゆる「お泊りデイ」は、通所介護（デイサービス）を受けたあとに、そのままその事業所に宿泊できるサービスです。事業者から見ると、時間外の設備の有効活用が可能です。特に定員一〇名などの小規模のデイサービスでは、まるでグループホームのような家庭的な雰囲気を特徴としデイサービスの延長で気軽に泊まれ、その利便性が脚光を浴びて急増しました。

ワンポイントコラム

【ショートステイの稼働率】 株式会社や社会福祉法人のショートステイは、短期入所生活介護という正式名称である。介護報酬（基本報酬）は要介護度などにより異なり、1日当たり約6,000円〜9,000円、半日でも同じである。一つの部屋で利用者Aが午前中に退所し利用者Bが午後入所する場合、定員に対する稼働率は、最大200％まで可能である。

その一方、保険外サービスのため、夜間の管理体制や専門性の確保が十分でなく、転倒事故が生じたり、雑魚寝に近い環境でのプライバシーの問題などが表面化したりして、二〇一五年度より**届出制の導入や事故報告が義務付け**られました。

介護付き有料老人ホームでも気軽なお泊り

二カ月前の事前予約制のショートステイだけでは、介護者の急な入院や葬儀などへの参列、また介護者の虐待からの緊急回避などへの対応は十分ではありません。

そのため、**グループホームや特定施設入居者生活介護など多様な設備で介護保険のショートステイが利用できます**。二〇一五年度からは、「訪問」「通い」「泊まり」の三つのサービスを登録制で提供する**小規模多機能型居宅介護や看護小規模多機能型居宅介護でも**、一定の条件を満たせば、登録者以外がショートステイを利用できるしくみに拡大しています。いまやショートステイは、多様な選択肢の増加により**営業力が決め手となる事業形態に変化**しました。

ショートステイのサービス種類別請求事務所数

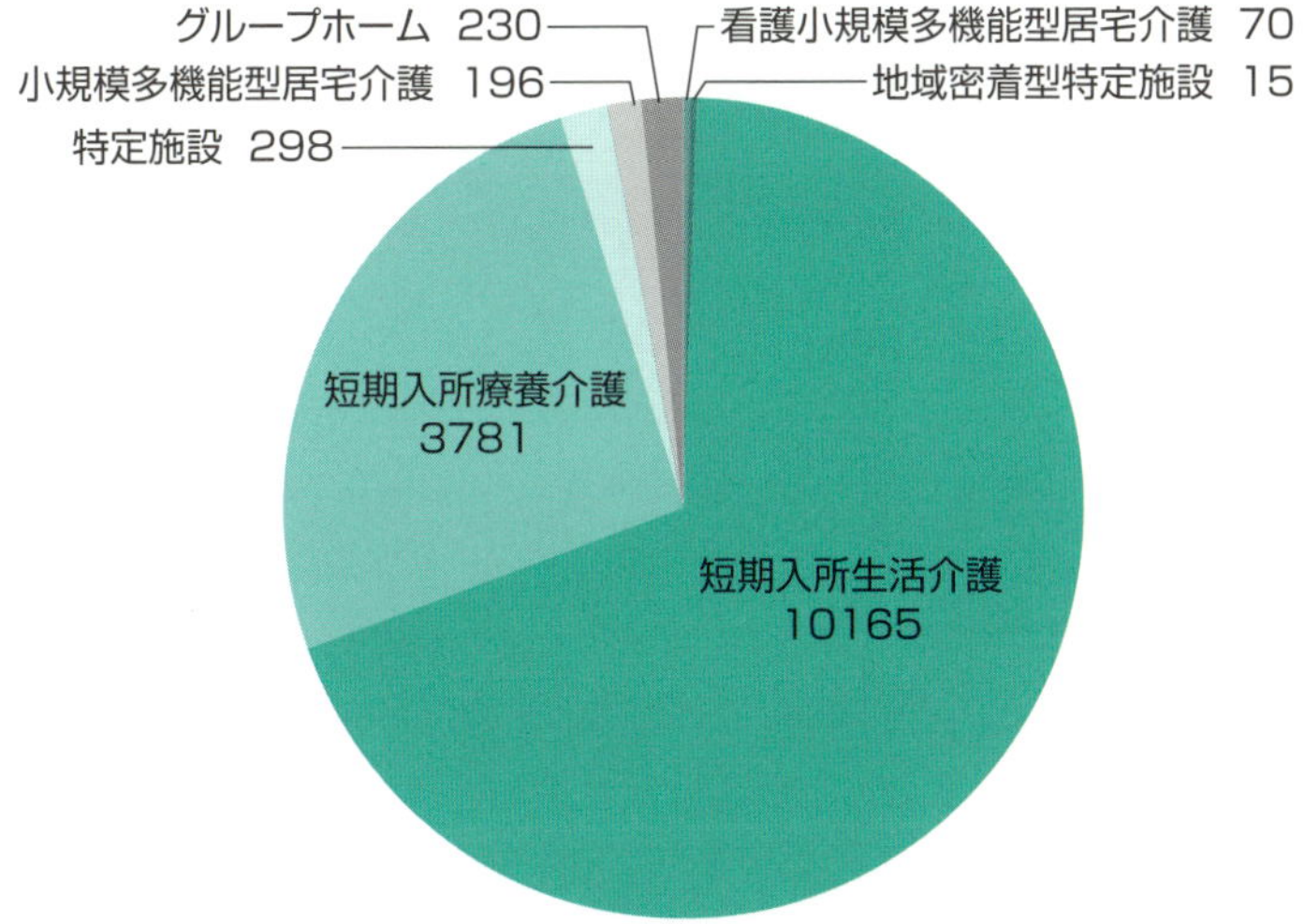

出所：厚生労働省「介護給付費等実態統計 平成31年4月審査分」より作成

用語解説

＊**レスパイトケア**　「ショートステイ」と「デイサービス」の2種類があり、家族が一時的に介護から解放される「レスパイトケア」と呼ばれます。

4 ケアマネの質が問われる医療系プラン

地域包括ケアシステムでは、病院から退院しても自宅で生活が送れるしくみが求められます。医療的な視点を含めるチームケアを前提としたケアマネジャーの養成が求められています。

介護支援専門員(ケアマネジャー)とは

「介護保険法」に規定された専門職で、居宅介護支援事業所や介護保険施設に配置される職種です。略してケアマネと呼ばれます。介護保険では、利用者一人ひとりの生活支援に関してケアプランが必要となります。一人の利用者支援の方針決定や目標の進捗管理と見直しを行う調整役がケアマネジャーです。ケアマネジャーは、脳血管疾患や糖尿病、看取りなどの高齢者に対して多職種協働のコーディネーター役を担うことが求められ、能力向上が期待されています。

施設ケアマネジャーの役割

主に介護保険施設、特定施設入居者生活介護(有料老人ホーム等)、グループホーム等に勤務しています。施設サービス計画等に基づき、サービスを実施します。介護保険施設では、利用者一〇〇人当たり一人のケアマネジャーの配置が必要です。ユニットケアでは、ユニットごとに生活の様子が若干異なり一人のケアマネジャーが一〇〇人の状態を把握することはより難しくなります。そのため、利用者支援を行う介護職員自身がケアプランを理解し行う必要があります。

居住系サービスにおけるプランナー

グループホームや小規模多機能型居宅介護など介護保険施設に比べて家庭的雰囲気のある居住系サービスでは、一人ひとりの利用者との接点が多く個々の生活様式に応じてケアプランを作成します。利用者、介護

ワンポイントコラム

【介護支援専門員実務研修】 介護支援専門員(ケアマネジャー)の資格試験(実務研修受講試験)は、2015年度より保健・医療・福祉に関する保有資格による一部試験の免除が廃止された。ケアマネジャーはその資質向上が課題とされている。介護保険施行当時に30%前後であった合格率は、最近では低い傾向(2018年は10.1%)にある。

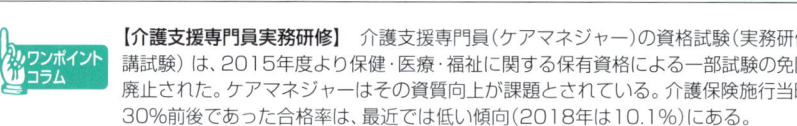

者、ケアマネジャーの三者の距離が近く、一日の生活様式に密着した二四時間観察シートの活用が主流となっています。

居宅ケアマネジャーはプランナー&コーディネーター

主に居宅介護支援事業所（ケアマネ事業所）、介護予防支援事業所（地域包括支援センター）に勤務しています。在宅のケアマネジャーは、予防給付も含め約三五種の事業を組み合せてケアプランを作成、サービスを手配し、利用状況や効果をモニタリングする役割を担います。利用料を管理する「給付管理」の業務も必要となります。サービスの組み合わせはケアマネジャーの腕にかかっています。

ケアマネジャーの業務

居宅における業務の流れ（イメージ）

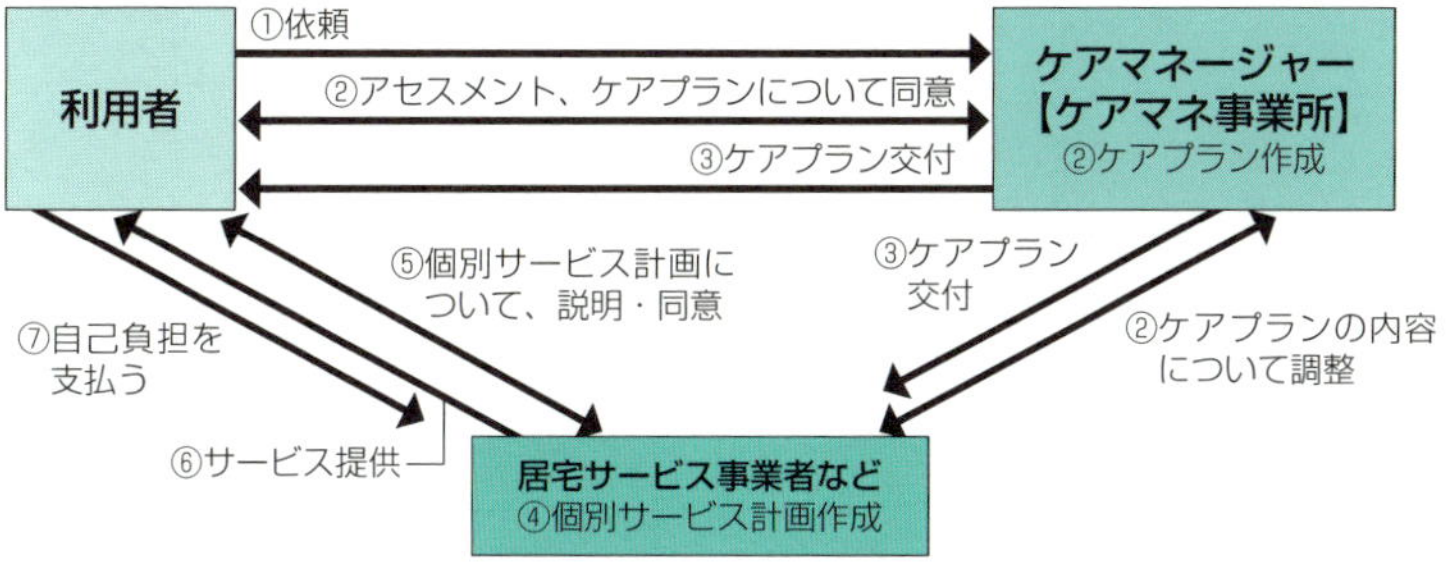

施設などにおける業務の流れ（イメージ）

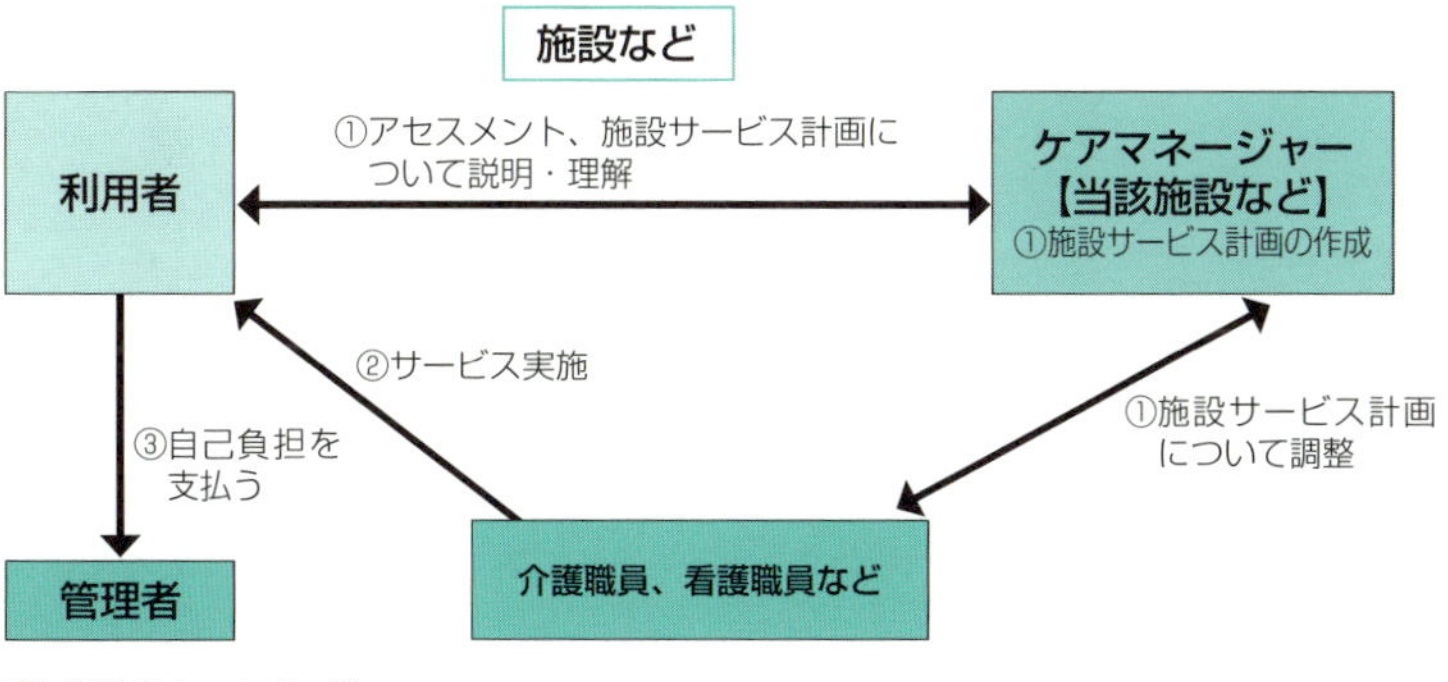

出所：厚生労働省ホームページ

5 リハビリテーション（医療連携の柱①）

病院からの退院促進のため入院中からリハビリテーションが行われています。介護保険では、生活に密着した自宅でのリハビリテーションの必要性が高まっています。

生活期リハビリテーションの必要性

例えば、高齢者が脳卒中で緊急入院した場合、二週間の入院であっという間に筋力が低下します。病院では退院に向けて理学療法士などの指導のもと、バリアフリーの環境が整った場所でリハビリテーションを実施します。しかし、いざ退院する自宅の環境は、階段や段差など狭い場所に多くの障害物があります。訓練の成果をどういかしたらいいのか戸惑っているうちに、転んで再入院となる場合もあります。そこで、筋力トレーニングだけでなく、自宅で簡単に応用できる日常生活の場面を模した訓練が普及しています。

リハビリテーションは、本人のやる気がなければ持続しません。やる気を引き出すために**心身機能の向上**に加えて、**趣味嗜好による地域サロンなどへの活動・参加を促す**「**生活期リハビリテーション**」が二〇一五年の介護報酬改定等で通所リハなどに定義されました。デイサービスやデイケアの中だけにいた機能訓練指導員が、高齢者の自宅に赴くよう変化しています。

訪問看護だってリハビリテーション

自宅でのリハビリテーションの主流を担っているのは、実は、**訪問看護ステーションのリハビリテーション**です。訪問看護ステーションでは、リハビリ職員が自宅に訪問しリハビリテーションを提供することができます。都市部で急増している訪問看護ステーションの差別化として特に普及しました。看護師と共に状態観察をしながらできる点がメリットといえます。

ワンポイントコラム

【リハビリ職とは】 リハビリテーションを実施する代表的な有資格者は、理学療法士（PT）、作業療法士（OT）、言語聴覚士（ST）である。その他、看護師、准看護師、柔道整復師、あん摩マッサージ指圧師が担当する。機能訓練に関する専門性が重視され理学療法士、作業療法士、言語聴覚士の有用性が注目されている。

外来やデイケアと連携した訪問リハビリテーション

訪問でのリハビリテーションは、本来医療機関や介護老人保健施設のリハビリ職員による訪問リハビリテーションが本流です。地域による整備状況が異なるため訪問看護ステーションがその機能を担っている状況にあります。訪問リハビリテーションは、外来やデイケアのリハビリ職員が上乗せ収入をあげる事業として徐々に普及しています。一方、医師の診察が一～三カ月ごとに必要となり、その手間がケアマネジャーや高齢者には理解を得られず普及の障害となっています。

医師やケアマネジャーとのカンファレンスを行う**リハビリテーションマネジメント**の考え方も盛り込まれ、より専門性を強化する方向にあります。デイケアでマシンなどを使って身体機能を向上し、自宅では訪問リハビリテーションによる応用で効果を高める考え方です。さらにデイサービスや地域サロンへの移行、**〝卒業〟**を促すことが求められ、**経営上は営業と効率化の視点が必要**となります。

リハビリテーションの役割分担

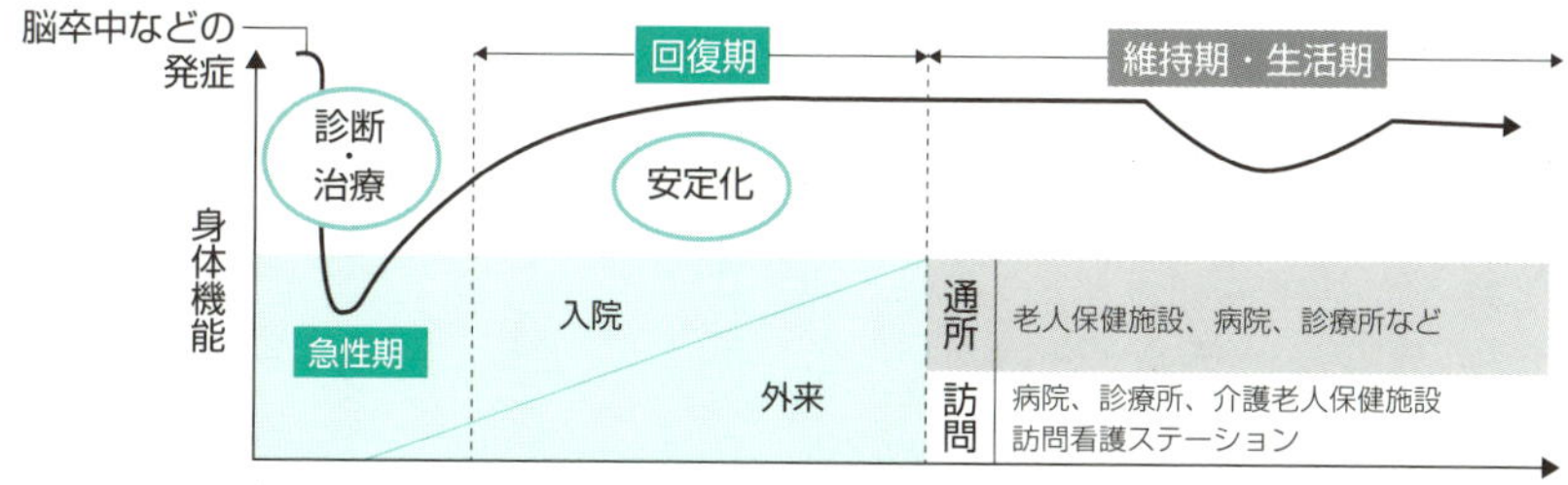

▼役割分担

	主に医療保険		主に介護保険
	急性期	回復期	維持期・生活期
心身機能	改善	改善	維持・改善
ADL	向上	向上	維持・向上
活動・参加	再建	再建	再建・維持・向上
QOL	−	−	維持・向上
内容	早期離床・早期リハによる廃用症候群の予防	集中的リハによる機能回復・ADL向上	リハ専門職のみならず、多職種によって構成されるチームアプローチによる生活機能の維持・向上、自立生活の推進、介護負担の軽減、QOLの向上

出所：厚生労働省資料

6

看護と介護（医療連携の柱②）

高齢者の生活を支えるには、介護だけでなく看護の視点が重要です。病院では医師の指示のもと看護職員と介護職員が患者を支えますが、在宅生活では専門性の違いが連携を難しくする要因となります。

訪問介護の役割の変化

訪問介護は「身体介護」「生活援助」「通院等乗降介助」の三分類に区分され、高齢者の自宅での生活を中心的に支える役割を担っています。図に示すように要介護度の低い高齢者においては、掃除や調理を代表とする生活援助のサービスが主流でした。そのうち調理や掃除は、自治体の総合事業の配食サービスなどや自費サービスの活用に徐々に移行しています。 訪問介護は、生活援助よりも、身体機能を支える介護にシフトしています。利用者と一対一でサービスを提供することから、最も利用者との対話を楽しみながらできるサービスといえます。

看護職員なら誰でもできる!? 訪問看護

在宅復帰を促進するためには、訪問看護は欠かすことができません。病院で、常に医師を中核に据える組織人としての役割を求められる看護師にとっては、訪問看護ステーションの開業により自分の城を築くことができます。職場で意気投合した仲間が二、三人いれば、最低人員の二・五人を確保することができます。制度的には医師の指示のもとでサービス提供を行うとはいえ、在宅では自らの判断で行動しサービスを提供します。**裁量の範囲が多く、単独で医師や利用者との深くかかわる看護業務に、やりがいをもつ人材も多く**存在します。

ワンポイントコラム

【訪問看護の運営主体別事業所数】 民間企業が全体の約5割を占めている。次いで医療法人が多い。

在宅で使われる医療機器は、多種多様です。医療的ケアを行うには、最新技術の積極的な技術習得がポイントとなります。看護師の経験が長くても訪問看護ができるとは限りません。看護職員が多い事業所ほど多様なノウハウを共有できる環境を構築できることから大規模化が求められています。

介護と看護の連携は、相互理解

訪問介護と訪問看護の連携を前提とした定期巡回・随時対応サービスが象徴するように、自宅での高齢者支援には、介護職員だけでなく看護職員の役割が求められています。古くから女性の職業の代表格であった看護職員は、その専門性の高さから社会的地位を獲得しました。一方、介護職員は生活を支えることが中心であり専門性がわかりにくく、いまだ社会的地位が発展途上段階にありますが、高齢者への安全な身体介護の関わり方や認知症高齢者への穏やかな対応など、介護職員の専門性が確立しつつあります。**介護と看護の円滑な関係は、お互いの専門性を尊重しつつ情報交換と役割分担を行うことが最も近道**といえます。

訪問介護の提供内容の構成割合（複数回答）【要介護 1】

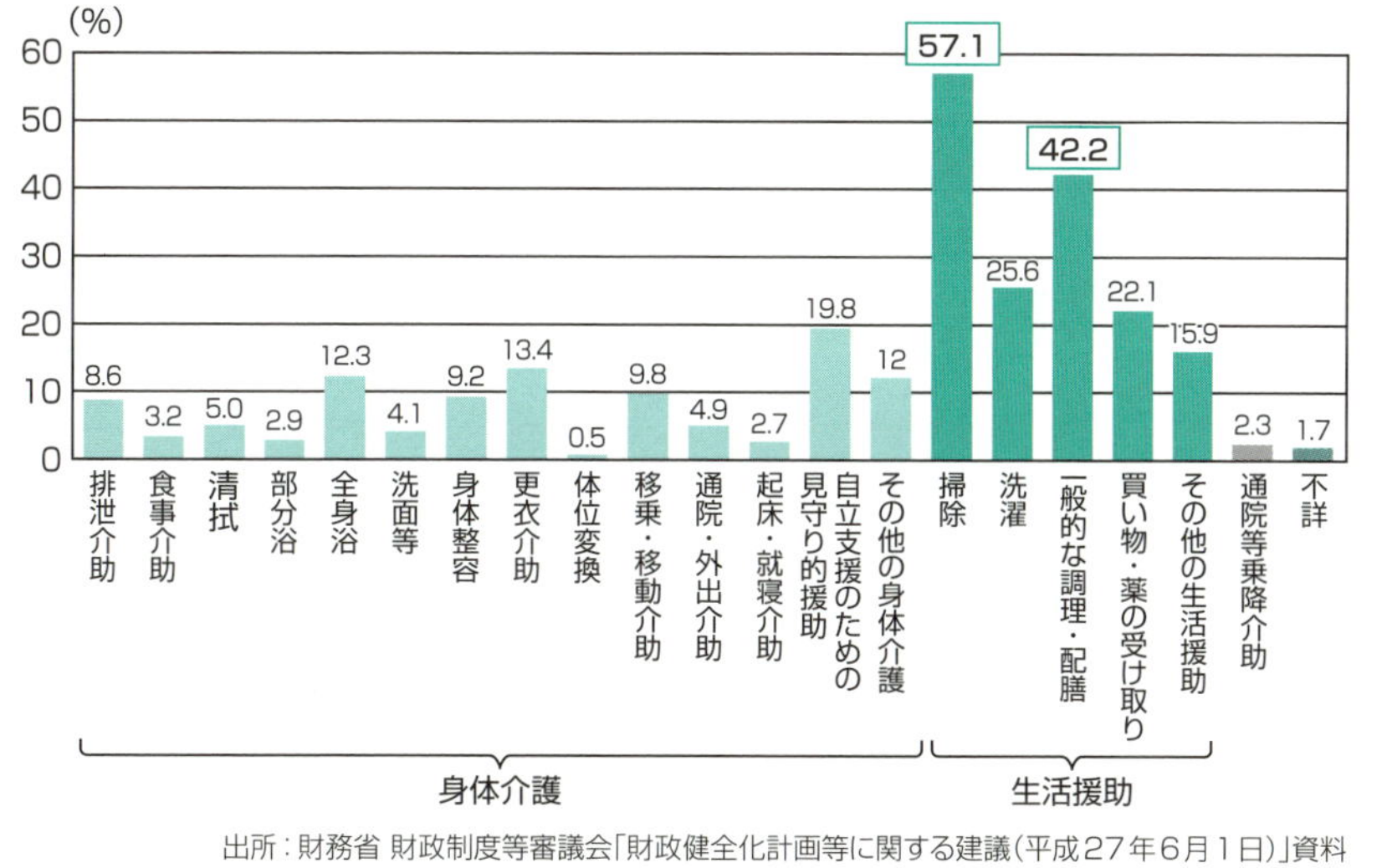

出所：財務省 財政制度等審議会「財政健全化計画等に関する建議（平成27年6月1日）」資料

ワンポイントコラム

【円滑なチームケア】　チームケアの必要性が高まっているが、共に国家資格の有資格者は専門性の違いから連携が難しいことがある。お互いの業務を経験したり、1つの事例に対してもっている見解をそれぞれ出し合ったりすることにより、円滑なチームケアが構築されやすくなる。お互いの知識の違いをよい方向に捉える意識が必要である。

7 看取りと「人生会議」（医療連携の柱③）

終末期（人生の最終段階）において自らが希望する医療・ケアを受けるために、医師等の医療従事者から本人・家族等へ適切な情報提供と説明の上で、介護従事者を含む多専門職種からなる医療・ケアチームと十分な話し合い（アドバンス・ケア・プランニング（人生会議））が求められています。

自宅や施設での看取りの流れ

減少の一途を辿っていた自宅での看取りが二〇〇五年ごろから徐々に増加し、二〇一三年には四人に一人が自宅や施設で看取りを迎えています。

終末期患者の急変時に、慌てた家族がかかりつけ医等ではなく救急車を呼んでしまい、延命が優先されてしまう事例が問題になっています。救急隊には法的にも救命救急が課せられており、いったん救急搬送されると、本人が望んでいた看取りが難しくなります。

看取りを方針とする施設は、同じ方針の医師と連携したり、介護職員や看護職員の看取りに対する能力を高め、チームケアにより支援者の精神的負担を緩和したりすることが必要となります。また、看取りを重視する病院などでは、患者・家族と病院が、蘇生措置に関する同意書等を取り交わして、いざというときに職員や家族が混乱しないようにしているところもあります。八五ページの図表にあるように繰り返し話し合うことが重要です。

自宅での療養管理を担う訪問診療

自宅で看取りを迎えるには、安定した状態のときから「かかりつけ医」を決めておく必要があります。**「かかりつけ医」はおおむね在宅療養支援診療所や在宅療養支援病院、介護保険の居宅療養管理指導に該当する医療機関**が実施します。月数回訪問し、血圧測定や服

ワンポイントコラム

【かかりつけ医】 「なんでも相談できる上、最新の医療情報を熟知して、必要な時には専門医、専門医療機関を紹介でき、身近で頼りになる地域医療、保健、福祉を担う総合的な能力を担う医師」をいう（「医療提供のあり方」（日本医師会・四病院団体協議会合同提言））。

薬管理など健康状態の観察を行います。

二〇一四年度の診療報酬改定では、療養管理に関する報酬の在宅時医学総合管理料等が有料老人ホームなどの場合、四分の一まで削減され、一時、在宅医師の存続が危ぶまれる事態となりました。その後、訪問頻度の見直しや事務の効率化などにより、在宅療養支援診療所・病院の届出数も落ち着いた推移を辿っています。

アドバンス・ケア・プランニング（ACP）の愛称を「人生会議」に

命の危険が迫った状態になると、約七〇％の人が望む医療やケアを自分で決めたり、人に伝えたりできなくなるといわれています。厚生労働省は一一月三〇日（いい看取り・看取られ）を人生会議の日として広報しています。ここでも、医療従事者と介護従事者の連携が重要となります。人生会議においては、介護従事者を含む多職種の医療・ケアチームが、患者本人の人生の終え方を決める支援をしていきます。

「人生の最終段階における医療・ケアの決定プロセスに関するガイドライン」における意思決定支援や方針決定の流れ（イメージ図）（平成30年版）

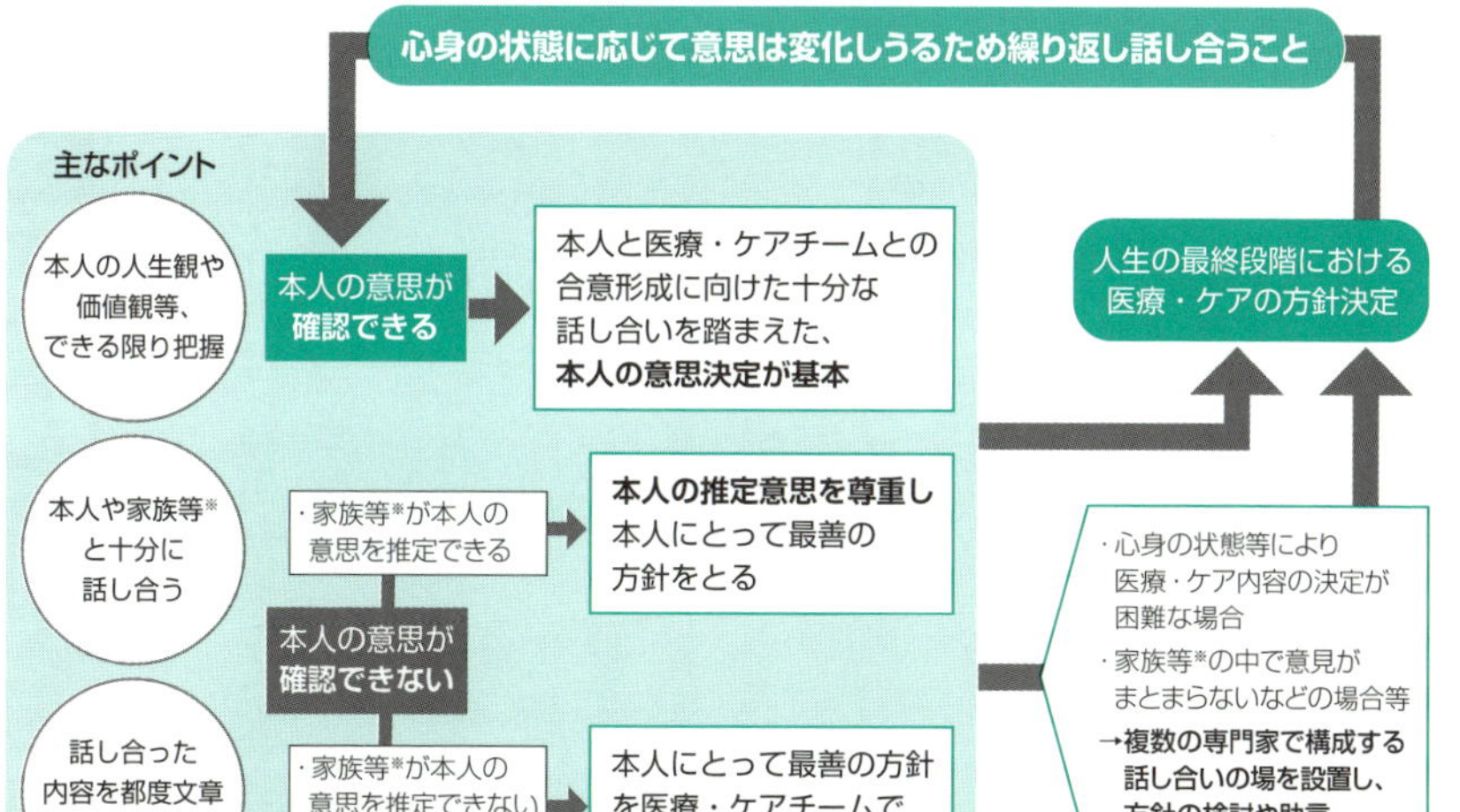
主なポイント
本人や家族等※と十分に話し合う
話し合った内容を都度文章にまとめ共有
本人の意思が確認できる
本人と医療・ケアチームとの合意形成に向けた十分な話し合いを踏まえた、本人の意思決定が基本
・家族等※が本人の意思を推定できる
本人の意思が確認できない
・家族等※が本人の意思を推定できない
・家族がいない
本人にとって最善の方針を医療・ケアチームで慎重に判断
・心身の状態等により医療・ケア内容の決定が困難な場合
→複数の専門家で構成する話し合いの場を設置し、方針の検討や助言

※本人が自らの意思を伝えられない状態になる可能性があることから、話し合いに先立ち特定の家族等を自らの意思を推定する者として前もって定めておくことが重要である。
※家族等には広い範囲の人（親しい友人等）を含み、複数存在することも考えられる。

平成30年度 厚生労働省委託事業「人生の最終段階における医療体制整備事業」一般公開用資料

8 眠らない二四時間サービスの行方

地域包括ケアシステムの要として創設された定期巡回・随時対応型サービスは、経営が難しく普及が伸び悩んでいます。成功の鍵は、ケアマネジャーに支援方針を明確に伝える提案力です。

定期巡回・随時対応型サービスへの誤解

定期巡回・随時対応型訪問介護看護は、地域包括ケアシステムの基礎的サービスとして二〇一二年に創設されました。五分から一五分など短時間の巡回型プランに従い介護職員が訪問し、転倒など万一の際にも二四時間三六五日連絡ができるサービスです。また、毎月、看護職員が自宅を訪れ状態観察や健康相談を行い、介護と看護が一体となったサービスが特徴です。

しかし経営の難度は高く、移動時間のロスだけでなく利用者が一割負担の場合、月額九〇〇〇円〜三万円程度で「いつでも来てくれる便利屋」と捉えられ、一層経営を難しくしています。事業としてみた場合、参入していない事業者からは、「夜間・深夜の対応が中心」「コール対応が中心」等のイメージが先行しがちで、実際には夜間・深夜の対応は日中と比べて少なく、利用者からのコールも少ないとの調査結果もあり、イメージが実態と異なっていることが多いともいわれます。

役割復活！ 夜間対応型訪問介護

夜間の訪問介護やコール対応のサービスは、従来から夜間対応型訪問介護が担っています。しかしながら、事業所数は伸び悩み二〇一九年現在で一六八しかありません。事業のポイントは、訪問の必要がない、夜間のコール対応だけでよい基本料金の契約者をいかに増やすかです。夜間コールの自己負担は月額一〇〇〇〜二〇〇〇円です。つまり事業所は、契約者が一〇〇人いれ

ワンポイントコラム

【夜勤に対する考え方】 夜勤は、他の勤務時間と同様の8時間程度の勤務の場合と2日分を1回で働く16時間程度の勤務の場合がある。16時間勤務の場合、夜勤明けの日中は、自由な時間が過ごせる。昼夜逆転という厳しい労働環境ではあるものの日中勤務より比較的作業が少なく、日中のプライベートを楽しむために夜勤専門を望む人が一定数存在する。

ば月額約一〇〇万円の介護保険収入が得られます。

なお、夜間対応型訪問介護と定期巡回・随時対応型サービス、そして訪問介護は併設することができます。併設の場合は、相乗効果、設備を共用でき経営効率も高まります。病院からの退院直後は、柔軟な対応ができる定期巡回・随時対応型サービス、状態が安定したら訪問介護と夜間対応型訪問介護を使い分けることで事業性が高まり、同時開業を促す自治体もあります。

地域資源を生かしたサービス展開

定期巡回・随時対応型サービスは、従来の訪問介護と異なった考え方が必要となります。ヘルパーが利用者の代わりに買物に行って料理を作るのではなく、宅配サービスで食材を調達し、短時間で調理をします。つまり、定期巡回・随時対応型サービスの目的は調理だけではなく、訪問して高齢者の状態を観察することでもあります。**看護職員との関係が密になり、ヘルパーとしての専門性が高まる事業ともいえます。ケアマネジャーに、それを理解してサービス計画に組み込んでもらうことが事業成功の鍵**となります。

定期巡回・随時対応型サービスの介護報酬（基本単位の比較）

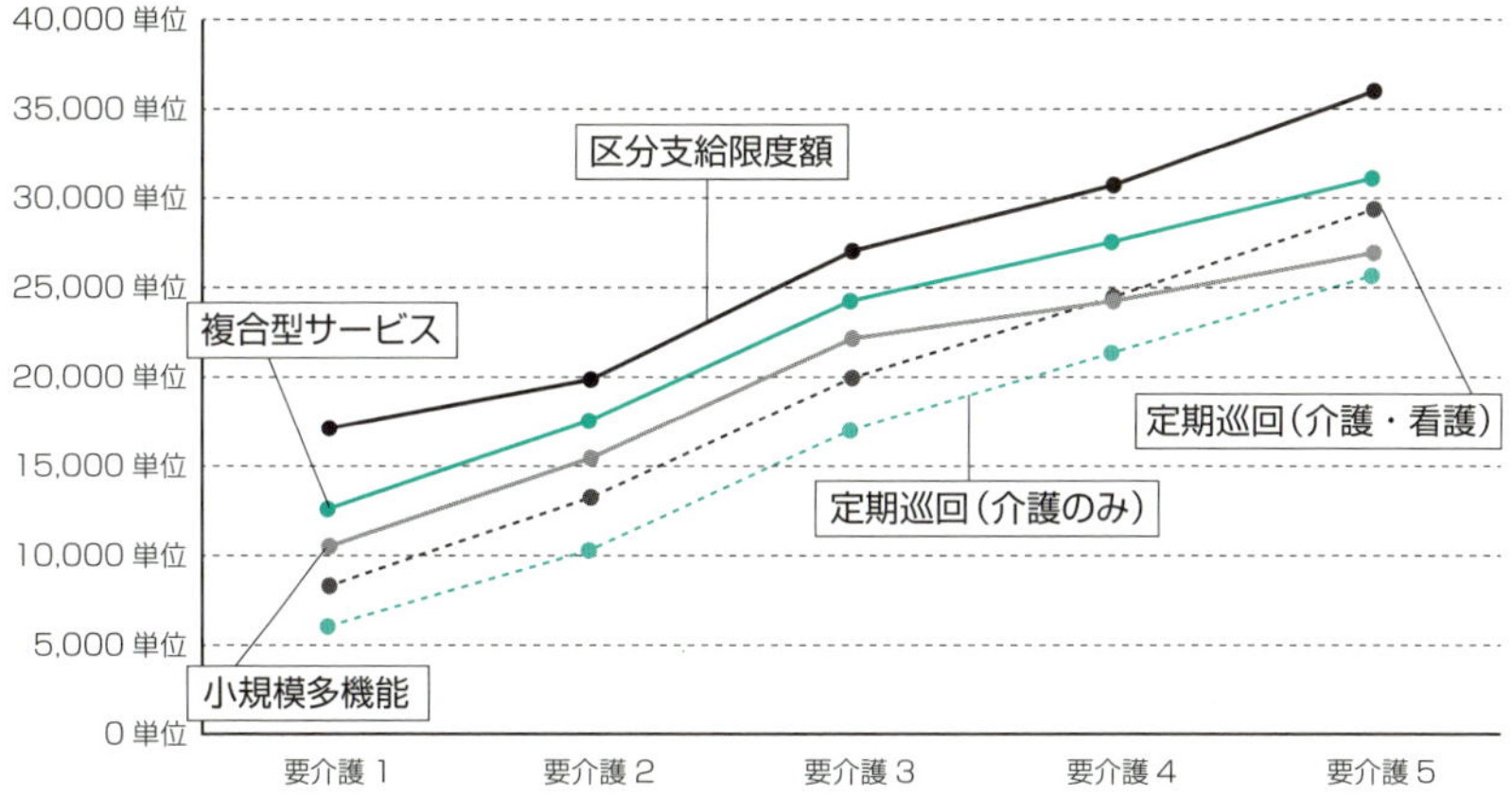

	要介護1	要介護2	要介護3	要介護4	要介護5
区分支給限度額	16,692単位	19,616単位	26,931単位	30,806単位	36,065単位
定期巡回（介護のみ）	5,658単位	10,100単位	16,769単位	21,212単位	25,654単位
定期巡回（介護・看護）	8,255単位	12,897単位	19,686単位	24,268単位	29,399単位
小規模多機能型居宅介護	10,320単位	15,167単位	22,062単位	24,350単位	26,849単位
複合型サービス	12,341単位	17,268単位	24,274単位	27,531単位	31,141単位

出所：厚生労働省ホームページ「定期巡回・順次対応サービスの概要」

9 （看護）小規模多機能型居宅介護

「訪問」「通い」「泊まり」のサービスを一カ所で臨機応変に行うのが「小規模多機能型居宅介護」、看護師を含めたサービスが「看護小規模多機能型居宅介護」です。

「訪問・通い・泊まり」の包括サービス

デイサービスと同様に日中を過ごし、ときには施設内で宿泊し、自宅で過ごしたいときには、同じ職員に来てもらい介護を受けるサービスが小規模多機能型居宅介護です。**「訪問」「通い」「泊まり」のあらゆるサービスを提供**してくれるお隣さんのイメージです。なじみのケアマネジャーやヘルパーと別れて小規模多機能型居宅介護の事業所にすべてを任せることになるため、当初は普及が伸び悩んでいました。徐々に利便性や安心感から市民権を得て、二〇一七年には五三四二事業所まで拡大しています。

登録定員より通所定員のほうが少なかったり、週四回以上サービスを提供しないと減算となったり、一カ月以上の訪問回数が二〇〇回以上なら加算がつくなど多様な条件があり「訪問」「通い」「泊まり」のバランスが難しい事業です。そのため経営の難度は高く、**事業拡大をしている法人は、経営力が高い**といえます。

わかりやすい？看護小規模多機能型居宅介護

小規模多機能型居宅介護の「訪問」「通い」部分に看護師を配置した事業が「看護小規模多機能型居宅介護」です。二〇一二年度には、「訪問看護」と「小規模多機能型居宅介護」を組み合せた事業「複合型サービス」という名称でスタートしました。普及が伸び悩む原因の一つとして名称のわかりにくさが指摘され、二〇一五年度には、「看護小規模多機能型居宅介護」と改称し

ワンポイントコラム

【小規模多機能型居宅介護の採算性の目安】 小規模多機能型居宅介護は、民家で地域の高齢者を受け入れ、時には泊まり、時には自宅を訪問していた自主事業が制度化されたものである。デイサービスと同様、通い中心の事業所と訪問にも注力している事業所、住み込みに近い事業所など多様である。定員に対する登録者数が多いだけでなく、平均要介護度3以上が採算性の目安となる。

ました。看護師が、兼務で併設の訪問看護ステーションの業務を担えることから小規模多機能型居宅介護から事業転換するケースも多く見受けられます。今後、採算性さえ確保できれば退院者の受け皿として強力なサービスを提供できる将来性の高い事業といえます。

小規模、改め、中規模多機能

（看護）小規模多機能型居宅介護は、二五名の登録者に対して多機能のサービスを提供する事業として創設されました。二〇一五年度には、登録定員は二九名までとされました。おおむね二〇分以内なら二カ所のサテライトを持つこともでき、**最大六五名まで登録定員を確保する**ことができます。**いまや（看護）小規模多機能型居宅介護は、中規模事業へと拡大**しています。

「通い」のときに、特定の利用者との対応方法を指導し、「訪問」サービスで自宅での実地体験を行い、二回目の訪問で実地体験の様子を確認したりフォローしたりできる環境にあります。訪問看護やヘルパーの人材難が問題となるなか、**訪問系サービスの育成の拠点**として将来期待される事業といえます。

小規模多機能型居宅介護の概要

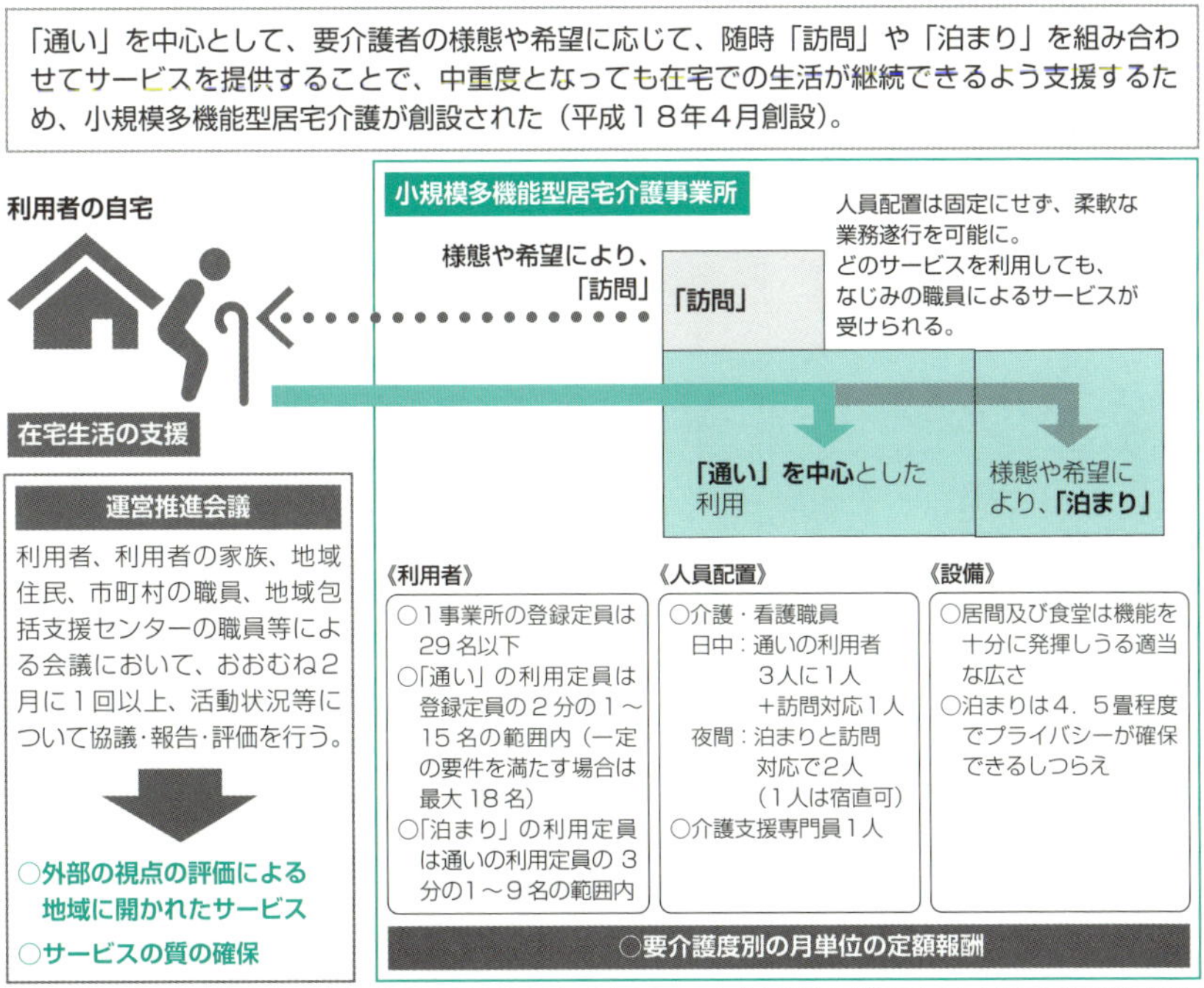
「通い」を中心として、要介護者の様態や希望に応じて、随時「訪問」や「泊まり」を組み合わせてサービスを提供することで、中重度となっても在宅での生活が継続できるよう支援するため、小規模多機能型居宅介護が創設された（平成１８年４月創設）。
利用者の自宅
在宅生活の支援
運営推進会議
利用者、利用者の家族、地域住民、市町村の職員、地域包括支援センターの職員等による会議において、おおむね2月に１回以上、活動状況等について協議・報告・評価を行う。
○外部の視点の評価による地域に開かれたサービス
○サービスの質の確保
小規模多機能型居宅介護事業所
様態や希望により、「訪問」
「訪問」
人員配置は固定にせず、柔軟な業務遂行を可能に。どのサービスを利用しても、なじみの職員によるサービスが受けられる。
「通い」を中心とした利用
様態や希望により、「泊まり」
《利用者》
○１事業所の登録定員は29名以下
○「通い」の利用定員は登録定員の２分の１～15名の範囲内（一定の要件を満たす場合は最大18名）
○「泊まり」の利用定員は通いの利用定員の３分の1～９名の範囲内
《人員配置》
○介護・看護職員
日中：通いの利用者３人に１人＋訪問対応１人
夜間：泊まりと訪問対応で２人（１人は宿直可）
○介護支援専門員１人
《設備》
○居間及び食堂は機能を十分に発揮しうる適当な広さ
○泊まりは４．５畳程度でプライバシーが確保できるしつらえ
○要介護度別の月単位の定額報酬

出所：厚生労働省 社会保障審議会介護給付費分科会（第138回）「小規模多機能型居宅介護及び看護小規模多機能型居宅介護」より

10 生きがいは、口から食べること

老若男女、多くの人が楽しみとする食事。高齢者にも基本的な楽しみの一つです。管を通して栄養を取る経管栄養が進んでいましたが、近年、口から食べることの意義が改めて注目されています。

複合的な視点で見る口腔機能

人間の口は、「話す」「食べる」「呼吸する」「笑う（表情）」という四つの機能を持っています。若いときには、日常生活を過ごすだけで特に意識しなくても口の機能を使っています。

高齢になり社会とのかかわりが薄くなって柔らかいものしか食べなくなると、口腔機能も衰えてきます。飲み込みが弱まり何らかの影響で気管に食物が入ると、誤嚥性肺炎になる可能性が高まります。「話す」「食べる」「呼吸する」「笑う」を意識して行うこと自体が訓練になるのです。そのため介護施設などでは、口や舌を動かす嚥下運動や発声を意識するカラオケなどを活用しています。

「高齢者に入れ歯はつきものですが、加齢に伴う衰えは、歯や歯茎だけではありません。食事をするには、唇、あご、歯、歯茎、舌、のどなど、体の多様な部分を使います。口から食べるのは、それらの機能が連動して円滑に動くことではじめて行えます。口に関する機能の専門家は、医師、歯科医師や歯科衛生士、言語聴覚士、看護師などです。食べることを維持するには、これら口の専門家と、日常の口腔ケアを支える介護職員との連携が必要となります。

事業としての口腔ケア・経口維持

施設系、通所系の介護保険サービスでは、口腔ケアや経口維持に関する取り組みが行われています。訪問系サービスでは、歯科医師や歯科衛生士が訪問する居

用語解説

＊**飲みこみチェックシート**　東京都、新宿区などの自治体や製薬会社で摂食・嚥下障害に関するチェックシートを公開している。「食事中の咽」「舌の色」「声が変わった」「固いものが噛みにくくなった」などの自覚症状をもとに診断し、一定の症状があった場合は受診を促し、口から食べることに関して早期発見・早期治療が進められている。

宅療養管理指導事業者が該当します。診療報酬でも類似した報酬が算定できます。歯科医師が診療報酬で算定した場合、介護保険事業所では加算算定ができないことに留意が必要です。

口から食べるための予防的視点

寝たきりの高齢者の場合、口がほとんど開かず機能回復には痛みを伴うこともあります。その状態から少しずつ訓練と口腔衛生を管理し、口から食べられる状態までの回復を目指します。口が動けば食事による栄養がとれ、体力も向上して、褥瘡（床ずれ）などに対する治癒力が向上して、精神的にも大きな喜びが得られます。

軽度の場合、心身の健康診断と同様に口に関する定期的診断が必要とされています。口の動きは、食事中ののどや食べる速さ、発声などの「**飲みこみチェックシート***」によりセルフチェックを行い、診察をすすめる動きが始まりつつあります。

居宅療養管理指導　算定回数の推移

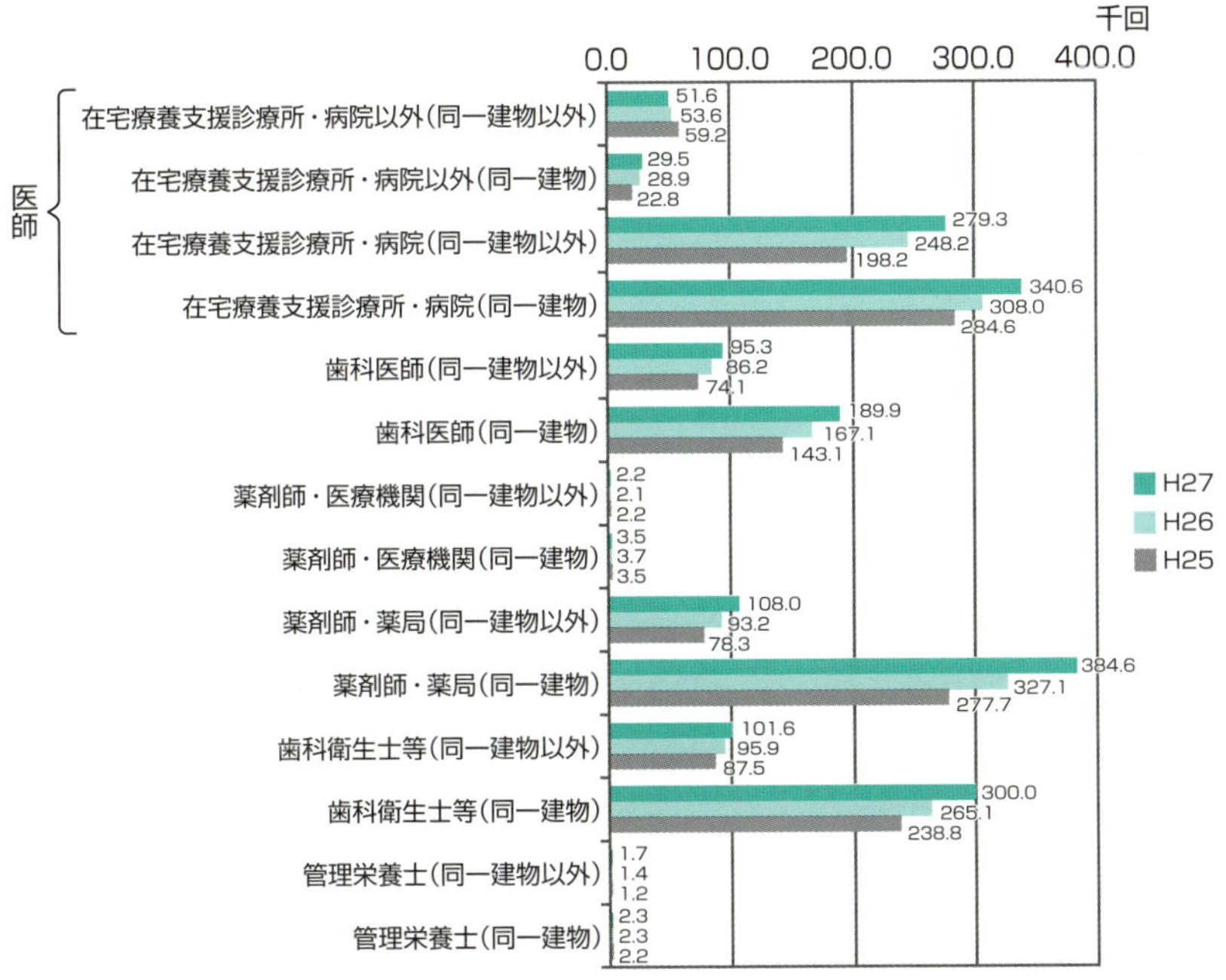

出所：介護給付費実態調査月報　全年度　8月審査分より

11 高齢者の栄養管理の必要性

高齢者の食には、嚥下の機能の向上だけでなく実際に食べる食事のバランスが重要です。六五歳以上の六人に一人は低栄養状態にあり、要介護状態になる前の予防的視点での取り組みが必要です。

施設や通所系サービスの管理栄養士の役割

コンビニエンスストアでは、小分けの和物菜の商品が増え、一人暮らしの高齢者の食生活の支えに一役買っています。高齢になると食欲が低下し、簡単な食事で済ますことも多くなります。六五歳以上の一六・四％、八五歳以上では二九・六％の高齢者が低栄養であるといわれています。低栄養状態になると認知機能が低下したり風邪にかかりやすくなったりして、心身機能の悪循環に陥ります。

施設では、**管理栄養士は日々の献立作成だけでなく、高齢者一人ひとりに対して栄養管理**を行っています。体重測定や採血検査により状態を把握して栄養管理に関する方針を作成し、必要に応じて医師の指示のもと療養食を提供します。医療機関でも管理栄養士を含めた多職種協働のNST（栄養サポートチーム）による栄養計画の必要性が高まっていると共に、管理栄養士も利用者との接点を増やす取り組みが進んでいます。

訪問サービスの管理栄養士

管理栄養士による訪問サービスは、他の専門職の訪問サービスに比べて普及が伸び悩んでいます。医療機関に所属する**管理栄養士が居宅療養管理指導**として訪問サービスを行っていますが、月二回までの訪問で利用者一人当たり月額一万円程度の収入にしかなりません。事業として行うには、他事業の付加価値としての位置付けが適切といえます。最近では、在宅訪問管理栄養士などの認証資格制度が設けられるなど、徐々に拡大しつつあります。

宅配商品による栄養管理

ニーズが高まっているのが在宅で高齢者の食を支える宅配サービスです。生協、コンビニエンスストアやスーパー、そしてファミリーレストランまでが個人宅への配達を行っており、自宅にいながら食材や日用品が手に入る時代になりました。地域高齢者等の健康支援を推進する立場から、厚生労働省も配食事業者向けにガイドラインを発出し、事業者参入を促しています。

特に配食サービスは、自治体による総合事業が中心ですが、調理を請け負うなど多様な民間企業が事業に参入しています。配食サービスは、一日に一回手渡しで届けることから安否確認を売りにする商品です。しかし以前、利用者が家で倒れていたのに不在と思い、確認せずにいて対応が遅れ、訴訟に発展したケースもあり、万一の際の連絡方法を明確にすることが求められます。

配食サービスは、飽きさせないよう、**長期的に楽しめる味付けや工夫が今後の事業の勝因**です。

配食市場規模の拡大

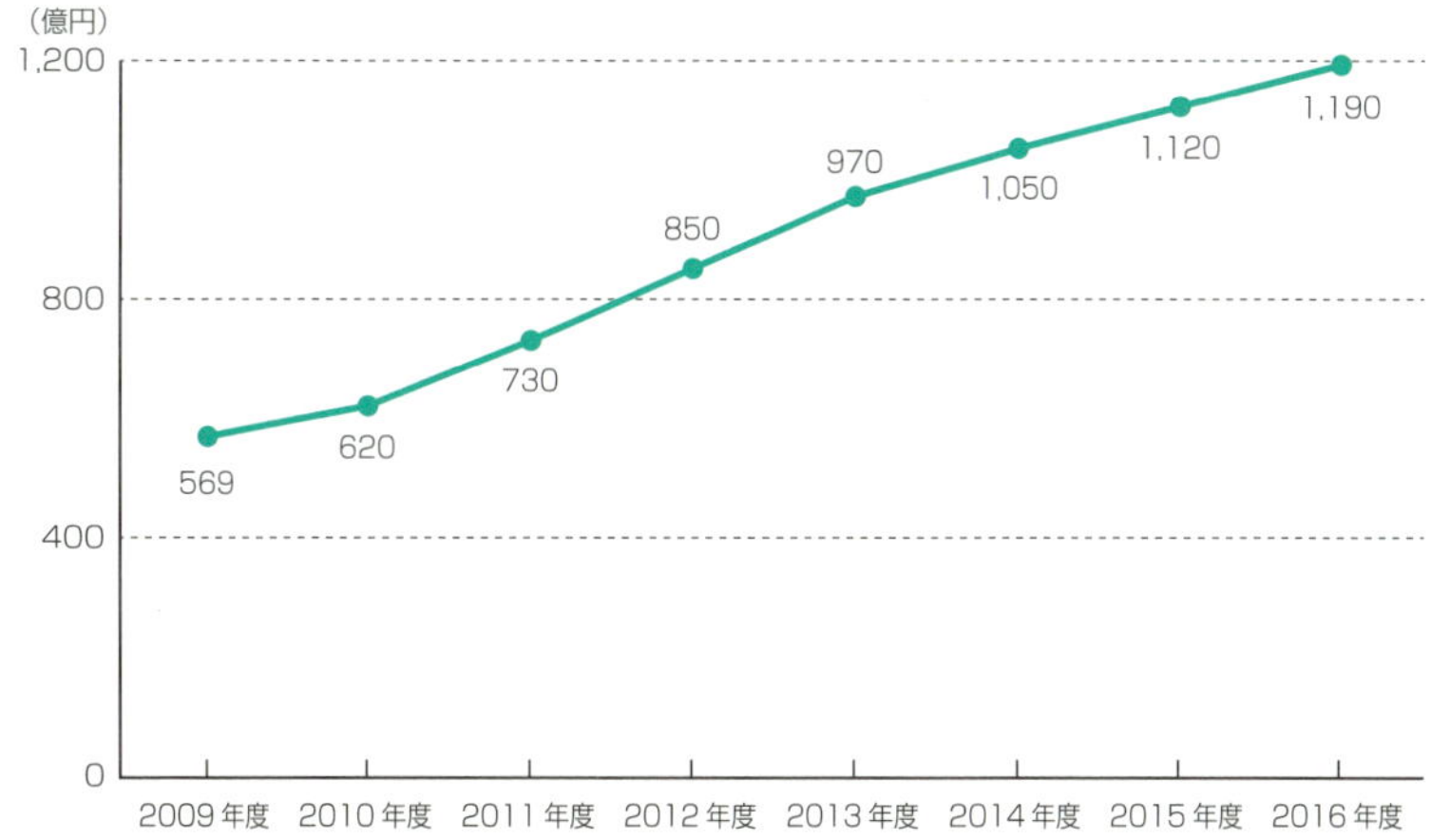

出所：厚生労働省「配食事業者向けパンフレット」より

ワンポイントコラム

【配食サービスの存在価値】 高齢になると、食欲が低下して食事もおろそかにしがちだが、一方で、栄養バランスの整ったおいしい食事は高齢者の楽しみにもなる。また、配食サービスは、高齢者の食事の楽しみが満たされ健康的な生活を送るための大事な役割を担っていると同時に、一人暮らしの高齢者にとって自分を気にしてくれている人がいる、という証しでもあり、その存在価値は大きい。

12

認知症ケアの中心「服薬管理」

薬の効能や飲み合わせによる症状の変化などに関する知識は、専門性の高い領域です。特に、認知症ケアと服薬管理は切っても切れない関係にあります。

薬の形態や効果を判断する服薬管理

ドラッグストアでも、リスクの高い第一類医薬品は、薬剤師が直接状態を確認し情報提供して販売することが義務付けられています。まして医師の処方する薬は、飲み方を誤ると大きな問題が生じる場合もあります。病院にかかるといくつもの薬が処方され、高齢者はなおさら飲み間違いに注意が必要になります。

以前、施設の看護師は、薬局から届く何十人分の薬を小分けして誤りのないよう管理することに大きな時間が割かれていました。いまでは薬局に頼めば有料で、飲むタイミングごとに一つの袋にまとめてもらう「一包化」ができます。

薬剤師は、服薬している薬によって利用者の症状の変化を観察し、必要に応じて錠剤やカプセル、粉末、貼薬など剤型（薬の形態）を変更します。ときには、同じ効能の薬の中から副作用などを勘案し、医師に薬の変更を促す役割を担います。これまで以上に**薬の専門家として患者と向き合う役割が求められています。**

服薬の有無を確認する訪問サービス

認知症の症状を落ち着かせるためには、服薬管理が重要となります。「服薬カレンダー」に薬をセットし、訪問介護や訪問看護など多くの訪問サービスの機会を組み合せて行います。服薬確認に最も適した訪問サービスが、短時間巡回型訪問を基本とした定期巡回・随時対応サービスです。当初、重度の要介護者の排泄介助を重視し創設されたサービスですが、認知症の服薬

ワンポイントコラム

【服薬ロボット】 毎日、確実に薬を飲むには、ポケット形式のカレンダーである服薬カレンダーが一般的である。最近では、服薬管理のロボットが開発されている。服薬時間を表示や音声で知らせ、ロボットのボタンを押すと1回分の薬が出てくる。自動的に服薬履歴がパソコン上で管理でき、飲み忘れの場合、薬剤師や家族などの支援者にメールが届く。

管理に大きな貢献をしています。

その他、介護保険上は、月四回（医療機関の薬剤師の場合、月二回）まで薬剤師が自宅を訪問し症状を確認しながら、ときには患者と医師の仲介役を担い、状態にあった処方ができるよう居宅療養管理指導を行います。薬局からの**薬剤師による居宅療養管理指導は、二〇〇六年以降増加**傾向にあります。

お薬手帳はアナログ？　デジタル？

複数の医療機関で出す薬を管理する方法として、「お薬手帳」があります。「お薬手帳」を所持していても、薬局への持参する割合は高くないといわれています。薬局では、お薬手帳持参の声かけなど活用促進を図り、持参率が七〇％以上に上昇した報告も寄せられています。医療費削減により薬価単価が減少するなか、患者確保策の一つとして浸透しつつあります。

近年、**アナログの「お薬手帳」ではなく、「電子お薬手帳」が開発され診療報酬上優遇措置**がとられています。薬の効能の確認だけでなく、副作用情報を自治体や研究機関に提供するしくみとして普及が期待されます。

e お薬手帳の機能

出所：日本薬剤師会ホームページより

13

高齢者の楽しみ「入浴サービス」

入浴介助には、訪問介護やデイサービスのほか、訪問入浴サービスや高齢者への銭湯助成事業などがあります。デイサービスでの入浴ニーズも高く、訪問入浴サービスの事業戦略が模索されています。

チームワークの充実感、訪問入浴

入浴は、身体の清潔を保つだけでなく、血行を良くして新陳代謝を促進し、精神的にも良い効果が得られます。室内の移乗に不安を感じる、身体に硬直がある、胃ろうや末期がんなどで自宅での入浴が難しい、などの場合は、デイサービスでも入浴が難しい場合が多く、訪問入浴サービスの出番となります。

訪問入浴サービスは、給湯設備を積んだ入浴車で看護職員一人と介護職員二人の三人一組で訪問します。駐車場所の確保や給湯、排水の確認など導入前に利用者や家族と綿密な打合せを行い、約二〇kgもの簡易浴槽を自宅に運び込み、看護職員が血圧、体温などを測って介護者の体調を確認後、スタッフの介助のもと入浴します。必要な場合は入浴以外にも、ときには爪切りやひげ剃りも行います。一回のサービスは、一時間あまりで、一日で数件回る体力的にハードな仕事です。他の手段では入浴が難しい方も多く、入浴後の利用者や家族の喜びはひとしおで、職員が最もやりがいを感じる瞬間です。**訪問系サービスには珍しく三人で訪問することから、チームワークによる充実感を感じることができる仕事**といえます。

事業としての訪問入浴サービス

訪問入浴サービスは、利用者の約五〇％が要介護五であり、重度者の自宅での入浴を支える重要な役割を担っています。要介護一～三の人は、訪問介護でも十分自宅の浴室で入浴することが可能です。訪問入浴を

ワンポイントコラム

【訪問入浴の競合はデイサービス】　訪問入浴サービスの利用者の平均要介護度は4.1、利用者のうち要介護5が約50%と、最も要介護度の高い高齢者を対象とするサービスである。食事、排泄と並ぶ3大介助の一つ「入浴」に特化したサービスであるものの、要介護度が高い人の入浴に対応できるデイサービスが増加しつつあり、訪問入浴を利用する高齢者は減少傾向にある。

利用するメリットは、看護職員の同行にあります。浴室と室内の温度差を感じることなく、他の人の目を気にせず、たとえ給湯設備がなくても入浴できることが特徴です。

　訪問入浴サービスは、全国でも事業所数が少なく、請求利用者が年々減少しています。その反面、介護保険以前から大手介護事業者が訪問入浴サービスを展開している場合も多く、一事業所当たりの介護料収入は月に約二〇九万円を維持しています。

地域包括ケアシステムにおける訪問入浴サービス

　地域包括ケアシステムでは、定期巡回・随時対応サービスを基礎として考えています。月額固定費用で行うサービスには、二人で行う入浴介助などは、適していないといえます。仮に**月二回だけでも訪問入浴サービスがケアプランに組み込まれれば、定期巡回・随時対応サービスの特徴をより生かすことができます。**今後の相乗効果の一つとして一定数が確保される可能性があります。

訪問入浴の事業所数推移

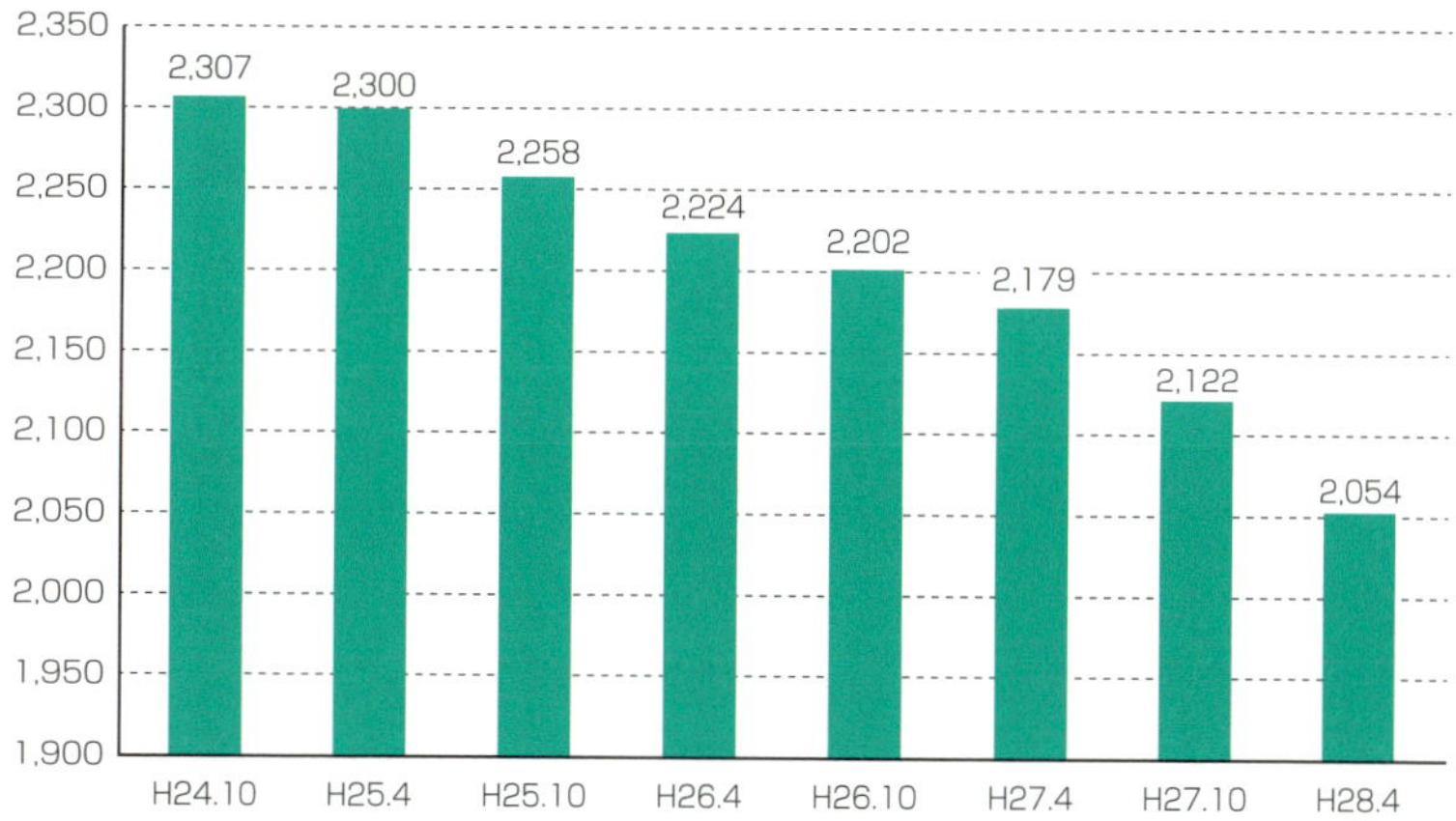

出所：厚生労働省 社会保障審議会 介護給付費分科会（第142回）資料より

14

移送サービスと配達サービス

都心部を除くと人々の移動手段は、自動車が主流です。高齢者は判断力が低下し車の運転には危険を伴います。在宅の介護サービスは流通。物を運ぶ、高齢者を運ぶ、職員が赴くことが不可欠です。

高齢者の生活には、移動が不可欠

認知症が疑われる場合は、医師の診断が義務化され免許証の自主返納が推奨されています。独居や老老世帯では、車の運転ができなくなるとその途端に生活が成り立たなくなります。移動手段を支える事業、もしくは移動しなくても用途が満たされるサービスは、地域になくてはならないものです。

距離を縮める① 自宅に運ぶ

生活必需品の食品や衛生用品などは、どこの世帯でも必要とするものです。なかでも不可欠な食事の配達は、自治体主導の配食サービスが代表となります。その他、介護に必要となるおむつなどは、自治体により自宅まで一定量の配達など、助成制度を設けています。一定規模のある介護事業所が**付加価値としてサービス提供に参入するケース**も見受けられます。

距離を縮める② 高齢者の移動

移動手段は、自治体主導のコミュニティバスが代表格です。バス停での待ち時間やバス停までの距離などの負担がないものが福祉タクシーとなります。介護保険では、訪問介護の通院等の乗降介助が適用となります。運賃は介護保険適用外ですが、車の乗降部分のみ*介護保険により一回当たり約一〇〇〇円の報酬が得られます。ただし、ケアプランに盛り込まれる必要があります。

高齢になっても障がい者（透析患者を含む）の場合、自治体の福祉タクシー利用券が適用となります。介護

用語解説

***車の乗降部分のみ介護報酬対象（通院等乗降介助）**　訪問介護サービスの一つに通院介助がある。車移動の場合、原則移動時間は介護報酬の適用外で、車の乗り降りの支援のみが介護報酬の対象となり、通院等乗降介助という算定コードとなる。また、病院での待機時間は原則として介護保険の適用外となるが、保険者によってはアセスメントや理由書などの提出で例外的に認めることもある。

保険だけでなく、障がい者支援を含めタクシー業界やＮＰＯなどが参入しています。医療機関や各種サービスの事業所が送迎バスを運行するなどして、**移動を確保するサービスが拡大しつつあります。**

距離を縮める③　支援者の移動

「施設」から「在宅」、「入院」から「在宅」への移行が推奨され、在宅系サービスが変化しつつあります。訪問介護や訪問看護、訪問リハビリテーション、在宅療養支援診療所などの多様な専門職が自宅を訪問し、チームで支援することが定着しつつあります。訪問系サービスだけでなく二〇一五年度の介護報酬改定では、同じ利用者を支援しているデイサービスの職員が送迎時にケアプランに位置付けられていれば三〇分まで自宅で支援できるようになりました。その他、デイサービスやショートステイでは、自宅の環境を理解するため職員が訪問することが機能訓練加算の要件として盛り込まれています。

今後、**既存事業の業務で「ついで」を生かすサービスで付加価値を付けること**が求められています。

情報の公表制度　生活支援等サービス検索

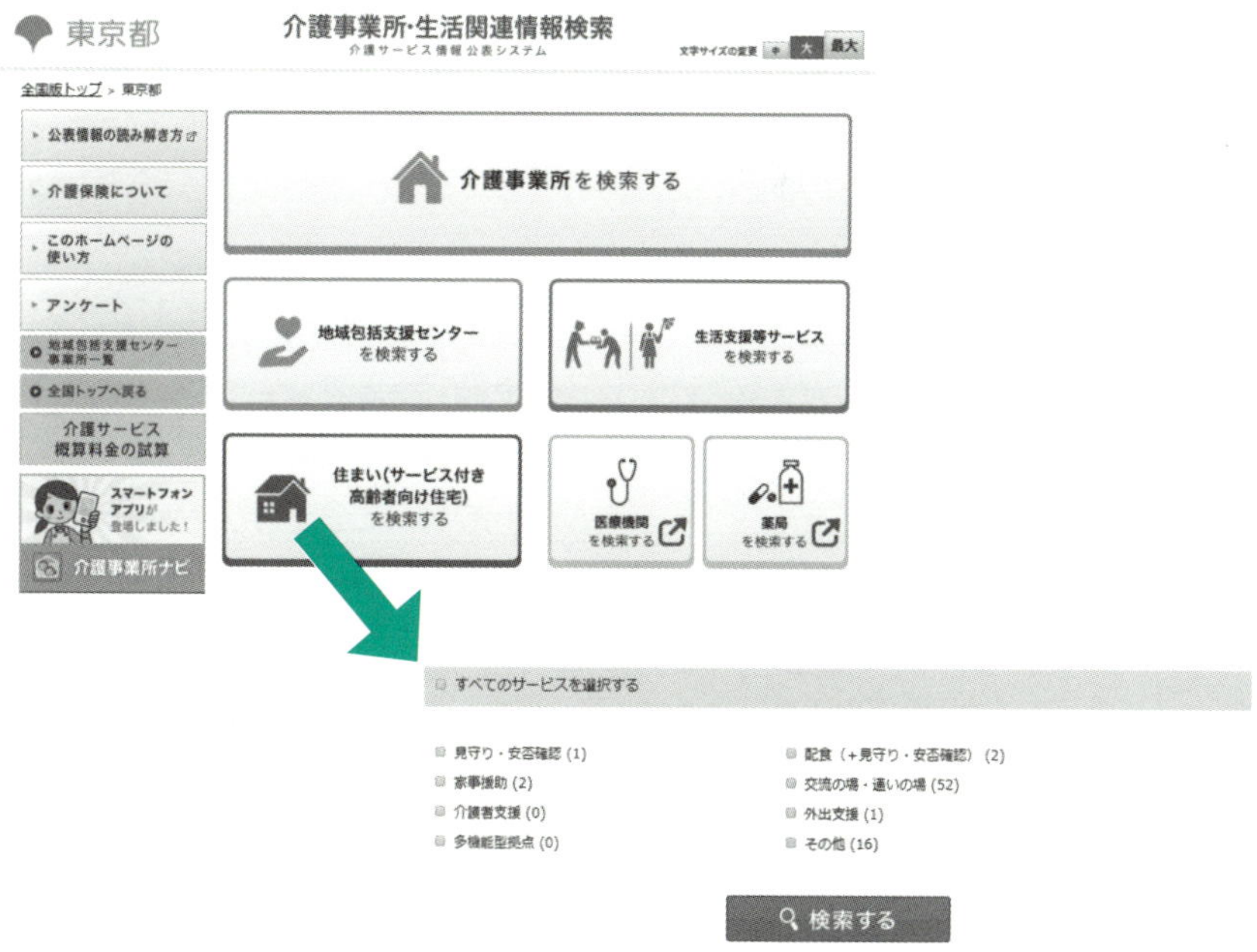

出所：東京都「介護事業所・生活関連情報検索　介護サービス情報公表システム」より

column

介護報酬改定のたびに厳しい引き下げ デイサービスのこれから

高齢者ビジネスの象徴でもあるデイサービスは、3年ごとの介護報酬の改定の都度、安易な参入業者をふるいにかけてきました。その結果、デイサービスの事業所数は、2017年に約4万4089カ所で、前年を初めて下回りました。2015年度の介護報酬改定では、マイナス改定と共に18人以下の小規模事業所は、地域密着型への移行が確定するなど厳しい状況に追い込まれ、開業5年以内の事業所の倒産やM&A（合併と買収）が急増しました。2017年の事業所数を規模別にみると、小規模事業所が対前年比で減少した一方、通常規模型と大規模型は増えました。デイサービスは、成長期から安定期に突入したともいえます。

デイサービスは、都心部では特に競争が激化、お泊りデイや機能訓練特化型を筆頭に、麻雀やカジノ等のアミューズメント型など多様なサービス展開が繰り広げられました。娯楽による意欲増進が予防効果を高めるとされた時期もありましたが、日常生活の範囲を前提とする介護保険の趣旨・目的にそぐわないとし、2015年に神戸市では、パチンコや麻雀、カードゲームなど娯楽中心のデイサービスの規制が始まりました。多様化により異業種業界の経営者の参入意欲が高まりをみせていましたが、2015年度の報酬改定を機に過剰な高まりが終息すると同時に、介護業界に興味をもつ異業種が娯楽業界から生活支援業界にシフトする様相をみせています。

デイサービスの今後の展開は、食品や保険会社など各種生活支援の他業種と同様、経営への地道な取り組みが求められます。従来の福祉業界の主流であった「奉仕」というボランティア精神だけを理念とした経営では、3年ごとの報酬改定を乗り切ることは難しいといえるでしょう。一方、社会保障制度の2つの事業として福祉的理念にもとづくサービス提供が今後の介護保険事業として残る要素ともいえます。介護報酬だけに依存することなく、「ついで」というキーワードに着目して、常に人・設備・金・情報の多様な経営資源の活用の最適化に取り組むことが求められます。「職員」「顧客」「経営」の3つの視点での満足が求められる経営のみが、将来生き残れるデイサービスとなるでしょう。

第4章

介護ビジネスが抱える課題

介護保険制度が導入されて約20年。措置制度時代の社会福祉法人だけでなく、医療法人、NPO法人、民間企業といった、様々な法人格の企業が新規参入できるようになり、大きな市場に成長しました。一方で、新規成長産業としての課題も見受けられます。第4章では、こうした介護ビジネスの抱える光と影を考えます。

1 さまよえる高齢者の行方

二〇二〇年には、介護保険制度の創設から二〇年を迎えます。「来るべき高齢化社会を踏まえ、地域全体で高齢者を支え合う」という理念は、本当に実現されているのでしょうか？

介護保険制度設立の背景

一九九九年一二月に策定された「ゴールドプラン21」では、高齢者の尊厳の確保や、地域全体で高齢者介護を支え合うことなどが目的としてあげられました。さらに二〇〇〇年には、高齢者のみの世帯の増加や介護期間の長期化などによる家族の負担の増大などを背景として、介護保険制度が創設されました。

それから二〇年が経過し、介護保険制度はその本来の理念を実現できるように機能しているのでしょうか。

高齢者をめぐる環境

厚生労働省の「介護サービス施設・事業調査」によると、二〇〇〇年一〇月時点での特別養護老人ホームの施設数は四四六二施設で、利用者数は二九万六〇八二人でした。それに対し、二〇一七年一〇月時点では七八九一施設、利用者五四万二四九八人と、施設数、利用者数共に劇的に増加しています。

特別養護老人ホームの入所申込者（いわゆる待機者）は以前には五三万人を超えていた時期もありました。一方、介護の必要性がより高い中重度の要介護者を支える機能を重視する観点から、二〇一五年四月より、新規に特別養護老人ホームに入所する者を、原則要介護3～5に限ることとする制度改正が行われました。二〇一六年時点では、入所申込者は二九・五万人と発表されています。これにより入居者が減少、なかには定員割れしている地域もあるようです。

高齢者の受け皿のための重要施策

二〇二三年度末（二〇二四年三月末）に廃止される介護療養型医療施設の代替として「介護医療院」が新設されました。「日常的な医学管理」や「看取り・ターミナルケア」等の医療機能と、「生活施設」としての機能とを兼ね備えた新たな介護保険施設としての位置づけです。介護医療院は二〇一九年六月末時点で、全国で二二三施設（一万四四四四病床）開設されています。多くが廃止予定の介護療養型医療施設からの転換（病院・診療所一四八施設）ですが、老人保健施設、医療療養病床からの転換も一定数見られます。

国は、二〇一五年一一月に介護施設の整備や、介護人材の育成を進め、在宅介護の負担を軽減するとの考えを表明しました。全面的に介護が必要な入所待機者を二〇二〇年代初めまでに解消することを目標として、特別養護老人ホームの整備費拡充を最重要施策としています。

高齢者や家族が本当に安心して暮らせるような制度の再設計や環境の整備が急がれます。

特別養護老人ホームの入所申込者の状況

	単位	要介護3	要介護4	要介護5	合計
全体	人	115,270	103,658	76,309	295,237
	%	39.0	35.1	25.8	100.0
うち在宅の方	人	56,750	40,356	26,118	123,224
	%	19.2	13.7	8.8	41.7
うち在宅でない方	人	58,520	63,302	50,191	172,013
	%	19.8	21.4	17.0	58.3

※ 2016年4月1日時点における特別養護老人ホームへの入所申込者について、重複申込等（複数の施設への申し込み、申し込み後の死亡等）を排除して集計するよう各都道府県に依頼したもの。ただし、一部の都道府県では、調査の時点や手法（対象が在宅のみ等）が異なっている。

出所：厚生労働省「特別養護老人ホームの入所申込者の状況」（2017年3月27日）

2 家族介護の負担は軽減されたのか

介護保険制度導入の目的の一つである、「家族介護の負担軽減」は達成されているのでしょうか。家族介護の現状は、どうなっているかみてみましょう。

家族介護の現状

我が国における介護は、高齢者のみの世帯が増加していることが新たな社会問題になっています。二〇一六年度「国民生活基礎調査」の結果をみると、「要介護者等のいる世帯の状況」としては六六・九％が単独世帯・核家族世帯です。主な介護者の属性は同居の家族等が五八・七％で最も多く、次いで事業者が一三・〇％、別居の家族等が一二・二％となっており、同居と別居とを合わせると七割超は家族が主たる介護者となっています。さらに同居の場合、主たる介護者と要介護者との組合せを年齢階級別にみると、七〇～七九歳の要介護者に対しては七〇～七九歳の人が介護している割合が四八・四％です。

このように、介護を担う家族自身が高齢化する「老老介護」の問題をはじめ、「男性介護」「認認介護」「親子介護」など家族介護をめぐる問題が年々深刻化してきています。

家族介護の課題

介護保険制度導入の目的の一つに、家族介護の負担の軽減があります。要介護者を介護する家族の視点で、介護保険の導入を考えてみましょう。厚生労働省の社会保障審議会介護保険部会における「介護保険制度の見直しに関する意見」において、家族負担の現状・課題として、以下の内容があげられています。

- 要介護度が高くなった場合の、夜間と早朝の時間帯を含めた水分補給や排泄介助などの介護の提供体

ワンポイントコラム

【介護休業】 介護休業とは、要介護状態にある対象家族を介護するための休業を指し、介護休業制度では対象家族1人につき93日まで取得できる（「育児休業、介護休業等育児又は家族介護を行う労働者の福祉に関する法律」）。法改正により2017年から、休業の分割取得、対象範囲の拡大、対象労働者の拡大など、より活用しやすくなった。

制が十分に整っていない。

- 医療ニーズの高い要介護者や重度要介護者を地域で介護しようとする場合、介護する家族の負担が重くなっている。
- 特に医療ニーズが高い要介護者については、安心して在宅生活を送ることが困難な状態にある。
- 家族介護者支援（レスパイト）の観点から、緊急時に迅速に対応できるようなしくみが十分に整備されていない。

なお、制度としては、二〇〇六年に創設された「地域支援事業」における任意事業としての「家族介護支援事業」があります。二〇一八年には全市町村の九一・五％が何らかの事業を実施しており、さらなる周知・活用が求められます。

地域支援事業における任意事業の概要

○事業の目的
地域の高齢者が、住み慣れた地域で安心してその人らしい生活を継続していくことができるようにするため、介護保険事業の運営の安定化を図るとともに、地域の実情に応じた必要な支援を行う。

○事業の対象者
被保険者、要介護被保険者を現に介護する者その他個々の事業の対象者として市町村が認める者。

○事業の内容
地域の実情に応じ、創意工夫を生かした多様な事業形態が可能であり、具体的には以下に掲げる事業を対象。

介護給付等費用適正化事業	家族介護支援事業	その他の事業
利用者に適切なサービスを提供できる環境の整備を図るとともに、介護給付等に要する費用の適正化のための事業を実施。 【主要介護給付等費用適正化事業】 ①認定調査状況チェック ②ケアプランの点検 ③住宅改修等の点検 ④医療情報との突合・縦覧点検 ⑤介護給付費通知 【その他】 ⑥給付実績を活用した分析・検証事業 ⑦介護サービス事業者等への適正化支援事業	介護方法の指導その他の要介護被保険者を現に介護する者の支援のため必要な事業を実施。 ①介護教室の開催 要介護被保険者の状態の維持・改善を目的とした教室の開催 ②認知症高齢者見守り事業 地域における認知症高齢者の見守り体制の構築 ③家族介護継続支援事業 家族の身体的・精神的・経済的負担の軽減 ア　健康相談・疾病予防事業 イ　介護者交流会の開催 ウ　介護自立支援事業 ・家族を慰労するための事業（慰労金） ・介護用品の支給（H26年度に実施している保険者のみ）	介護保険事業の運営の安定化及び被保険者の地域における自立した日常生活の支援のため必要な事業を実施。 ①成年後見制度利用支援事業 ②福祉用具・住宅改修支援事業 ③認知症対応型共同生活介護事業所の家賃等助成事業 ④認知症サポーター等養成事業 ⑤重度のALS患者の入院におけるコミュニケーション支援事業 ⑥地域自立生活支援事業 ア　高齢者の安心な住まいの確保に資する事業 イ　介護サービスの質の向上に資する事業 ウ　地域資源を活用したネットワーク形成に資する事業（配食・見守り等） エ　家庭内の事故等への対応の体制整備に資する事業

出所：厚生労働省「第58回社会保障審議会介護保険部会」（2016年5月25日）

3 相次ぐ介護報酬の不正請求

大手介護事業者による介護報酬の不正請求、過大請求についての自主返還が相次いだ二〇〇七年。民間事業者参入が続くなかでの指定取り消しの実態をみてみましょう。

相次ぐ四〇〇〇万円代の介護報酬返還

二〇〇七年、全国展開する介護事業者三社の都内事業所に対して東京都の立入検査が行われました。疑いは、介護報酬の不正請求でした。この立入検査を皮切りに、全国各地の施設に対して立入検査が実施され、不正請求や過大請求の実態が判明しました。

当時、訪問介護最大手のA社に勤務実態のないヘルパーを届け、介護報酬を不正請求していたとして、東京都が同社に四三〇〇万円の返還を指導しました。また都は、訪問介護大手B社とC社の2社にも、管理者の専従義務違反やサービス提供責任者の未配置があったとして業務改善勧告をし、介護報酬の過大請求について自主的に点検、返還するよう指導をしました。指導を受けてB社は、四一〇〇万円を自主返還しました。

二〇〇七年六月六日、厚生労働省はA社介護保険事業の新規の事業指定および事業者の更新受付停止の処分を下しました。これにより、A社は介護事業からの撤退を余儀なくされました。

介護事業指定取り消しの現状

厚生労働省「全国介護保険・高齢者保健福祉担当課長会議」の資料によると(図参照)、指定取り消し件数は近年増加しており、二〇一七年は一六九件と介護保険制度の創設以来、最多の取り消し件数となっています。

法人種別に見ると、二〇一七年の指定取り消しや効力停止処分があった二五七事業所のうち、営利法人が一九八と七七%を占めています。

その取消し理由をみると、介護給付費の不正請求が四七・九%と最も多く、残念ながら不正請求はいまでもなくなっていないことがわかります。また、法令違反が四〇・二%となっており近年増加傾向にあります。そのほか、虚偽報告・答弁・申請など悪質な事業者もいます。その一方で、「人員基準を満たしていない」「設備、運営に関する基準を満たしていない」といった運営上の理由も決して少なくないことがわかります。

介護報酬の不正請求や基準違反などの法令違反は許されることではなく、もし意図的に不正を行うような事業者があれば厳しく対応すべきです。

しかし一方で、介護業界では人材確保が容易ではないという現実があります。決して高いとはいえない介護事業の利益率のなかで、施設の設備、人材確保に常に頭を抱えている事業者も少なくないという状況を、理解しておかなければなりません。

指定取り消し件数の推移

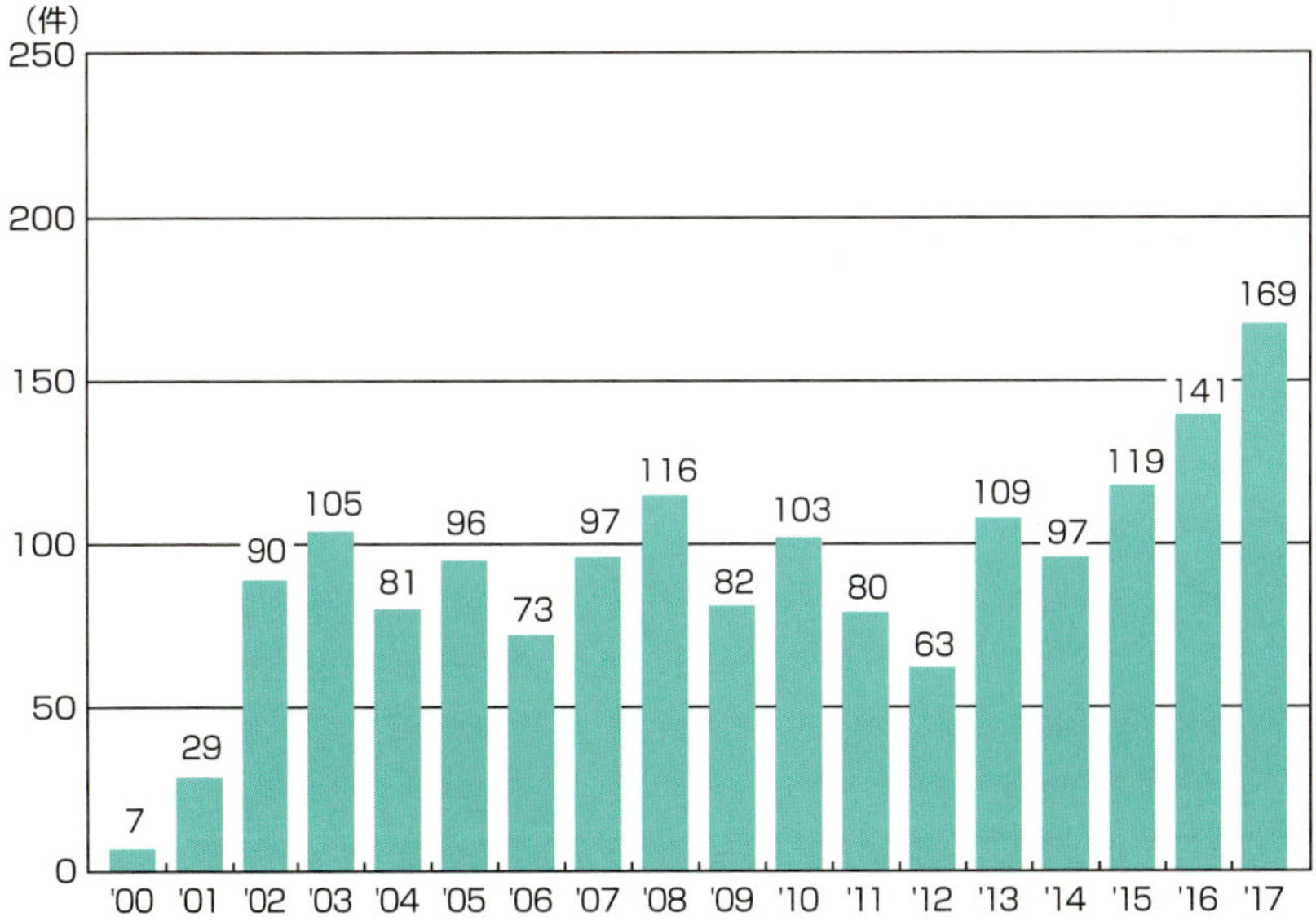

出所：厚生労働省「全国介護保険・高齢者保健福祉担当課長会議」資料2019年3月

4

育たない市場原理

介護保険制度創設により、民間事業者の参入が実現しました。民間事業者参入のねらいである、「競争原理によるサービスの向上」は、本当に実現されているのでしょうか。

公定価格で行われる介護市場

介護保険制度導入の意義の一つとして、介護事業に対する民間事業者の参入が認められたことがあげられます。介護保険制度の導入以前では、高齢者へのサービスは「**老人福祉制度**」と「**老人医療制度***」からなり、また介護保険制度導入以前の介護サービスは、その多くが行政の**措置制度**にもとづいて提供されていました。したがって、サービスの提供主体やサービス内容も限定的なものでした。

介護保険制度導入を契機に、介護サービスは利用者の自由な意思にもとづく契約により提供されるものという考え方になり、あわせて民間事業者による一部サービスの提供が可能となりました。

通常、公的サービスが民間に開放されると、民間事業者の経済合理性や**マーケットイン***の思想による品質向上への取り組みが推進され、競争原理が働いて需要と供給のバランスや価格の適正化が図られます。しかし、日本の介護サービス事業は介護保険料を原資(財源)としており、国が定める公定価格(=介護報酬)によってサービスの価格があらかじめ定められています。介護保険外のサービスを提供しない限り、利益は公定価格に制限され、サービスを提供する事業者は、この一定の枠の中でしか利益を得ることができません。

また介護報酬は、限られた原資の中で運用していかなければならないため、過度な配分にならないように三年ごとに改定されます。このような状況下で介護サービス事業者が生き残っていくためには、無理のな

用語解説

***老人医療制度**　1983年に施行された老人保健法にもとづく高齢者の医療に関する制度。75歳以上の高齢者は、国民健康保険などの医療保険制度に加入しながら、「老人保健制度」で医療を受けられた。2008年4月からはこれまで加入していた医療保険制度を離れ、「後期高齢者医療制度」に加入し医療を受けることになった。

い範囲内で事業展開することによってリスクを最小化するか、事業拡大を図って寡占状態をつくり出してスケールメリットを生かした経営を行うか、ということになります。

競争原理の必要性

現在の日本の介護保険制度では、自由競争による市場原理が働くことはきわめて難しい状態にあるといえます。しかしもとより、介護事業という社会保障の分野が市場原理によることが正しいともいえません。むしろ、経済的格差により弱者が不利益を被るような事態は避けなければいけません。しかし、何の競争もない市場でサービスの向上を望むのは難しいことです。

多様化する高齢者のライフスタイルに対応し、安心して暮らせる社会を実現するためにも、介護サービス事業者側に競争原理が働くしくみを構築することは重要です。

定期巡回・随時対応型訪問介護看護収支差率分布

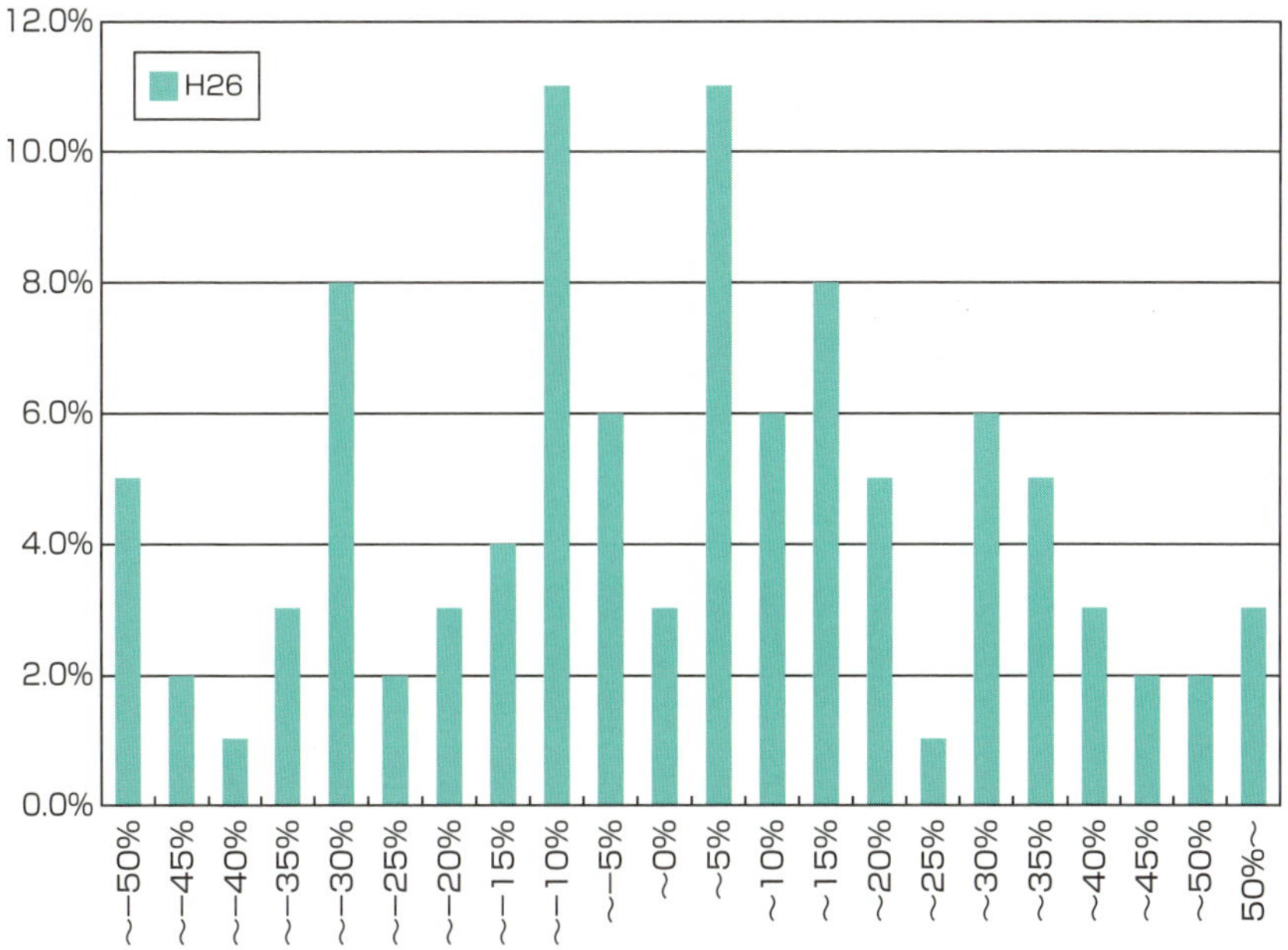

出所：厚生労働省「平成26年介護事業経営実態調査」

用語解説

＊**マーケットイン**　企業が商品開発や生産、販売活動を行ううえで、顧客や購買者のニーズや要望を理解して、ユーザーが求めているものを求めている数量だけ提供していこうという経営姿勢のことを指す。反対に、供給者側の論理でサービスを開発、生産、販売することをプロダクトアウトという。

5 増える認知症高齢者と新しい施策

高齢者の急増と認知症の問題は、切り離して考えることができません。認知症高齢者の増加が推計されている中、国の進めている政策を整理します。

増加を続ける認知症高齢者

認知症高齢者が増加しています。認知症高齢者の将来推計は、二〇一五年の五一七万人程度から、二〇四〇年には八〇二万人まで増加します。これは六五歳以上人口の約二〇・七%に当たります。

二〇一九年六月一八日、「**認知症施策推進大綱**」が閣議決定されました。国が二〇一五年に策定した認知症施策推進総合戦略（新オレンジプラン）の後継と位置づけられ、対象期間は団塊の世代が七五歳以上となる二〇二五年までとなっています。認知症の発症を遅らせ、認知症になっても希望を持って日常生活を過ごせる社会を目指し認知症の人や家族の視点を重視しながら「共生」と「予防」を車の両輪として施策を推進するとされています。

大綱には、認知症疾患医療センターを二〇二〇年度末までに全国五〇〇箇所に設置することなどが盛り込まれました。地域においても医療と介護の一体的な対応が重視され、医療側としては、日常的に認知症高齢者の診療や相談にあたる、かかりつけ医の相談役として「認知症サポート医」の役割が重要となってきます。

認知症高齢者の受け皿の施設として代表的なものが、「認知症対応型共同生活介護、いわゆる「グループホーム」です。大綱では、地域における認知症ケアの拠点として、グループホームの機能を地域に展開し、共用型認知症対応型通所介護や認知症カフェ等の事業を積極的に行っていくこととされています。

ワンポイントコラム

【消防法の改正】 2013年度の改正により、スプリンクラーの設備基準は「延べ面積275㎡以上」から「275㎡未満の施設にも設置が必要」に変更となり、原則として面積に関係なく、スプリンクラーの設置が必要となりました。

認知症高齢者の受け皿の問題

全国のグループホームは、二〇一三年の一万二〇四八施設から、二〇一七年には一万三三四六施設と増加しており、介護保険給付の財源の問題から、設置施設数を制限せざるを得ない状況です。

グループホームの大きな課題として、構造上の問題と労働力確保の問題、サービス供給量の問題があります。

施設の規模にかかわらずスプリンクラーの設置などが義務づけられています。一定の補助金が交付されますが、事業者の金銭的負担は少なくありません。

また労働力の確保は大きな問題です。グループホームでは、認知症高齢者特有の問題として夜間の徘徊や不眠などの行動障害の対応が求められ、これらの対応を実質一人で行います。賃金などの労働条件も決して恵まれているとはいえず、労働力離れに拍車をかける悪循環となっています。

認知症高齢者の介護の受け皿の整備は、すでに超高齢社会を迎えた日本の喫緊の課題です。

認知症高齢者の将来予測

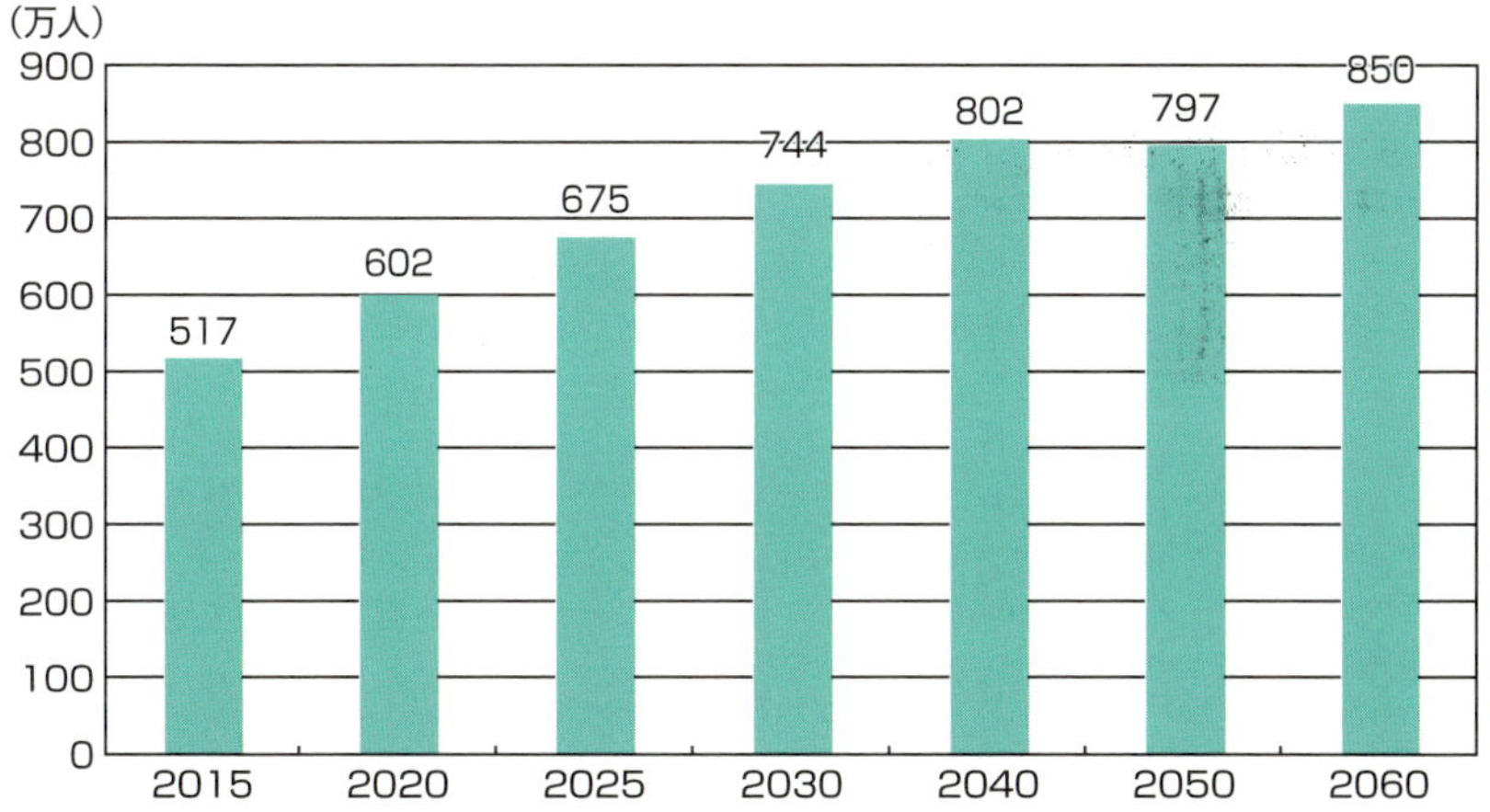

各年齢の認知症有病率が一定の場合の将来推計
出所：内閣府「平成29年版高齢社会白書」

6 介護ビジネス、こんなはずでは…

超高齢社会を迎え、成長産業として注目される介護ビジネスには多くの企業が多角化の一環として参入してきました。介護ビジネスに参入した企業の現実とはどのようなものでしょうか。

過去最大の倒産件数

東京商工リサーチによると、二〇一六年以降の「老人福祉・介護事業」の倒産件数は年間一〇〇～一一〇件となっています。二〇一七年の一一一件は、二〇〇〇年の介護保険制度施行以降では過去最多でした。

倒産の原因は、業績の不振、事業上の失敗などです。事業所乱立による過当競争に加え、介護報酬の引下げ、景気改善で人材が他業種に流出しやすくなったことで、深刻な「人手不足」が経営基盤を揺るがし人件費がアップしたことが、経営を大きく圧迫したものと考えられます。

介護ビジネスは甘くなかった

高齢化の急激な進行に伴って、介護報酬の財源確保が問題となり、前述の通り介護報酬改定では厳しい見直しが行われました。経営的に潤沢な利益が出る構造ではないといわれる介護サービス事業ですが、倒産や経営難の原因は、本当に制度上の問題だけなのでしょうか。

大半の介護事業者はしっかりとした事業計画を立てたうえで、堅実な経営を行っているはずですが、なかには首をひねりたくなるような事業計画が存在することもあります。

高齢者福祉・介護サービス事業は超高齢社会の有望業種として期待され、将来性を見込んで新規参入が相次ぎました。特に、サービス付き高齢者住宅や通所介護（デイサービス）など、民間業者でも参入しやすい介護サービスに大きな注目が集まりました。

しかし、介護報酬が三年で改定されることを知らない、ケアマネジャーとは何かを知らない、平均家賃七万円程度の地域で一〇万円以上の住居費を取る高級施設をつくろうとしている――などなど、介護施設を運営するにあたっての知識がないに等しい事業者もいます。ここにきて倒産件数が増加している背景には、介護事業への情熱はあっても、経営能力に欠ける事業者が少なくないことや、本業不振の穴埋め、経営の多角化を目指して異業種から参入したものの過剰投資やあまりに勝手の違う業種で苦慮するケースもみられます。

確かに、利益あってこそのビジネスですが、「介護ビジネス」においてはその根底に、社会福祉に対する理念や想いがなければうまくいきません。そして、介護事業に関する制度などをしっかり理解したうえでの計画や地域性、堅実な経営を図ることが求められます。

老人福祉・介護事業の倒産件数

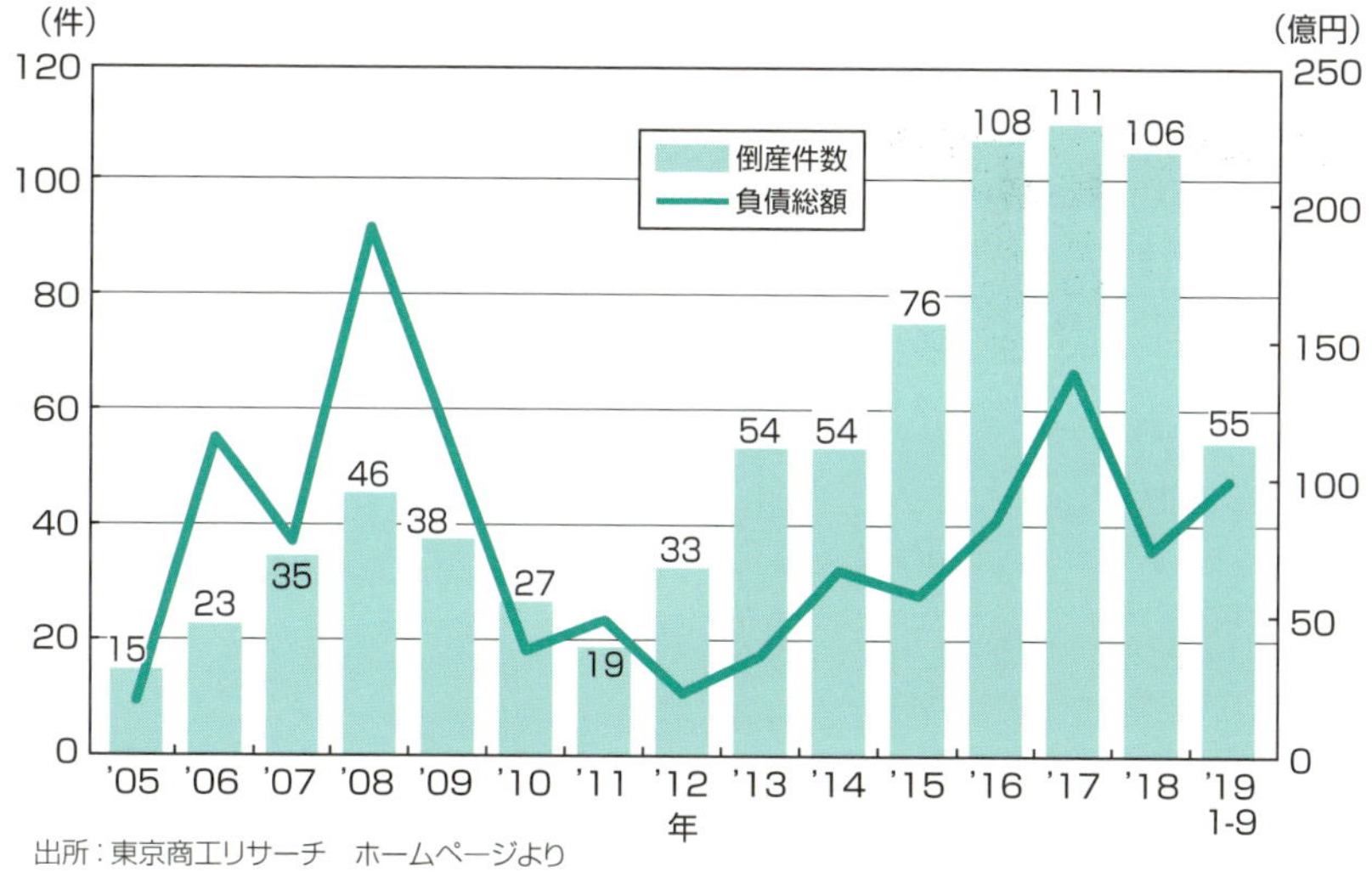

出所：東京商工リサーチ　ホームページより

7 政府の最低賃金引き上げ方針

政府は最低賃金を全国平均で一〇〇〇円にする目標を掲げています。介護事業を運営するにあたってどのような配慮が必要か考えてみます。

政府は早期に最低賃金を一〇〇〇円に引き上げたい方針

政府は二〇一九年六月二一日に閣議決定した「経済財政運営と改革の基本方針二〇一九」において、「人づくり革命、働き方改革、所得向上策」の一環として、地域間格差にも配慮しながら、より早期に全国加重平均で一〇〇〇円になることを目指すとしています。最低賃金は二〇一六年度以降三年連続で三％程度引上げられており、春季労使交渉では中小企業を含め二％程度の高い賃金上昇が続いています。最も高い東京都の最低賃金は二〇一九年一〇月一日に、一〇一三円となり、改正前から二八円引上げ（引上げ率二・八四％）となりました。一〇月から一〇〇〇円を超えたのは、東京都と神奈川県の二都県でした。

最低賃金の引上げについては経済界などに異論もあり、メリットとデメリットもあるようですが、ここでは具体的に介護事業経営に及ぼす影響と対応に触れます。

最低賃金は基本給と諸手当の部分が対象

最低賃金の対象となる賃金は、毎月支払われる基本的な賃金です。具体的には、実際に支払われる賃金から臨時の賃金などを除外したものが最低賃金の対象となります。

月給職員の場合は、①月額給与を②一か月の平均所定労働時間数で割った時間給が、最低賃金を上回っているかどうかで判断します。注意が必要なのは、月々の業務内容によって変動する手当です。これらの手当は最低賃金の計算には含めることができません。また、残業が多い事業所でみなし残業代として固定的に残業を上乗せしている場合も支給目的が時間外勤務手当と同じため、同様に月額給与に含めることはできません。

時間給職員の場合は、設定された時間給が最低賃金を上回っているかどうかで判断します。基本給相当となる時間給に加え、諸手当が支給されている場合は、月給職員と同様の判断基準により、含めるかどうかを判断します。この場合は、時間給職員であっても、月給職員と同様に月額相当額を計算し、一か月の平均所定労働時間で除することで判断します。

職員間の賃金バランスに配慮が必要

最低賃金は今後も上昇することが見込まれます。直近に採用した職員ばかり優先的に対応していると、中堅職員との〝給料の逆転現象〟が発生しかねません。介護職員の定着には賃金水準だけではなく、内部のバランスも重要です。人件費増により経営を圧迫しないことが大前提ですが、職員の定着率へ配慮することも忘れてはなりません。

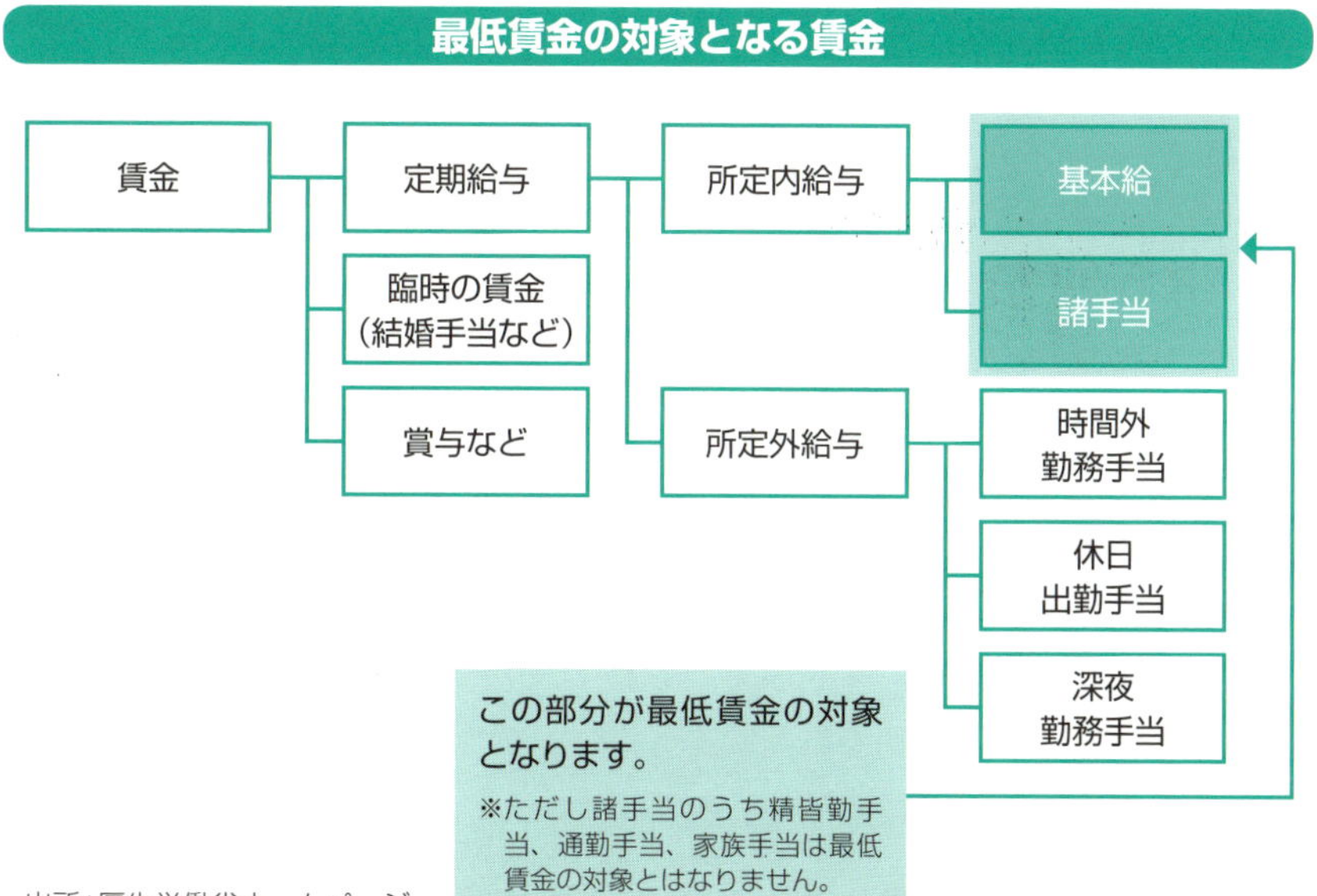

出所：厚生労働省ホームページ

ワンポイントコラム

【中小企業・小規模事業者に対する支援】 生産性向上などの観点からも中小企業・小規模事業者に対する様々な助成金が用意されている。都道府県の労働局ホームページなどをこまめに確認し、社会保険労務士などの専門家に相談しながらうまく活用したい。

8

介護労働人材不足とEPA

現在日本では、インドネシア、フィリピン、ベトナムから経済連携強化を目的として看護師、介護福祉士の候補生を受け入れています。人材不足解消が期待される反面、様々な問題も指摘されています。

外国人労働者確保のハードル「日本語」

「EPA*（経済連携協定）」にもとづき、二〇一八年は、九七人の看護師候補生（インドネシア三一人、フィリピン四〇人、ベトナム二六人）と、七七三人の介護福祉士候補生（インドネシア二九八人、フィリピン二八二人、ベトナム一九三人）が来日しました。

候補生たちは、全国の研修受け入れ施設で看護助手、介護助手として働きながら、看護師は三年、介護福祉士は四年以内に日本の国家試験を受験し、合格しなければなりません。もちろん、その国家試験はすべて日本語で行われ、候補生はほかの日本人の受験者と同様に扱われます。そして、合格できなかった場合は、EPAにもとづいて各国に帰国することになります。

EPAにおける来日資格は国によって様々ですが、例えばインドネシアでは、看護師は「インドネシアの看護師の資格を保有し二年の実務経験を積んでいる者」、介護福祉士は、「高等教育機関（三年以上）を卒業しインドネシア政府による介護士認定を受けた者」、または「インドネシアの看護学校（三年以上）を卒業した者」と定められています。

EPA三国全体の介護福祉士国家試験の直近（第三一回）の合格率は日本人の七三・七％に比べて低く、EPA全体で四六・〇％となっています。合格率の低さの要因は「言葉の壁」です。医療や介護の現場における様々な指示や業務は記録が義務付けられていますので、読み書きができることは重要です。国家試験にお

用語解説

＊**EPA（経済連携協定）**　Economic Partnership Agreementの略で、２つ以上の国（または地域）の間で、人の移動や投資、政府調達、二国間協力等を含め貿易以外の分野で締結される包括的な協定のことを指す。EPA／自由貿易協定（FTA）締結の状況は、2019年2月現在、18の国・地域と締結、発効済み。外国人看護師・介護福祉士の受け入れでは、インドネシア、フィリピンおよびベトナムの3カ国と連携している。

いても、すでに一定の現場スキルがあるものの、「日本語」が高いハードルとなっているのです。

外国人労働者確保の見えない壁

現場では、言葉以外の問題も生じています。インドネシアは、国民の約八七%がイスラム教徒であるといわれています。宗教の違いは、様々な生活習慣や文化に大きく影響を与えます。

身近なものとして食生活習慣の違いがあり、日本人が当たり前に食するものでも、イスラム教では制限されることがあります。そのような日常生活上の違いを互いに受け入れられなければ、働くうえでも大きなストレスとなることでしょう。

現在の日本の介護労働人材不足の解消のために、外国人労働者の活用は重要です。しかしそのためには、まず外国人が日本で生活するうえで壁となっていることを知り、その国の文化や生活習慣への理解と敬意を示すことが求められます。

施設長・理事長が候補者の受け入れに対して感じる課題

- 候補者が介護保険上の人員配置基準に含まれない。
- 受験機会が年に一度しかない。
- 就労開始前の候補者の日本語スキルが十分でない。
- 施設内研修にかかる負担が大きい、また、効果的な教育方法がわからない。
- 国民性に起因する候補者との認識の違いが大きい。
- 学習意欲のない候補者を雇用し続けなければならない。

など

出所：厚生労働省「インドネシア人介護福祉士候補者受入実態調査」より

ワンポイントコラム

【イスラム教の習慣】　イスラム教には日本人に馴染みのない習慣がある。例えば、年1回あるラマダン月の断食、ハラール（合法的で、よい食物）を食べること、1日5回のお祈りなどである。介護福祉候補生を受け入れる側は、習慣など様々な違いに対する理解と柔軟な対応が必要とされる。（宗教法人 日本ムスリム協会ホームページより）

9 介護労働人材不足と技能実習制度

外国人技能実習制度の対象職種に、二〇一七年に介護職種が追加されました。途上国への技能移転が目的の制度ですが、人材不足解消のための悪用など問題点も目立っています。

外国人技能実習制度とは

開発途上国には経済発展・産業振興の担い手となる人材の育成を行うために、先進国の進んだ技能・技術・知識を修得させせようとするニーズがあります。技能実習制度では、そのような開発途上国から人材を受け入れ、日本の技術を習得させ、母国に戻りその技術や知識をもち帰ってもらうことにより、技能を移転することを目的としています。

前節の経済連携協定（EPA）との違いも確認しておく必要があります。経済連携協定による看護師、介護福祉士の候補生は「経済活動の連携の強化」を目的として送り込まれ、一定期間内での資格取得を目指します。資格の取得を条件として日本国内での就業が許可されます。

一方、外国人技能実習制度はあくまでも「技能の移転」が最終的な目標です。よって一定の期間（最長五年）を過ぎれば、習得した技術を母国の人材に伝道するべく例外なく帰国します。経済連携協定は政府の外郭団体である国際厚生事業団（JICWELS）が唯一の受け入れ調整機関を担っている一方、技能実習制度の場合は民間の団体も**監理団体***（実習先とは異なる）として実習生を受け入れることができます。

制度をめぐる問題

昨今、賃金の未払いや長時間労働など技能実習生を対象とした労働搾取が増えています。技能実習という大義名分を利用して、安い労働力をうまく使おうとい

用語解説

***監理団体**　技能実習制度とは職業紹介事業の一種であり、技能実習制度では職業紹介事業者に当たる団体が「監理団体」である。この監理団体は3カ月に1回以上、実習先（実習生の働き先）を監査する義務があるが、実習先とのなれ合いやノウハウ不足により、監査体制が形骸化しているという批判が一部にあり、実習先の劣悪な労働環境などが見過ごされ労働搾取につながっているおそれがある、といわれている。

う風潮が広まりつつあるのです。一定期間後、母国へ帰らなければならないことと、この労働搾取が原因で失踪した実習生たちが難民申請するケースが相次いでおり、新聞報道などでも話題になっています。これは技能実習生の監理団体を民間の事業者も担うことができることが主な要因と考えられます。

政府はこれを受け、今後は「**外国人技能実習機構**」を新設し、監理団体の監督体制を強化するように、制度を改正していく予定です。

しかし、労働搾取の被害を受けた実習生たちは帰国し、日本の技能実習制度がいかに不利な働き方なのかをこれから活用しようとする自国の人たちに伝えるでしょう。監理団体の監督機能の強化は喫緊の課題といえます。

あわせて、前節でも述べたように、言葉や食生活の問題は無視できません。介護分野で技能実習制度を成功させるためにも、加盟団体にはこれらの問題を解決できるような役割も求められます。

経済連携協定と技能実習制度

	経済連携協定	技能実習制度
目的	経済活動の連携の強化	開発途上国への技能の移転
対象国	インドネシア フィリピン ベトナム	中国 インドネシア ベトナム　など15カ国
調整・監理団体	国際厚生事業団	商工会議所や農業組合など
受け入れ団体の負担額	約60万円 （国によって異なる）	無料
その他	看護師・介護福祉士の候補生ともに、国家試験合格後は日本での就業が認められる。	一定期間終了後（最長5年）、帰国し、母国の労働者へ技能を伝道する。

ワンポイントコラム

【外国人技能実習と難民申請】　技能実習制度で来日した外国人が失踪する事例が相次いでおり、2017年に7,089件にも上った。難民申請をしている者もいる。難民申請から一定期間が経てば国内での就労が認められていることや、実習制度内での労働搾取が主な原因といわれている。

外国人介護人材受入れの仕組みの全体像 10

二〇二五年問題に向けて介護需要の増大が見込まれるなか、介護人材の量的確保と資質向上の双方が求められています。ＥＰＡや技能実習制度のほかにも様々な対策が講じられています。

在留資格「介護」の創設

二〇一六年、「出入国管理及び難民認定法の一部を改正する法律」が成立・公布され、介護福祉士の資格を有する外国人が介護業務に従事するための在留資格を設けることとされました。二〇一七年九月から実施されています。専門的・技術的分野の外国人の受入れを目的としており、介護福祉士養成施設で学ぶ留学生が介護福祉士の資格を取得しても、我が国で介護業務に就けない状況を改善するものでした。二〇一八年六月末時点で、一七七人となっています。

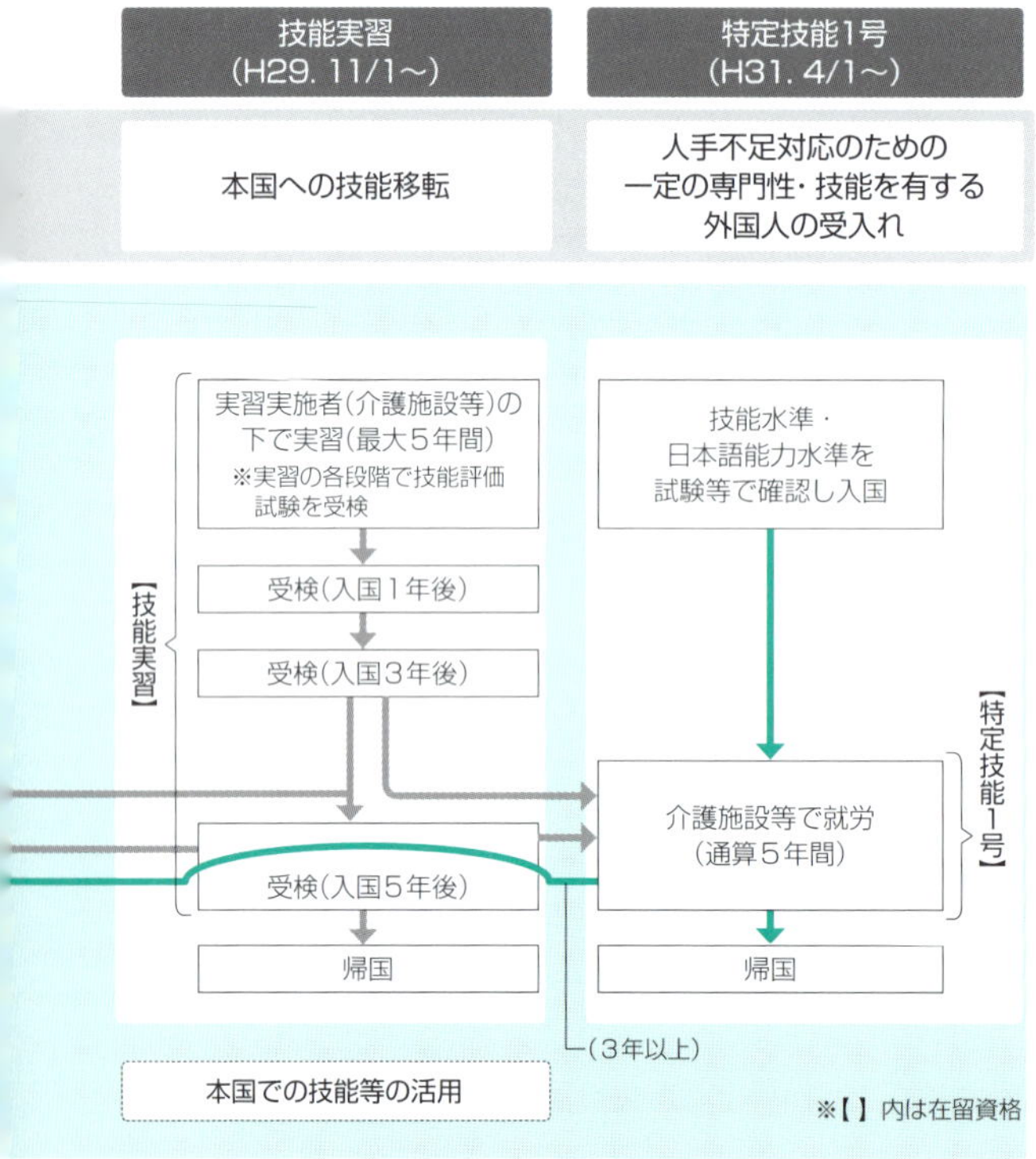

在留資格「特定技能1号」新設

二〇一九年四月より、介護、建設業、宿泊業など一四の業種において相当程度の知識または経験を必要とする技能と認められた業務に従事する「特定技能1号」という在留資格が新設されました。この結果、図表のように介護職の受け入れが可能となったため、現在日本で介護職の外国人を受け入れる方法は4種類（EPA、在留資格「介護」、技能実習制度、特定技能）になりました。国内では充分な人材を確保できない「特定産業分野」として外国人が就労できるようにしたものです。

このように新たに外国人を雇用する方法が生まれてきてはいますが、重要なのはきちんとした職場環境を整え、単なる労働力ではなく、それぞれの制度の趣旨をよく踏まえたマネジメントをすることです。外国人に説明しやすい職場環境を改めて構築することで、現在いる職員の定着にも繫がることになります。

外国人介護人材受入れの仕組み

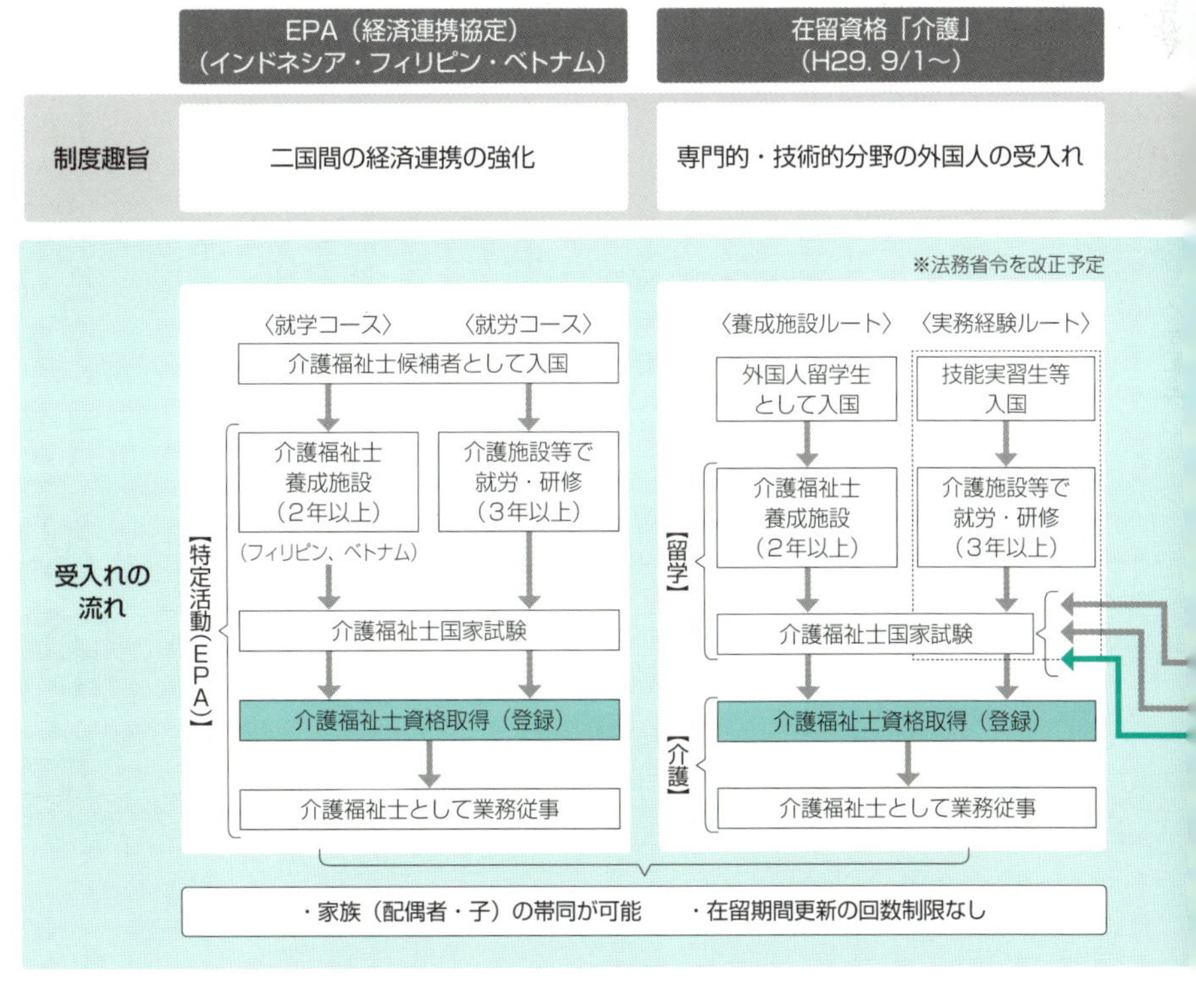

11 高齢者の医療・介護に欠かせぬ視点

医療、介護をより安全で安心なものにするために、情報の一元化は重要な課題です。地域包括ケアシステム構築に寄与するような、医療機関や介護施設などとの情報共有が進められつつあります。

医療と介護の連携が進まない背景

医療と介護の円滑な連携、一体的な提供を行うためには、患者・利用者の生活を中心として、医療・介護双方の視点でのケアマネジメントが重要となります。一方で、現場レベルでの課題があります。最近では医療法人がサービス付き高齢者向け住宅や有料老人ホームを開設することも多く、社会福祉法人を別に設立して特別養護老人ホームを運営することも少なくありません。同一グループでサービス提供していても、現場では「医療は医療」「介護は介護」として円滑に連携できていないケースも依然として多いのです。

医療と介護の連携がうまくいかない要因は、二つ考えられます。

第一に、**専門性の強い職種の集まり**であり、なかなか職種の垣根を越えることが難しいということです。一般に、医療職は疾病や病態に、介護職は日常生活の質（QOL）や利用者の気持ちなどに、それぞれ着目します。「地域包括ケア研究会」報告書（二〇一四年）は、医療職は〝生活を支える視点〟を、介護職は〝医療的マインド〟をもつことが連携上求められる、としています。

第二に、**情報の共有が難しい**ということです。病気やけがで入院治療を行い退院すると、自宅で介護サービスを受けることがあります。一人の人間が医療から介護まで様々なサービスの提供を受けますが、サービスを提供する側は一人ではありません。例えば、患者が自宅でどのような生活を送っているかは、外部にはわかりにくいものです。

ワンポイントコラム

【カルテ】 ドイツ語のKarte（カルテ）が語源で、日本語では「診療録」という。診療録は個人の診療に関する経過を記録したもので、最近では電子化が進んで「電子カルテ」が普及しつつある。これにより、情報の共有が容易になることが期待されている。

地域カルテの必要性

介護サービスで中心となるのは日常的な生活の介助です。そのなかで、あなたの過去の病気やけがのことを知らない複数の人があなたの生活にかかわることになります。これが高齢者となれば、抱えている病気も様々で、また複数の病気を複合的に抱えている人もいるかもしれません。かかっている医療機関も一つとは限らず、それぞれの医療機関で様々な治療を受け、多くの薬を服用するケースもあります。

このような利用者の個別の情報を関係者それぞれが同じように把握し、日常生活におけるちょっとした変化を見逃さず、適切なサービスを提供することが求められます。

個人情報保護などの課題はありますが、これからの医療と介護のサービス提供には情報の一元化が、さらにいえば、高齢者の生活の場である地域でしっかりと情報を管理・共有し、どこでも誰でも適切に、安全で安心な医療・介護サービスが提供できる**地域カルテ**＊のようなしくみが必要とされます。

地域カルテのイメージ

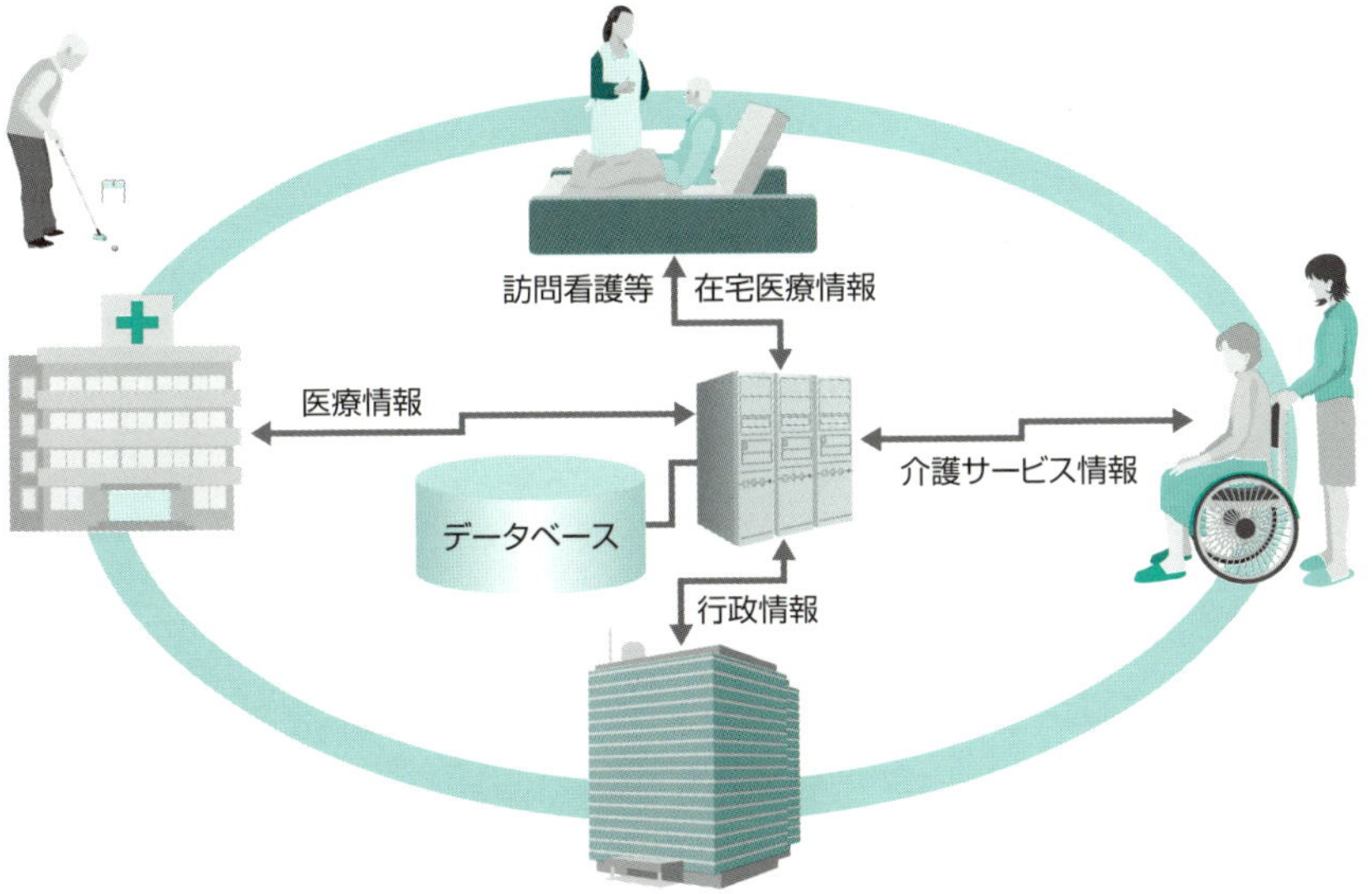

用語解説

＊**地域カルテ**　地域カルテとは、まちづくりの基礎となる情報を、図やグラフによって取りまとめたものを指すのが一般的。しかしここでは、一人の患者情報を共有し、地域で一体となって必要な医療と介護のサービスを提供するためのツールの意として用いている。

column

介護サービス経営者が直面した「こんなはずじゃなかった」

本文で何度か触れていますが、介護業界には数多くの事業者が将来性を見込んで新規参入しています。しかし、そこには経営者を悩ます数多くの誤算があります。そのなかでも、利用者確保に直結する介護市場の「こんなはずじゃなかった」をご紹介します。

●高齢者数は増えないの？

これからの日本は、ますます「高齢化」が進み、「高齢者人口」が増えるといわれています。しかし、一部の地域においては、すでに高齢者人口がピークに達しているところもあります。「高齢化」とは、地域人口に対して高齢者人口の割合が増えることであり、けっして「高齢者人口」が増えるというわけではありません。「高齢化」が進む地域で事業を開始したものの、高齢者人口はすでにピークに達しており、サービス事業所数も飽和状態だった、という事態は避けたいものです

●65歳以上の高齢者が見込み利用者ではないの？

一般的に、介護サービス市場の規模を表すときには、65歳以上の高齢者数がその指数として用いられます。しかし、65歳以上の高齢者すべてが、要介護認定を受けるわけではありません。また、要介護認定を受けた人全員が介護サービスを利用するわけでもありません。さらに、サービスは施設系と在宅系に分かれ、さらにそれぞれ細分化されています。したがって、仮に高齢者人口が増える見込みだとしても、対象となるサービスの見込み利用者数が、高齢者人口と同数だけ増えるということにはなりません。

これらの事態に陥る原因として、介護経営に関する十分な知識を得ないまま新規参入したことや、市場調査から設立に至るまで外部の専門会社に任せ切りであるケースが見られます。「こんなはずじゃなかった」の多くは、事前に予測できるものばかりです。経営者自らが介護業界の知識を身につけて経営を行い、外部の専門サービスを利用する際は、介護業界に実績と経験をもつ会社を選びたいものです。

第5章

介護ビジネス業界の最新動向

介護ビジネスはいまだに多くの課題を抱えてはいるものの、事業者はそれぞれ施設やサービスを創意工夫し、自らの強みを発揮した事業展開で地域や利用者に貢献しています。この章では、全国展開をする営利企業から、より地域に密着した公益、非営利法人や介護サービスの関連事業まで幅広く紹介します。

社会福祉協議会のこれまでとこれから 1

社会福祉協議会は、民間の社会福祉活動を推進することを目的に非営利の民間組織として設置された組織です。一般的には「社協《しゃきょう》」の略称で呼ばれます。

社会福祉協議会（社協）とは

社会福祉協議会は、社会福祉法に基づき設置された組織で、地域福祉の推進を図る目的で作られます。二〇一九年現在の設置数と職員数は、市区町村社会福祉協議会（一八四六か所／職員約一四万人）、都道府県・指定都市社会福祉協議会（六七か所／職員一万五〇〇〇人）、そして全国社会福祉協議会（一か所／職員一三六人）です。全国に張り巡らされたネットワークと社会福祉分野の専門職人材の豊富さは、介護ビジネスを語る上でも欠かせない存在といえます。

また、就職希望先としての人気も高く、例えば、福祉分野を専攻する学生（社会福祉士や介護福祉士など）は、介護ビジネス事業者と採用競合の関係にあります。

全国社会福祉協議会（全社協）

全社協は、四七都道府県社協と二〇指定都市社協の連合会としての性格を基本として、社会福祉の分野別の全国団体（一四種別協議会・三団体連絡協議会）を内部組織として設置しています。

全社協が行う事業としては、社会福祉諸制度の現状と課題を踏まえて多岐にわたっており、全国社会福祉協議会（全社協）は各種分野別に事業展開し、各種活動に取り組んでいます。地域福祉、児童福祉、障害福祉、高年福祉、国際福祉、災害時支援等に関する動向、また、民生委員・児童委員、そしてボランティア等がありま す。

その中からいくつかの事業を紹介します。

用語解説

＊全国社会福祉協議会（全社協）
所在地：東京都千代田区霞が関3丁目3番地2号 新霞が関ビル
連絡先：03-3581-7820（大代表）・ホームページ：https://www.shakyo.or.jp/
代表者：清家 篤・設立：1908年（「中央慈善協会」として設立）

● 福祉人材センター・バンク

都道府県ごとに一か所設置されている都道府県福祉人材センター、福祉人材バンク（全国で三〇か所）、及び全国一か所の中央福祉人材センターがネットワークを組み、福祉分野に特化した無料職業紹介事業を中心としたさまざまな事業を行っています。

● 福祉サービスの質の向上に向けた取り組み

全国の社会福祉施設や、その経営主体である社会福祉法人、福祉専門職の全国組織等と連携して、施設環境やサービスの充実に取り組むとともに、「第三者評価事業」の普及等を通じて、サービスの質の向上に向けた取り組みを進めています。

● 社会福祉関係者への研修等の実施

全社協が運営する「中央福祉学院」では、社会福祉士、社会福祉主事、児童福祉司等の資格認定に関する各種研修課程・通信課程、社会福祉法人の経営管理、高齢者・障害者・児童の各福祉分野の現任研修など、約七〇の研修コースを実施しており、毎年全国から約一万二〇〇〇人が受講しています。

全国社会福祉協議会（全社協）の組織図

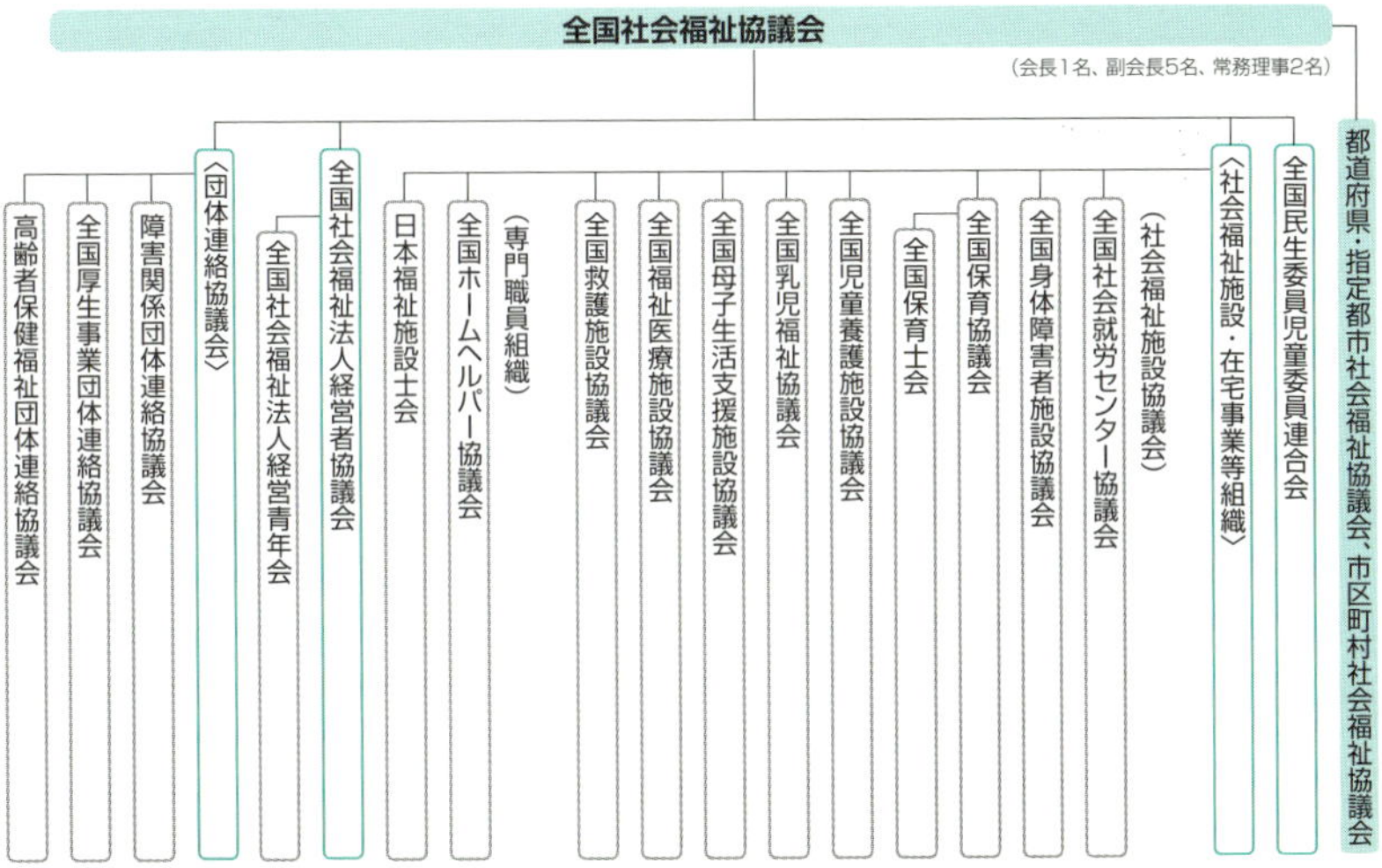

出所：全国社会福祉協議会（全社協）

ワンポイントコラム

【全国社会福祉法人経営者協議会（全国経営協）】 社会福祉施設を経営する社会福祉法人を会員とし、その経営基盤の強化等を目的として、1981年に全社協の内部組織として設立された団体です。各都道府県の経営者協議会（都道府県経営協）をもって構成され、全国で約7800の社会福祉法人が加入しています。

介護ビジネスと社協とのかかわり

介護ビジネスを俯瞰した場合、公的介護保険の対象サービスのみならず、医療や住まい、幅広い生活支援サービスをも視野に入れた事業構想や計画が重要です。これらはまさに、「地域共生社会の実現」という理念と「地域包括ケアシステムの構築」という具体的な政策・手段であり、そのために不可欠な「地域協働を担う機能」は、NPO法人や株式会社など社協以外の多様な事業主体にも期待されています。

一方、地域の福祉課題（地域ニーズ）を的確に把握し多様な福祉ニーズに対応する取り組みには、地域からの信頼や確かな実績が必要です。その点からも、本来の社協の基本的な役割である「連絡調整」「社会資源のネットワーク化」、そして「連携や協働の実践」をより一層進めていくことが必要です。

特に、介護サービスの提供面からみれば、訪問介護や通所介護などの小規模な事業者は、経営基盤に不安要素も多く、事業者同士の連携や協働化の重要性も指摘されており、社協の役割に期待されています。

社協の現状と今後の課題

市区町村社協には地域福祉の「協働の中核を担う」機能（「地域活動部門」や「ケア・マネージメント部門」など）とともに、自らが「福祉サービス推進部門」によるサービス提供事業者、いわゆる「プレーヤー」としての役割も有しています。一般的に、「事業型社協」と呼び、一九九四年頃から推進されてきました。

特に、人口減少地域や山間部、離島などにおいて、また、それ以外でも行政や関係機関との歴史的な背景から、介護保険サービスや障害福祉サービスの事業所が社協だけという地域の実態が散見されます。

このような「事業型社協」は、従来の行政運営費や保険収入などの財源構造が変わり、事業の差別化や効率化などの経営課題が多く、既存事業の活性化を図るとともに、新たな事業を実施することで財源の確保に努め、自立した経営に向けた組織体制の整備、経営基盤の強化が今後の課題です。逆説的にいえば、職員に求められる専門性や経営感覚が高度化するとともに、新たな転換期のチャンスといえます。

応した新たな住民参加型サービスを開発・推進し、④小地域での継続的・日常的な住民活動による生活支援活動、ネットワーク活動、ケア・チーム活動等に取り組むとともに、その問題解決の経験をふまえて地域福祉活動計画の策定と提言活動の機能を発揮し、このような事業・活動を通して住民参加を促進し、福祉コミュニティ形成をすすめる市区町村社協」のことを、「事業型社協」という。

社会福祉協議会（社協）のこれまでとこれから

年代	これまで：「社会福祉協議会」に関する主な経緯（一部のみ抜粋）
1951	都道府県協議会と社会福祉協議会連合会が規定〔法〕
1983	市町村社協に関する規程が追加〔法〕
1990	社会福祉八法改正
	政令市の地区協議会に関する規程が追加〔法〕
1992	事業に「社会福祉に関する活動への住民参加のための援助を行うこと」が追加〔法〕
1994	「事業型社会福祉協議会」推進の方針（全社協）（1995年改訂版）
2000	社会福祉基礎構造改革
	社会的な援護を要する人々に対する社会福祉のあり方に関する検討会報告書公表
2004	地方自治法改正
2017	社会福祉法改正
	地域共生社会の実現に向けた地域福祉の推進（通知発布）
	社会福祉法に基づく市町村における包括的な支援体制の整備に関する指針公表

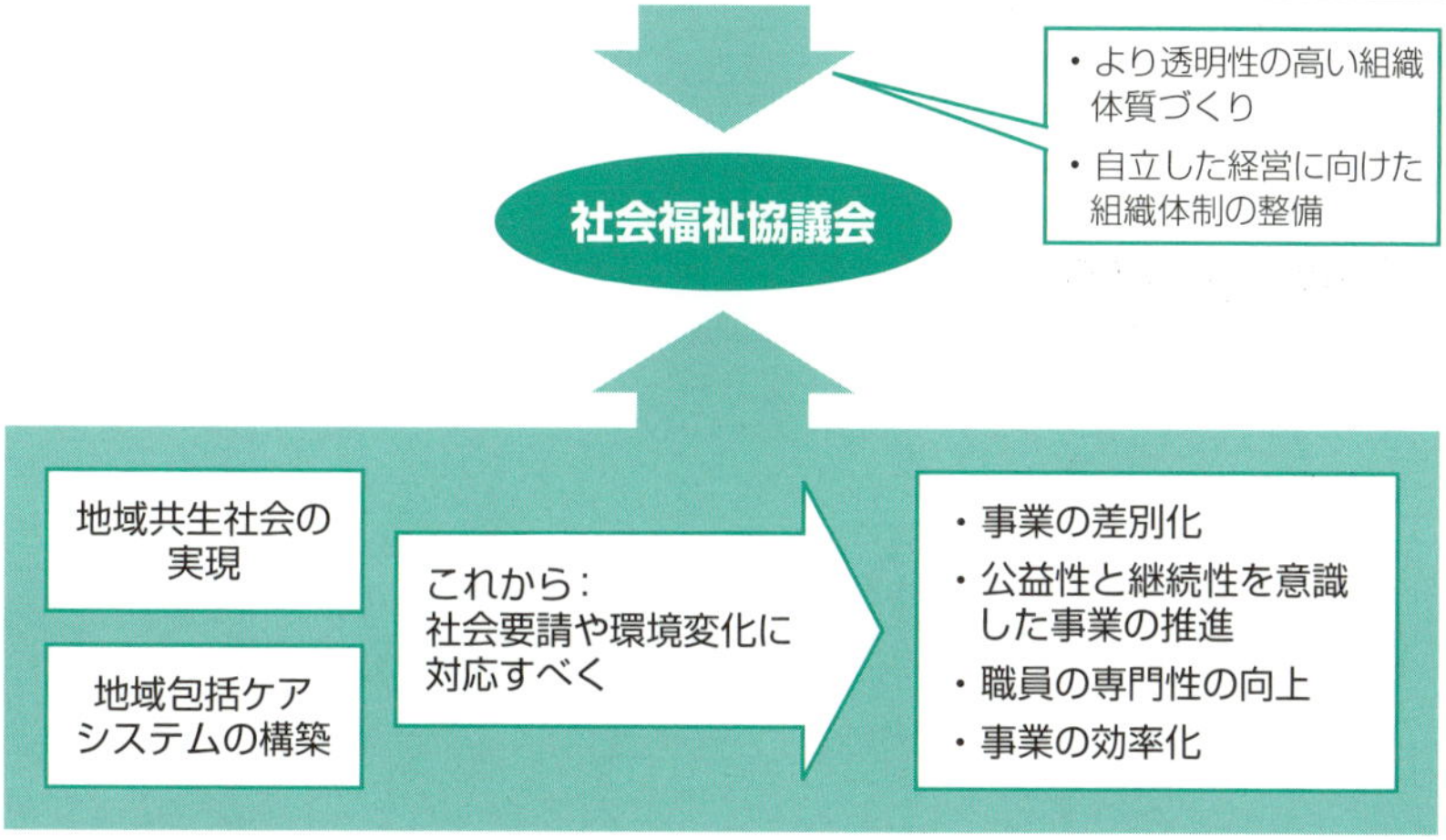

出所：川原経営総合センター作成

用語解説

＊**事業型社会福祉協議会**　「住民の具体的な生活・福祉問題を受けとめ、そのケースの問題解決、地域生活支援に素早く確実に取り組めるよう、①総合的な福祉相談活動やケア・マネージメントに取り組み、②各種の公的福祉サービスを積極的に受託し、それらを民間の立場から柔軟に運営しつつ、③公的サービスでは対応できない多様なニーズにも即↗

2 介護の未来に向けた挑戦
…AI・介護ロボットの活用（善光会）

善光会は、東京都で福祉施設の運営を行っている社会福祉法人です。大田区を中心に六つの施設と一四のサービスを展開しています。

社会福祉法人善光会の設立

善光会は事業会社を運営していた創業者が、社会において活動して得た利益を社会へ還元することを目的として設立された法人であり、介護福祉の世界に新しい風を吹き込むことを大きな目標としています。これまでの介護福祉の世界では、競争原理の働かない環境が多く、非効率で施設本位の運営が散見されました。

そういった中で、「オペレーションの模範となる／業界の行く末を担う先導者となる」という経営理念のもと、私達はこれまで蓄積してきた介護オペレーションにより介護業界の改革者となり、業界における競争原理を生み出し、真に「お客様にとっての」最適なサービスを追求していきたいと考えています。

ハイブリッド特養プロジェクト

善光会がまず取り組んだのは、介護士の業務負担を二五％軽減することを目的とした、「ハイブリッド特別養護老人ホームプロジェクト」です。

これまで〝なんとなく〟や〝こう決まっているから〟という理由で実施されていた介護士の業務内容をトヨタ式改善活動や介護ロボットの導入によって、業務負担を削減しようとするものです。睡眠のデータがわかる「眠りSCAN」（パラマウントベッド社）や排尿の予測センサーであるDFree（トリプル・ダブリュー・ジャパン社）など、通算一五〇種類程度の各種ロボットの導入に挑戦することによって、サービスの品質向上や業務負担の軽減を図っていきました。

このプロジェクトにより、当初は全国平均よりも低かった人員配置比率が、プロジェクト開始後五年で全国トップ水準にまで引き上げることができました。業務の効率化に伴い、事務的な作業を軽減でき、その分、直接的にお客様へ接する時間に充てられるように介護サービスの品質向上にも繋がりました。

サンタフェ総合研究所の設立

善光会はハイブリッド特別養護老人ホームプロジェクトなどを通じて蓄積されたそれらのノウハウをため込むのではなく、広く社会に還元するために社会福祉法人として初めてシンクタンク機能を持った総合研究所を設立しました。そこでは基礎研究をはじめ、各省庁からの受託事業、介護に関する多様なサービス事業者向けのコンサルティング事業や、独自開発プロダクトの提供を行い、収益化に向けた取り組みを行っています。

社会福祉法人は通常、介護報酬を収入源としており、その他の事業で大きく収益を上げている法人は少ないため、介護報酬改定がすぐに経営の良し悪しに直結することになります。最近では少子高齢化の影響で

介護の質と生産性向上

●善光会ではロボットの導入により、全国最高水準のオペレーションを確立。

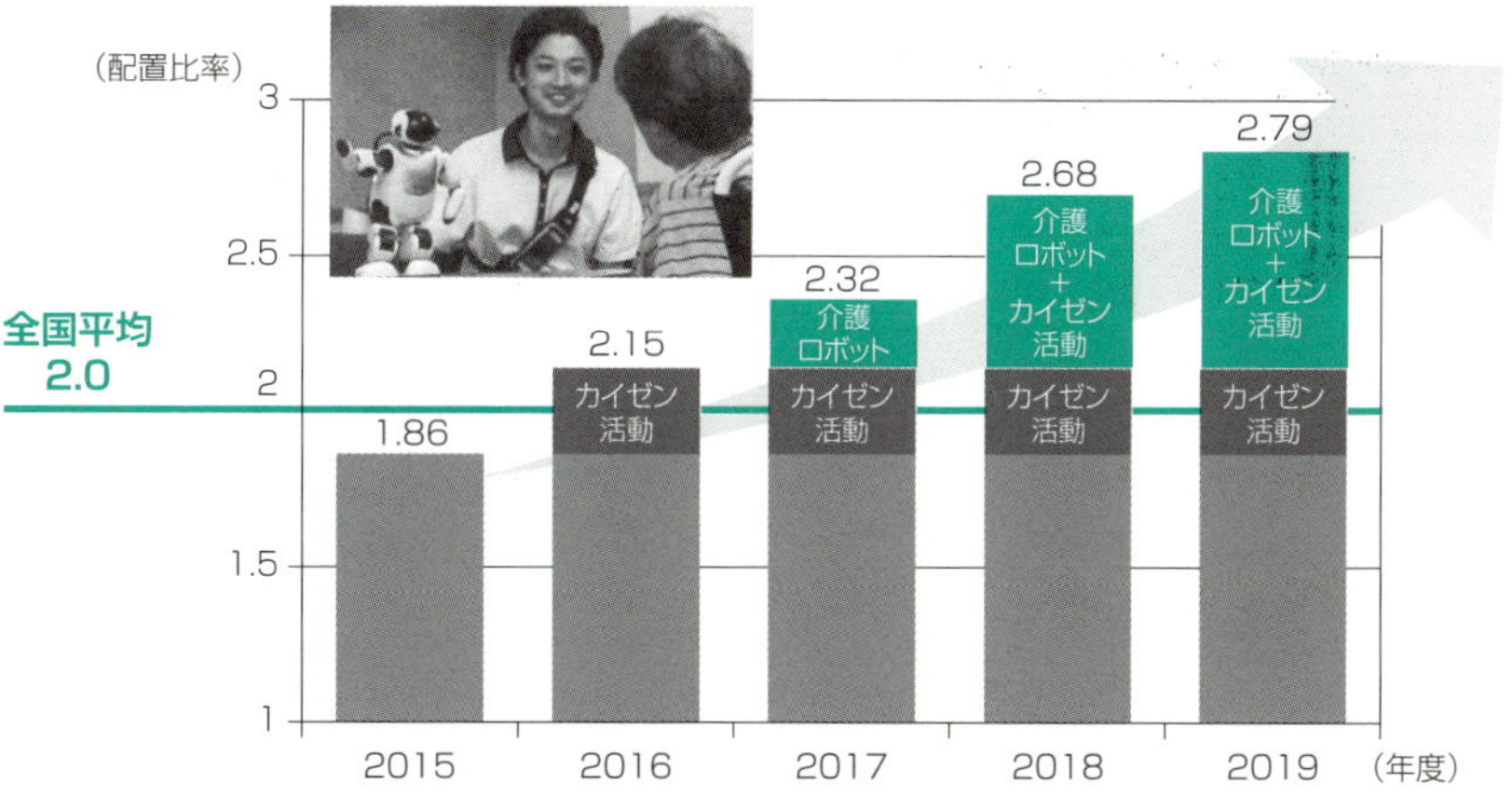

介護の質を担保しながらも生産性を高めることを実現

国の社会保障費を削減する方向にありますので、その他の事業で収益を上げられる形を作ることは、持続可能な社会福祉の実現に向けて、これからの介護事業者にとって非常に重要な観点だと考えています。

独自プロダクト

介護業界の中で、介護ロボットはこれからの将来を担う重要な因子だと考えられています。少子高齢化によって、介護を必要とする人が増える割合に対して、介護に従事する人の割合が追いついておらず、この足りない人材を介護ロボットによる業務効率化などによって賄う必要があると考えられています。

善光会は実際に介護ロボットの導入などを数多く実施してきており、その中で二つの独自プロダクトを開発してきました。

一つ目は介護ロボットの連携に関するプラットフォームである「SCOP」です。

これまで介護ロボットを導入するにはそれぞれのアプリケーションを使いこなす必要がありましたが、ITを活用してこなかった業界では受け入れが難しいのが現状でした。それを介護現場が必要なインターフェースを備えたアプリケーションを開発して二〇一九年七月にリリースしました。社会福祉法人が直接iPhoneやiPadのアプリケーションを作成してリリースすることはこれまでにはない取り組みです。

二つ目は介護ロボットを使いこなす人材の育成です。介護ロボットはあくまで生産性の高い介護を提供するための一つのツールに過ぎません。そのツールを使いこなす現場の介護士を育てることが必要であると考え、新しい介護の資格である「スマート介護士」資格を創設しました。

一つ目の「SCOP」は経済産業省が所管するAMEDから開発助成を、二つ目の「スマート介護士」は厚生労働省から研究補助を、それぞれ採択される等、公的機関からの資金調達を行っている点は、これまでの社会福祉法人にはない取り組みでした。

今後の方向性

これからはお客様にとってよりよい介護の提供が求められます。

数時間に一度行われる排泄介助ではなく、お客様ごとに適切な時間に行われる排泄介助であり、目視したいからといって夜中に何度も部屋を開け閉めするのではなく、センサーを使って遠隔でも確実に睡眠状態を把握することで、少しでも自分らしく生きられる瞬間を長くしていきます。

それらを知るためには、介護業界初のビッグデータの収集とそのビッグデータを解析する介護ＡＩの開発が必要不可欠です。

善光会はすでにそれらの仕組みづくりを終え、実証に向けたシステム開発を進めています。これからの介護がここから変わります。

法人名：社会福祉法人善光会
所在地：東京都大田区東糀谷六丁目4番17号
連絡先：03-5735-8080
ホームページ：https://www.zenkoukai.jp/
代表者：理事長 梅田茂
設立：2005年
従業員数：469名（2018年4月1日現在）
事業概要：福祉施設の運営、福祉サービスの提供、介護に関する調査研究事業、各種コンサルティングサービス、システム開発
運営事業所数：6施設14サービス

介護ロボットへの取り組みの先へ

●善光会では介護ロボットの集中導入により得られた知見から新たに2つのソリューションを創出

得られた知見 ／ 必要な要件 ／ 対応策

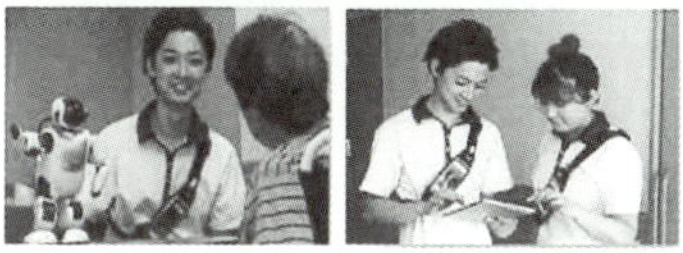

介護ロボットの集中導入により得られた知見

運用できる人材の育成 → SMART
これからの時代をリードしていく弁護士。
柔軟性と創造性を持って、介護ロボット機器を効果的に活用するために必要な知識を学ぶ資格。

利用環境の開発 → Smart Care Operating Platform SCOP
介護の質と生産性向上を目的とする「スマート介護プラットフォーム（SCOP）」介護アウトカム創出と介護AI実装を目的に開発を進める。

ZENKOUKAI social welfare corporation

3 在宅生活の総合力を高める（リフシア）

神奈川県にある株式会社リフシアは、在宅生活における様々なケースに対応できる事業者として地域の信頼を得ています。幅広いサービスと多職種による専門性を生かして地域との連携を図っています。

心を添えてともに生きる

株式会社リフシアは、二〇〇四年にデイサービスの開設で介護業界に参入。その後、二〇〇六年に小規模多機能型居宅介護が制度化されると、その「通い」「泊まり」「訪問」の機能に着目しました。「心を添えてともに生きる」の理念の下、「住み慣れた地域での暮らし」を実現する地域社会創造を目標に掲げながら、神奈川県茅ケ崎市と藤沢市で地域密着型事業を基盤として特色のあるかたちで事業展開しています。

サービスネットワーク

地域包括ケアシステムでは、住まいを中心に二四時間三六五日、日常生活において心身面で少し不安といった段階から、要介護重度化または看取りに至るまで、その方の状態に応じて医療・リハビリ・介護・福祉など、必要とされるサービスが切れ目なく提供されることが基本になります。

リフシアでは、これを踏まえ、在宅での様々な生活課題に柔軟に対応できる（看護）小規模多機能型居宅介護、定期巡回・随時対応型訪問介護看護などいわゆる包括報酬型地域密着サービスを展開しています。

また、通所介護や短期入所生活介護などのサービス事業所にはＰＴ・ＯＴ・ＳＴなど専門職を配置して、リハビリニーズへの対応を強化しています。

医療ニーズに対しては、看護小規模多機能型居宅介護や訪問看護ならびに連携型の定期巡回・随時対応型訪問介護看護で対応を図ります。

ワンポイントコラム

【小規模多機能の事業性】　一般的には、採算性が低いといわれる小規模多機能のサービス。株式会社リフシアでは、確かな事業計画の下、職員のやりがいと共に継続可能な事業運営を行っている。サービスの質や職員のやりがい、事業の継続性などは、経営者の姿勢しだいといえる。

さらに、介護保険外の生活支援機能として、高齢者向け食材の開発・製造・販売事業も展開しています。特に介護食（柔らか食）や嚥下調整食の開発に力を入れていて、柔らか食弁当は地域への配食で好評を得ており、また嚥下調整食は、療養型病院や障害者施設などでの評価が高く導入が進んでいます。

リフシアでは、このような食への取り組みを医療・介護施設と住まいを切れ目なくつなぐ「食環境整備」と位置づけて推進しています。

このように、介護保険の内外に亘る幅広いネットワーク構築で、在宅生活を支える機能を包括化して「臨機応変に応えるサービス」を実現しています。

トータルケアアセスメント

これからの地域社会には、医療や認知症、リハビリ、栄養・嚥下など様々なニーズを合わせ持つ中重度高齢者の増加とその方々を在宅で支える介護力が必要です。

その対応としてリフシアでは、まず在宅生活継続に向けた目的指向型サービスを強く志向し、ご本人からのニーズや初期のアセスメントに加え、介護職員が日

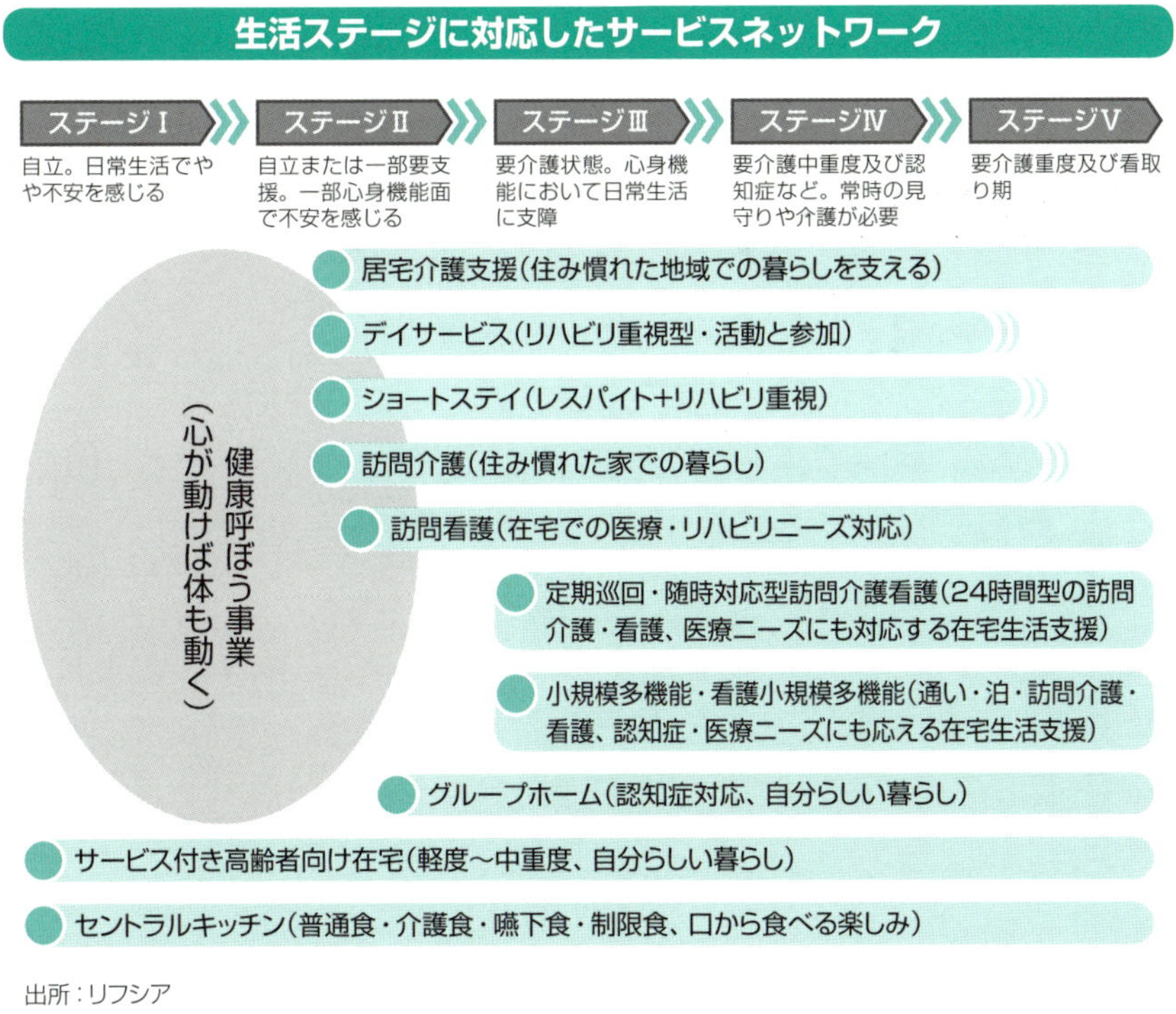

出所：リフシア

常のかかわりの中から掘り起こした声にならないニーズをもとに「その方固有の生活課題」にアプローチする「個別ケア」を推進しています。この取り組みを「生活支援型リハビリケア」と位置づけています。こういったサービス面のこだわりと、独自の「サービスネットワーク」をさらに質の高い、そして実効性のあるものへ成長させることを目指して、「トータルケアアセスメント」を推進しています。

在宅のお客様を二四時間把握することができるショートステイや小規模多機能型居宅介護の通い・泊まり機能を拠点として、看護職員や介護職員だけでなく、ケアマネジャーや理学療法士、作業療法士、言語聴覚士、管理栄養士など法人内の専門職を総動員したアセスメントに取り組んでいます。

トータルケアアセスメントの例

もともと認知症を発症していた小西さん（仮名）は、自宅で転倒・骨折して入院し、食事摂取ができなくなった要介護五の状態で病院からリフシアの小規模多機能型居宅介護に退院しました。リフシアでは、法人内の機能訓練指導員や言語聴覚士を交え、歯科医師との連携を図り、口腔ケアを徹底した結果、二カ月目には、食事が可能となり週二回日中は自宅で過ごせるまで回復しました。半年後には、自宅と小規模多機能型居宅介護でほぼ半々の時間を過ごすことが可能となっています。まさに、専門性を生かした多職種連携の生活支援型リハビリケアにより、在宅生活の維持が可能になった事例といえます。

リフシアでは、小規模多機能型居宅介護だけでなく、リハビリ重視型のショートステイを開設し、病院などを退院した人の在宅復帰に向けたトータルケアアセスメントの実践も行っています。

またこうした複合的ニーズへの対応力を高めるために、マルチタスク的視点を持つ介護人材の育成にも注力しています。独自の全六回のケアトレーナー養成講座を設け、キャリアパスの一要件としても活用しています。①運動プログラムの基本、②生活リハビリの基本、③各疾患基礎知識、④栄養と嚥下の基礎知識⑤ケアマネジメントを学び、⑥修了試験を受け、合格者に認定証を発行しています。

法人名：株式会社リフシア
所在地：〒253-0071　神奈川県茅ケ崎市萩園2822-1
連絡先：0467-55-5102
ホームページ：http://lifsea.co.jp/
代表者：代表取締役　加藤順一
設立：2010年12月22日
従業員数：400名
事業概要：通所介護、小規模多機能型居宅介護、看護小規模多機能型居宅介護、定期巡回・随時対応型訪問介護看護、グループホーム、ショートステイ、サ高住、訪問介護、訪問看護など
運営事業所数：茅ケ崎市、藤沢市、12事業所

その他、さらに複数の拠点での情報共有のために、独自の記録システムを開発しています。現場の意向をもとにカスタマイズを繰り返し、現在では、利用者の利用状況や状態がリアルタイムに把握でき、職員の情報共有のための細やかな基盤システムに成長しています。

リフシアは、定期的なバザーや公開研修会などの開催で地域に根ざしつつ、「こころを添えてともにいきる」という理念のもと、職員にとっても自己の可能性を開花できる環境構築に取り組んでいます。そして、事業規模の成長はもとより、支援の質の向上を追求しています。

小規模多機能型居宅介護のトータルケアアセスメント

◎要介護５　90代　女性　認知症高齢者の日常生活自立度Ⅲａ　のケース

自宅で転倒・骨折、入院治療を行う。退院時にはADL低下で食事摂取できない状態からトータルケアアセスメントで在宅に復帰を果たす

1カ月目

	月	火	水	木	金	土	日
日中 夜間	終日小規模多機能に滞在。自社のPT・STを交えたトータルケアアセスメントを実施。同時に医療機関（主治医・歯科）との連携を図る。						

義歯の調整や、口腔ケアの徹底を行い、食事摂取量の回復を目指す。主治医とも協議のうえ、内服薬の見直し。また、離床時間を徐々に増やし、排泄感覚を取り戻せるようトイレ誘導なども支援。

2カ月目

	月	火	水	木	金	土	日
日中	小規模	自宅（訪問）	小規模	小規模	自宅（訪問）	小規模	小規模
夜間	小規模	小規模	小規模	小規模	小規模	小規模	小規模

ADL回復状況に合わせ、住宅環境も見直し、日中の一時帰宅を繰り返す。移乗、排泄、食事などの具体的な介助方法の共有を家族と行った結果、尿意・便意も回復しバルンも外せた。

半年後

	月	火	水	木	金	土	日
日中	小規模	自宅	小規模	小規模	自宅 訪看	自宅	小規模
夜間	小規模	自宅	小規模	自宅	自宅	小規模	小規模

日中トイレ誘導が可能になり、夜間おむつ対応でのお試し帰宅も行い、ご家族の介護力や自信もついたところで、自宅と事業所半々の利用となる。

4-1

介護ビジネスのはじめ方① 社会福祉法人の場合

介護ビジネスをはじめる場合、運営主体となる法人格によって実施できる事業や開業のプロセスが異なります。公益性の高い第一種社会福祉事業の設置運営を担う社会福祉法人の開業の流れを確認します。

社会福祉法人の設立のプロセス

社会福祉法人は介護などの社会福祉事業を専門に行う法人で、所轄庁である市(町村等によっては都道府県)の設立認可を受ける必要があります。社会福祉事業を実施することが前提となるため、原則、法人設立のみを行うことは認められず、施設整備と並行して認可手続きを行います。社会福祉法人が行う事業は、第一種社会福祉事業および第二種社会福祉事業がありますが、このうち前者は行政および社会福祉法人のみが設置運営することができ、後者は法人格を問いません。そのため、一般的には第一種社会福祉事業(主に特別養護老人ホーム等)の施設整備に併せて、社会福祉法人を設立する流れとなります。

法人設立の要件

社会福祉法人設立の申請には、次の要件を満たしている必要があります。①事業の実行性担保、②資産要件、③法人組織の構成要件。

まず、前提として介護等の事業が確実にその法人で実施することの確約が必要です。具体的には、自治体が実施する事業者を選定する公募の内示、施設整備に要する補助金の内示、などです。次に、資産要件について、社会福祉法人の設立時の財産としては、①土地等の事業を行うための不動産、②施設整備・事業運営に必要となる現預金、③その他補助金ないし借入金の確約が必要です。例えば、特別養護老人ホームを設置する場合、法人が原則、土地・建物等の不動産を基本財

用語解説

＊**事業者選定公募**　自治体は3年を1期とした行政計画(保健福祉計画)を定め、当該期間に整備すべき介護事業の定員等を設定している。この計画の実行を担う事業者を選定する方法として、公募形式が採用されることが多く、事業者は定められた様式に則って企画書(事業計画・資金計画・設計図面など)を提出する。

産として所有するため、法人設立時には少なくとも土地の取得が求められます。加えて、施設整備（施設の建築など）に必要な資金および事業開始後の運転資金（二〜三ヶ月分）を現預金として準備する必要があります。

最後に、法人運営の意思決定機関である役員会を構成するメンバーを選定します。社会福祉法人の役員等には、理事、評議員、監事、評議員選任・解任委員が必要となり、それぞれに人数などの要件や兼職禁止等のルールが設定されています。

法人設立から事業開始までの流れ

社会福祉法人の設立認可後は、事業開始に向け施設整備を進めます。具体的には、事業を行う建物の工事、職員の採用、利用者確保に向けた広報活動、業務内容やマニュアルの整備、開業前トレーニングなどを順次実施します。建物が完成したのちは、介護事業を開始するための申請（社会福祉法・介護保険法それぞれに規定する届出）を行う必要があります。介護保険法上の事業としての指定を受けることで、初めて介護保険事業の実施が可能となります。

社会福祉法人の設立と施設整備のスケジュール

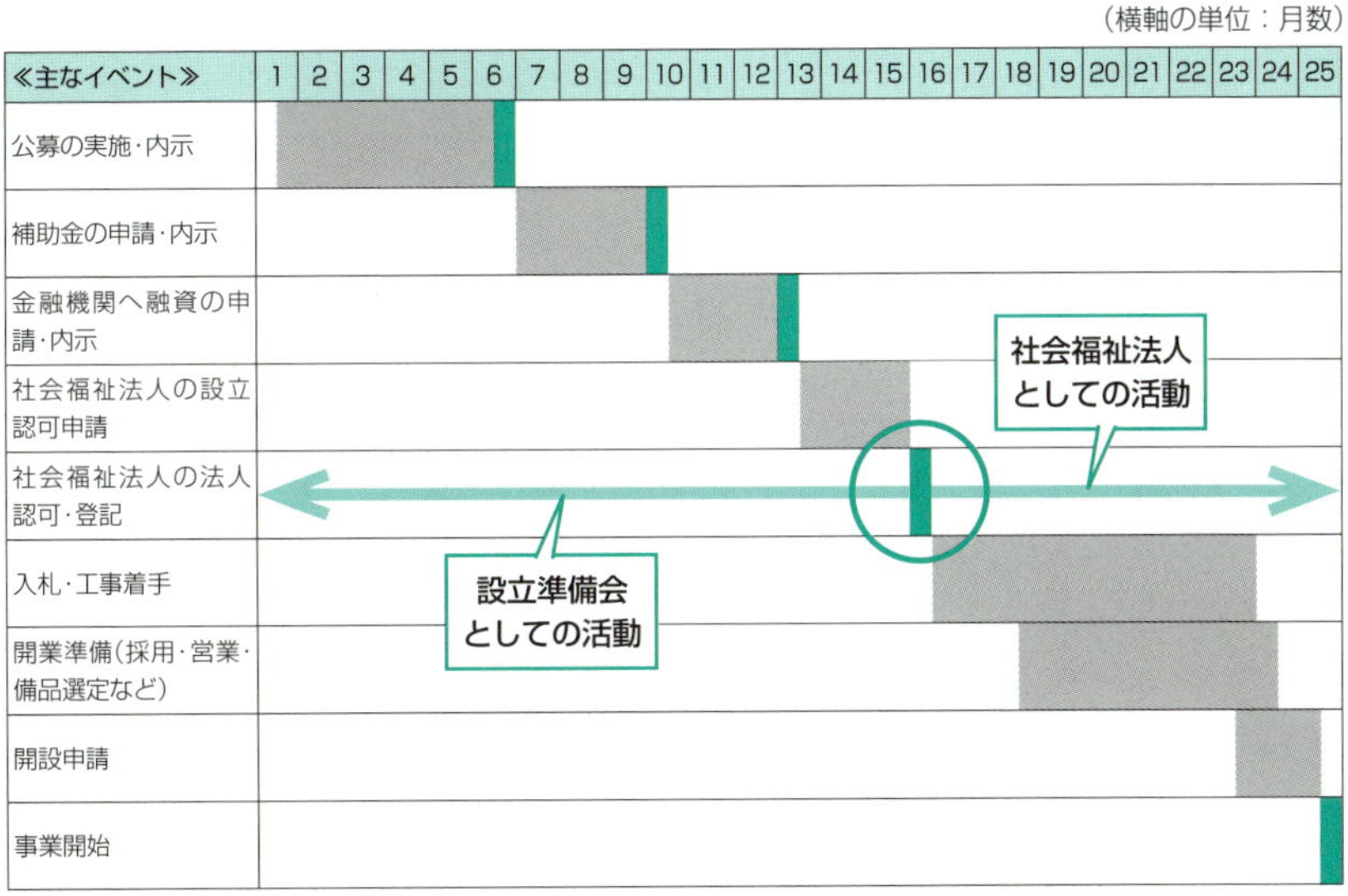

用語解説

＊**借入金**　介護ビジネスを開始する際、施設整備等の資金として金融機関に借入を起こすことがある。社会福祉法人においては独立行政法人福祉医療機構から融資を受けるケースが多く、自治体によっては借入先を指定する場合もある。

4-2

介護ビジネスのはじめ方②
株式会社の場合

株式会社が行う介護事業としては、デイサービスやグループホームなどの第二種社会福祉事業に加え、有料老人ホームやサービス付き高齢者住宅などが考えられます。競合が多く、事業戦略調査が不可欠です。

事業戦略調査の重要性

株式会社が介護ビジネスを行う場合、第二種社会福祉事業もしくは有料老人ホームやサービス付き高齢者住宅が対象となります。第一種社会福祉事業と異なり、法人格を問わないことに加え、原則所轄庁への届出のみで開業できることもあり、介護保険制度の創設以来、事業所数が急増してきました。そのため、事業所が飽和している地域もみられ、開業後に利用者確保に苦戦するケースも少なくありません。事前に充分な事業圏域のニーズ調査、商圏分析などを行い、事業内容や計画の妥当性を検証する必要があります。当該自治体の保健福祉計画や人口動態調査などの統計資料、介護サービス情報公表システムなどを参考に、競合他社の情報等を収集し、戦略を立案することが重要です。

第二種社会福祉事業・有料老人ホームの開業プロセス

施設整備への補助金の有無は自治体毎に異なり、グループホーム、小規模多機能型居宅介護、特定施設入所者生活介護（介護保険法の指定を受けた有料老人ホームやサ高住等）などは、補助対象事業として公募による事業者選定が行われるケースが多くみられます。

公募対象の事業の場合、公募による選定を受けた後に建物工事に着手し、建物完成後に介護事業を開始するための申請を行います。法人設立のプロセスを経ない分、準備期間は一〇ヶ月前後と想定されます。公募対象外の事業（訪問介護やデイサービスなど）の場合、公募

用語解説

＊**介護サービス情報公開システム**　厚生労働省により全国約21万か所（2019年現在）の事業所の情報をインターネット上で検索できるシステム。介護保険法に基づく26種類54サービスが対象となっている。

さらに期間が短くなりますが、この場合でも事前に所轄庁に相談する必要があります。第二種社会福祉事業であっても、保健福祉計画による総量規制もあり得るため、事前のニーズ調査の結果等を踏まえ、行政と施設整備の必要性を協議する必要があります。有料老人ホームも、これらのプロセスとほぼ同様です。介護保険法の指定を受けない有料老人ホームであれば、原則、老人福祉法上の届出のみで事業を開始できるため、行政との事前協議が済んでいれば比較的スムースに開業することができるでしょう。

サ高住の開業プロセス

サ高住は介護保険事業と異なり「高齢者住まい法」に基づく介護施設のため、国土交通省の登録制度によって開始することができます。毎年度、国交省ではサ高住の整備事業者を募集しており、登録を受けたサ高住の事業者は、施設整備に要する費用の一部補助を受けることができます。一般的なプロセスとしては、工事着工前に事前の補助交付申請を行い、工事完了後の実績報告とともに補助を受ける流れとなります。

サ高住の施設整備スケジュール

（横軸の単位：月数）

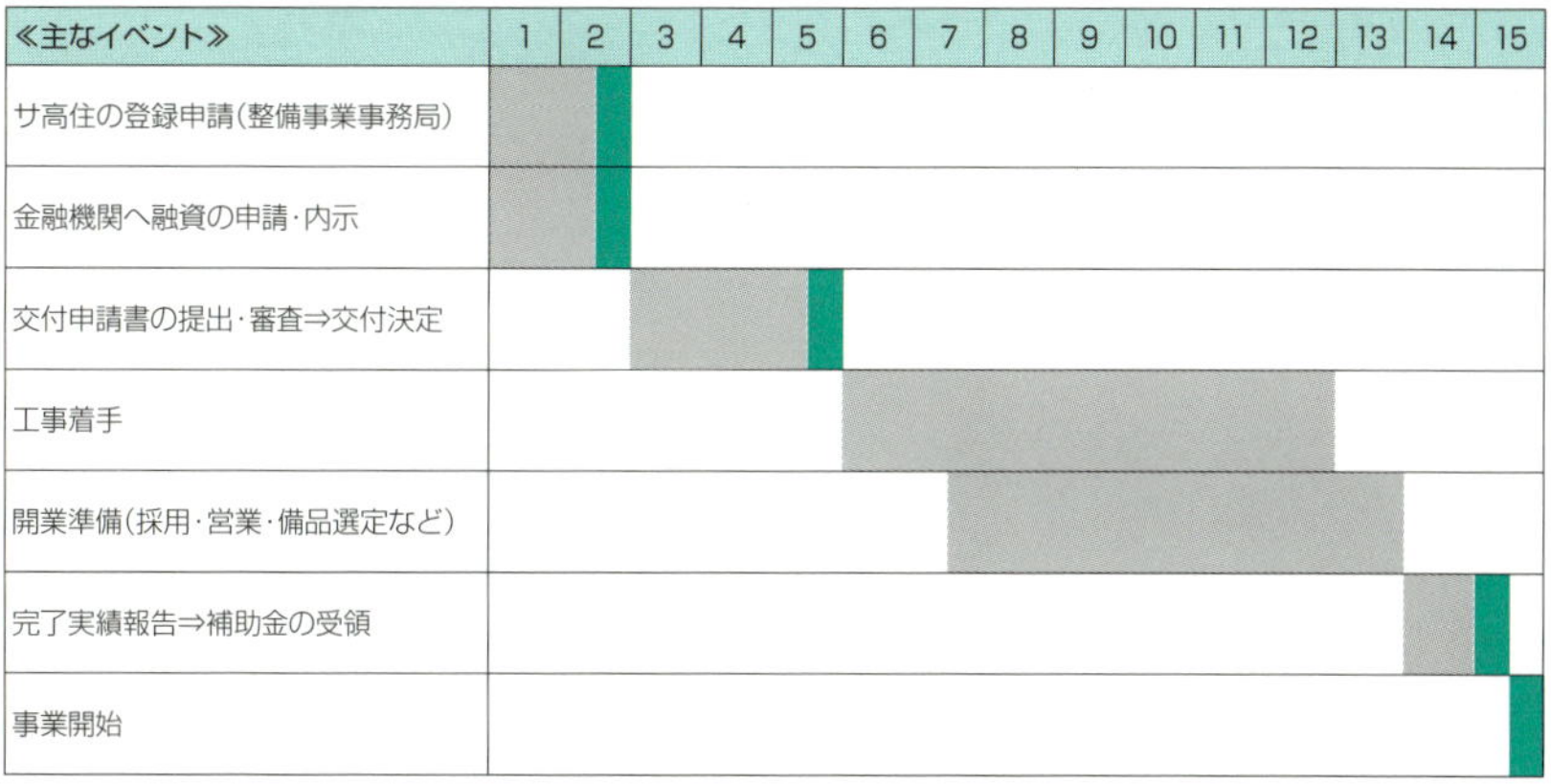

用語解説

＊**総量規制**　その種別の事業所の総数（主に新規開業等）を規制する仕組みで、事業種別毎に各自治体の裁量のもと実施される。

5-1 地域の医療・保健・福祉・介護への包括的な取り組み（忠黎会）

医療法人社団満寿会（埼玉県鶴ヶ島市）は、老人保健施設を中心に、二診療所、訪問看護など、包括的な地域に根差した事業を展開。二〇一五年、社会福祉法人忠黎会を設立、特別養護老人ホームを開設しました。

地域貢献と安心・安全の地域づくりのために特養を新たに開設

日本の家庭環境、住宅事情から心身に障害のある高齢者、特に認知症高齢者等の在宅ケアは非常に難しい状況です。この状況を鑑み、終の棲家と位置付けられる特別養護老人ホームの必要性を強く感じ、二〇一七年に「ほほえみの郷」を開設しました。

医療法人と社会福祉法人の連携のメリットも活かす

ハード面では、居住スペースは木のぬくもり、採光を意識し、家庭的な雰囲気にしました。一階に地域住民がイベントを開催できるレクリエーションスペースを設けました。

ソフト面では、医療法人と社会福祉法人の連携のメリットを活かしました。耳鼻咽喉科診療所、在宅医療診療所や老人保健施設などを運営します。医療法人が母体の新設特養として地域の期待に応えられるように、円滑な連携のための合同ミーティングや研修を定期的に行っています。介護業界は離職率が高い業界ですが、職員の法人間異動を可能にし、働き方の選択肢と、自己成長の機会を増やしていきます。

医療福祉への思いを胸に、職員が一丸となり、地域住民と話し合いを重ねて設立

設立前、土地が見つからず苦労しました。ようやく見つけた候補地が少し傾斜のある変わった形状だった

ため、設計段階で、ユニット構成について現場の職員も交えて検討。動線、法令基準、コストのバランスが大変でした。図面案をもって、近隣住民の方々とは話し合いを重ねました。これだけの規模の建物ですので、当初は全員が大賛成というわけではありませんでした。今では当法人の医療福祉に対する思いをご理解いただき、良い関係が築けています。

「地域に開放された介護施設」の使命を果たす

特養は「閉鎖された場所」というイメージを持たれがちです。当法人では「地域に開放された介護施設」として、レクリエーションルームを地域住民の催しや習い事などへ開放。地域の福祉相談窓口機能を担う等の地域支援に貢献します。看取り、子育て支援、障がい者支援、青少年の教育・育成にも積極的に取り組む予定です

法人名：医療法人社団 満寿会、社会福祉法人 忠黎会

所在地：〒350-2223 埼玉県鶴ヶ島市大字高倉1059-1（社会福祉法人忠黎会ほほえみの郷）

連絡先：049-279-2001

ホームページ：https://chureikai.wixsite.com/tokuyou

代表者：理事長　小川 郁男

設立：2017年（社会福祉法人 忠黎会）

従業員数：約300（医療法人社団 満寿会、社会福祉法人 忠黎会）

事業概要：10事業所（同上）

医療法人と社会福祉法人の連携メリット

merit 1
医療依存度の高い利用者を医療現場と介護現場が一丸となってケア（利用者の急変時には即グループ内の医療機関と連携が図れること等、利用者の安心を確保）

merit 2
医療、介護職員等のタイムリーな人事異動が可能（特養におけるスムーズな看取りが可能。母体施設の老健からは看取り経験豊富な職員が特養へ異動）

merit 3
医療法人運営による訪問看護ステーションが基点となり、医療と介護のつなぎ役を担うことで、地域が必要とし、望んでいる医療介護両面の情報提供が可能。

5-2 東日本大震災を機に気仙沼市で開設（介援隊）

宮城県気仙沼市にて住宅型有料老人ホームや、デイサービスを運営している株式会社 介援隊。二〇一八年九月より住宅型有料老人ホーム「豊林の里」の移転に伴い居室を一〇室増設しました。

事業立ち上げのきっかけ

介援隊が介護事業を開設するきっかけは東日本大震災でした。多くの独居高齢者が亡くなる現実を目の当たりにした堀内社長は、高齢者が安心して暮らせる町づくりに貢献したいと考えました。震災後は若者が頑張らなければと思い、当時二〇歳代だった社長が自身の老人保健施設での現場経験を武器に、介護施設を立ち上げることになりました。

開設に当たっては、学生時代の同級生二名（現在の副社長、専務取締役）に開設に対する想いを伝え協力を要請。理念と思いを共有する経営者層の風通しの良さが、スピーディーな事業展開につながっています。

二〇一八年の増築移転後～一〇の増室も一か月で満室に

二〇一三年には、有料老人ホーム二事業所の計二〇室で運営したところ、待機者や地域医療機関からの受け入れ要請が多く、「豊林の里」を一〇室増室しました。地域のニーズに応えられた実感を持っています。増設した一〇室は一か月以内に満室となりました。

介護事業所の運営には、地域の医療機関との連携が重要

自治体病院と歯科診療所を協力医療機関として、利用者のご紹介や入居者の往診等で連携しています。地域に多い末期がん患者の受け入れには、看取りまで主

治医のバックアップが何よりも頼もしいです。

当初、自治体病院からは、特定の民間企業と契約できないとお断りされていたといいます。実績・信頼を重ねることで、現在の連携体制を実現することができています。連携先の歯科診療所とは、職員の看護師からの紹介がきっかけでした。今では口腔ケアが必要な入居者（約一〇名／月）への往診を依頼しています。

今後の展望

今ある施設の経営安定化が最優先です。外部アドバイザーからの継続的な助言も受け、収益力の強化を図っています。将来的には、収支のバランスを見ながら最適なタイミングで、「豊林の里」を特定施設として指定を受け、より公益性の高い法人格に転換（「株式会社」から「社会福祉法人」へ）する予定です。

地域では、慢性的な人材不足に加え、復興事業などに伴う他産業への人材流出が課題にもなっています。堀内社長は、介護業界は〝人材が何よりの資本〟だと考えており、社員一同力を合わせて今まで以上に魅力的な施設作りに挑戦し続けます。

《事業展開の概要》
- 2011年6月 株式会社 介援隊 法人登記
- 2012年9月 長根山デイサービスセンター（定員33名）、山田大名の里（住宅型有料 老人ホーム（定員15名）、居宅介護 支援事業所）を開所
- 2013年9月 豊林の里（住宅型有料老人ホーム（定員15名））を開所
- 2018年9月 豊林の里　増設移転（定員25名へ）

法人名：株式会社介援隊

所在地：宮城県気仙沼市本吉町宮内44-23

連絡先：0226-29-6475

ホームページ：https://kaientai.biz

代表者：代表取締役社長　堀内真介

設立：2011年

従業員数：32名（令和元年9月30日現在）

事業概要：有料老人ホーム、デイサービスなど

運営事業所数：3施設（居宅介護支援事業所を除く）

新施設の「豊林の里」

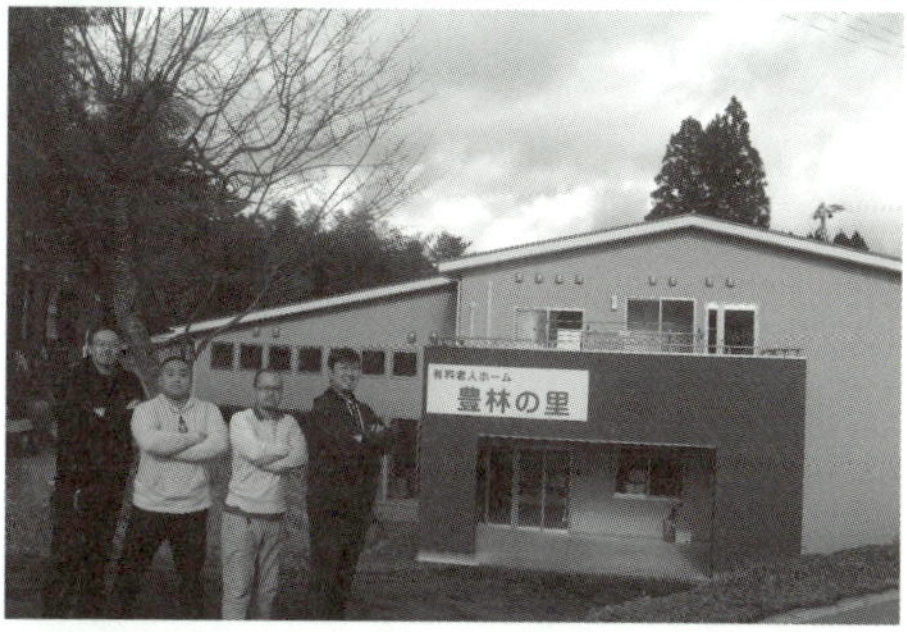

十分な広さを確保した居室の様子

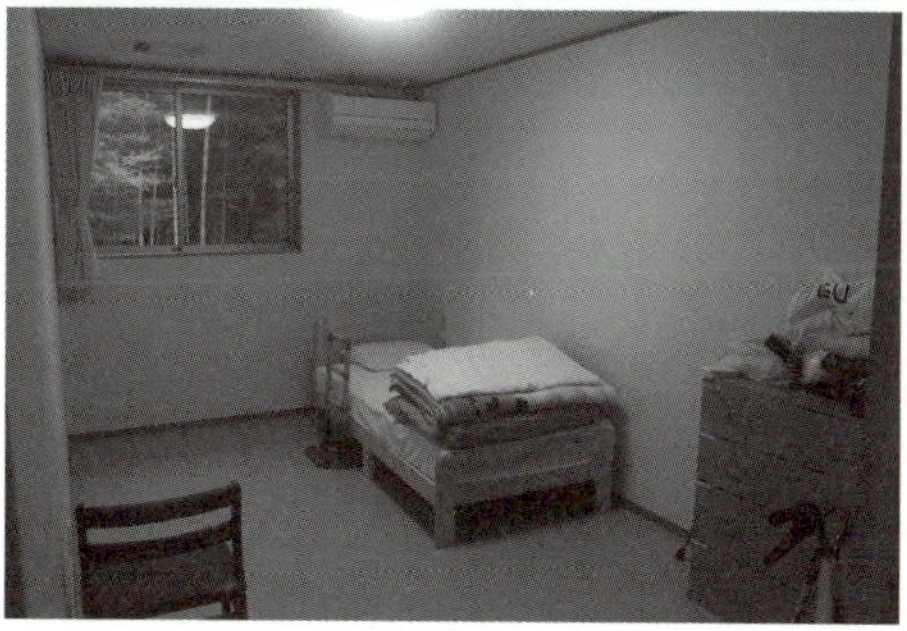

6 介護と子どもの感動を（エルフィス）

株式会社エルフィスは、介護事業と認可保育園、学童保育を融合したサービスを行っています。日々、介護が必要な高齢者と子どもたちが交流することはもちろん、お互いがお互いのために生活しています。

地域のニーズに合わせた事業展開

エルフィスは、二〇一〇年に小規模多機能型居宅介護、認可外保育園を併設するため、鳥取県の整備事業を活用し、鳥取ふれあい共生ホームとして新事業（ファーストキャンパス）に着手しました。認可外保育園は働くスタッフのためにと始めましたが、開設後、預ける保育園がなくて困っている一般の保護者を中心にすぐに定員に達しました。

二〇一二年、保育園の子どもたちにもっとよい環境で育ってほしいという願いから、通所介護、認可外保育園、学童保育、セントラルキッチン、カフェを複合した二つ目の施設（セカンドキャンパス）を補助金に頼らずに開始しました。二〇一四年、二つ目の施設の園庭に面した場所に、認知症対応型共同生活介護と、既存の訪問介護、定期巡回・随時対応型訪問介護看護、居宅介護支援事業所を移設し、三つ目の施設（サードキャンパス）をつくりました。その後、第4施設、第5施設と運営を開始し、転換、移設、撤退などを行い現行の事業形態になりました。すべての事業が地域のニーズに対応したいとの思いから行われています。

高齢者と子どもが融合した環境

各施設共に設計の段階から高齢者と子どもが交流しやすいような建物の構造にしてあります。ファーストキャンパスには保育園の廊下がなく、必ず介護施設を通って保育室に行くような構造になっています。これにより高齢者と子どもの交流が、ときには高齢者と保護者との交流にもなります。セカンドキャンパスでは、保育室、介護の部屋がそれぞれ行き来しやすいように部屋同士がひとつなぎになっています。これにより、日々の交流はもちろん、事業所全体で行われる祭りなども運営しやすい環境になっています。 サードキャンパスは保育園の園庭に面した食堂から子どもたちの遊んでいる様子や保育室の様子を眺められ、園庭にもすぐに出て交流できる環境になっています。

どの施設も建物内の構造を共に生活しやすいように配慮され、建物外の園庭の共有化などにより、通常の介護施設ではないようなハードになっています。これを介護、保育、厨房の各スタッフがミーティングしながら、各種の交流行事、イベント、お祭りなどのソフト面をつくっていきます。

家族からも、「交流していくうちに利用者、園児共に顔なじみの関係になり施設内に笑顔があふれている」「一〇〇歳差の高齢者と子どもが一緒にいる姿を見ると歴史を感じる」といった意見が聞かれます。スタッフも、ほかの介護施設にはない、日々の子どもたちとの交流に魅力を感じているスタッフが集まっています。

エルフィスユニバーサルカレッジの各事業所名

介護、保育園、学童保育、教育、塾、
コンサルティング

両三柳ファーストキャンパス	
あったかなうち　エルル両三柳（看護小規模多機能）	ベビーエルル両三柳（認可小規模保育園）
エルルのケアプラン（居宅介護支援）	コンサルティング事業部
両三柳セカンドキャンパス	
キャンパスライフ　エルル両三柳（通所介護）	エルルの手作り厨房
エルルこども学園　両三柳校（認可保育園）	エルルのはじめてケアスクール
両三柳サードキャンパス	
エルルのホームヘルパー（訪問介護・障がい）	ぬくもりのすまい　エルル両三柳（グループホーム）
観音寺新町キャンパス	
エルフィスヘルスライフホーム観音寺新町（住宅型有料老人ホーム）	
介護付ホーム　ほのぼのエルル観音寺新町（地域密着型特定施設入居者生活介護）	
R431加茂キャンパス	
学研教室「エルフィスR431加茂キャンパス教室」	ベビーエルルR431加茂（認可小規模保育園）
エルルこども学園　学童スクールR431加茂（学童保育）	

交流で生まれる生きがいをリハビリに

日々の交流により、利用者にも子どもたちにも笑顔があふれていますが、直接的な交流とは別に、利用者にとって大事な仕事があります。子どもたちがお昼寝をしたり、外で元気に遊びまわったり、各種プログラム活動をしているときに、利用者が子どもたちのためにおむつをたたんだり、部屋の飾りつけや、運動会・発表会・お祭りなどの行事のためのものを作ったりすることです。これらの行事には、利用者も応援にかけつけたり一緒に参加したりしますが、運動会では恒例の高齢者と子どもたちによる玉入れ対決もあります。

こういった子どもたちのための活動が、高齢者の生きがいや役割につながり、自然とリハビリにもなっていきます。自分のために行うリハビリよりも、子どもたちのために行っている交流リハビリのほうが、やりがいをもって行うことができるからです。交流のときは、子どもたちがけがをしないように気を配るようになり、利用者の注意力がアップしたケースもあります。毎月の合同誕生日会では利用者が子どもたちからプレゼントをもらえるため、利用者の大きな喜びになっています。また、性格的なものや認知症のためにほかの介護施設には通えなかった人が、ここなら通えるということで、ケアマネジャーから驚かれる例もあります。

地域に信頼される企業を目指して

建物は、エルフィスユニバーサルカレッジと名づけられています。「ユニバーサル」とは、より多くの人に使ってもらいたい、利用者にとって介護施設に通うのではなく自分のやりがいのために通ってもらいたい、との思いが込められています。また送迎車も、乗っている利用者に配慮して、エルフィスのキャラクターとロゴだけを描いています。

エルフィスではファーストキャンパスを開設以来、高齢者と子どもたちとの交流をメインとして事業を展開してきました。自治会関係者などの支持も得ながら、運営推進会議等はもちろんのこと、地域の一員となるために、地域の清掃活動、各種球技大会、校区民運動会、公民館祭など積極的に参加しています。スタッフが企画運営する介護・保育合同の全体のお祭りも、自治会から借用した設備・備品で成り立っています。また、地域の様々なプロの方々に介護施設や保育園で習い事やレッスンを受けています。これは、地域資源の活用を重視する法人の思いにより行っています。

今後は、地域の人たちとの連携をさらに強化しながら、エルフィスの培った介護と保育の融合をさらに発展させ、地域の様々な介護・保育ニーズに対応していくことが期待されます。

法人名：株式会社エルフィス
所在地：鳥取県米子市両三柳193-3
連絡先：0859-21-7888
ホームページ：http://elfith.com
代表者：代表取締役　阿部節夫
設立：2003年
従業員数：約140名
事業概要：看護小規模多機能型居宅介護、居宅介護支援事業所、訪問介護、通所介護、認可保育園、小規模認可保育園、学童保育、介護職員初任者研修、認知症対応型共同生活介護、住宅型有料老人ホーム、地域密着型特定施設入居者生活介護、セントラルキッチン、学研教室、コンサルティング事業部、国際事業部
運営事業所数：複合施設5施設、15事業所

世代を超えたエルフィスの交流

●交流プログラムと交流の様子

●エルフィスの高齢者と子どもの交流

目的：高齢者が苦手なことを子どもたちが、子どもたちができないことを高齢者が行う。お互いがお互いのために生活し、高齢者に生きがいや役割を、子どもたちに優しい心と思いやりの心を育むことを目指す。

生活密着型	布おむつ、タオルなどの洗濯や干し・たたみなど生活関連の交流
お祝い型	誕生日会や入園式、卒園式やその準備の交流
共生型	合同のレクリエーション、季節の掲示物の作成などの交流
食生活型	菜園、クッキング、お菓子作り、干し柿作りなど食関連の交流
イベント型	お祭り、遠足、クリスマス会、節分などのイベント交流

7 グループ医療法人との事業連携により、医療、福祉のネットワークを構築（泰仁会）

社会福祉法人泰仁会（たいじんかい）は、医療法人江隆会（こうりゅうかい）との連携を図るとともに、インドネシア人介護福祉士の受け入れや育児支援にも取り組んでいます。

「泰仁会」と「江隆会」

一九九五年一月、社会福祉法人「泰仁会」は設立されました。また、一九九七年には関連法人として医療法人「江隆会」が、設立されました。江隆会は、江畑医院（内科）、介護老人保健施設「サングリーンやさと」、小規模多機能型居宅介護「柿岡あかね」、サービス付き高齢者向け住宅「かりん」等を擁し、泰仁会は、地域の密着と江隆会との事業連携により、医療、福祉におけるネットワークを構築している法人です。

「泰仁会」の様々な施設

一九九五年一〇月、泰仁会は、特別養護老人ホーム「やさと」の事業を開始しました。そこには、デイサービスセンター、ケアプランセンター、石岡市在宅介護支援センター事業所内託児所「こぎつねの郷」、認知症対応型共同生活介護「グループホームさわらび」、軽費老人ホーム「ケアハウスやさと」などの施設が併設されています。二〇〇七年には石岡駅前に**サテライト型施設***としての小規模多機能型居宅介護「国府あおい」を開設しました。また、二〇〇四年には別のエリアにて、個室ユニット型の特別養護老人ホーム「桜の郷元気」を開設し、デイサービス、ケアプランセンターが併設され、ユニットリーダー研修の実地研修施設にもなっています。そして新たに、二〇一九年一〇月にはサテライト施設としてショートステイ・デイサービス事業を行う「桜の郷元気 ひたちの長岡」を新たに開設しました。泰仁会のそれぞれの施設の特長や役割は次の通りです。

用語解説

＊サテライト型施設　本体施設との連携を前提として、本体施設から離れた場所に設置する主に小規模な施設をいう。今回のケースでは、市街地（駅前）等中心部に設置している。

● **デイサービスセンター「やさと」**

個別援助計画を作成し、入浴や食事などの介護サービスや機能訓練、レクリエーションなどが日帰りで提供されます。

● **ケアプランセンター「やさと」**

ケアマネージャーを配置し、各種在宅サービスを受けるためのケアプランを立てています。その際、介護保険施設などへの入所を希望する方に対し、江隆会が運営する老人保健施設への紹介を行えることや、五つの協力病院との連携が図られていることは大きな強みです。

● **石岡市在宅介護支援センター「やさと」**

石岡市の委託を受け、市内の要介護高齢者及びその介護者からの在宅介護に関する相談に応じたり、各関係機関との連絡調整を行います。年中無休の二四時間対応は地域住民に安心感を与えます。

● **認知症対応型共同生活介護「グループホームさわらび」**

認知症のある要支援二、または要介護者が職員と共同生活を送る場所です。自分らしい生活が送れるよう支援がなされます。

2019年10月1日にオープンしたデイサービス「桜の郷元気 ひたちの長岡」

● **軽費老人ホーム「ケアハウスやさと」**

六〇歳以上の高齢者で、自炊ができない程度に身体機能が低下した方や、高齢により独立して生活することに不安な方に対し「自立」と「住まい」が両立できるよう、食事、入浴、日常生活援助や緊急時対応のサービスなどが実施されています。

● **小規模多機能型居宅介護「国府あおい」**

「通い」を主として二四時間三六五日「通所（デイサービス）」「訪問介護」「宿泊」を必要に応じて組み合わせて利用できる在宅サービスを提供しています。

インドネシア人介護福祉士の受け入れ

二〇〇九年一月、特別養護老人ホーム「やさと」は、茨城県で唯一のインドネシア人介護福祉士候補者の受入れ施設となりました。

同施設では、インドネシア人研修生二名の受入れに際して委員会が立ち上げられ、毎月一回の会議で育成プログラムの検討、二人の様子や情報の共有化、日本での生活支援の対策、家族や来園者への周知に向けた広報活動についてなどが話し合われました。

EPAによる研修生受け入れ

前述のような、EPA（第四章第八節参照）における研修生受け入れは、制度開設当初法人にとって経営上のメリットは実質ないものでした。給与も日本人職員と同等以上、また、一定期間後に介護福祉士資格試験を受験して不合格の場合は帰国しなければなりません。試験に合格したとしても、その施設での勤務は義務付けられていません。しかし、今後の日本における人材不足への対応策として検討され、試行されている制度です。どこかの法人が試さなくてはならないのであれば当法人でという意気込みで手上げをしました。幸い、現状の介護人材不足が叫ばれている中で、このEPAによる職員はグループ全体で二〇名を超え、二〇一九年度では一五名の新たな受け入れも決まっています。

勤務環境整備には早くから取り組む

当法人は、七〇％以上が女性職員であり、結婚・出産により、子供を預ける場所がないため、退職を余儀なくされる現実から、事業所内託児所を開設しました。

会社・法人名：社会福祉法人　泰仁会(たいじんかい)
所在地：茨城県石岡市小倉442-1
連絡先：Tel.　0299-43-0811
ホームページ：http://www.taijinkai.or.jp/index.html
代表者：理事長　江畑 隆夫
設立：1995年1月　法人認可
従業員数：約160 名（グループ全体約250名）
事業内容：特別養護老人ホーム2か所、ショートステイ3事業所、デイサービス3事業所、ケアハウス、認知症高齢者グループホーム2ユニット、居宅介護支援事業、在宅介護支援センター、事業所内託児所、小規模多機能型居宅介護

二〇〇七年に二一世紀職業財団より「職場風土改革推進実施事業主」の指定を受けたことをきっかけに、子を持つ職員が安心して働きやすい職場整備に力を入れています。また、二〇一一年二月二四日に、次世代育成支援対策推進法十三条に基づく「基準適合一般事業主」(くるみんマーク)の認定を受けることができました。

茨城県の中小企業では初の認定です。

https://www.taijinkai.or.jp/publics/index/21/

グループホームページに設置されているブログ。
法人で受け入れているＥＰＡ介護福祉士についての情報発信も活発

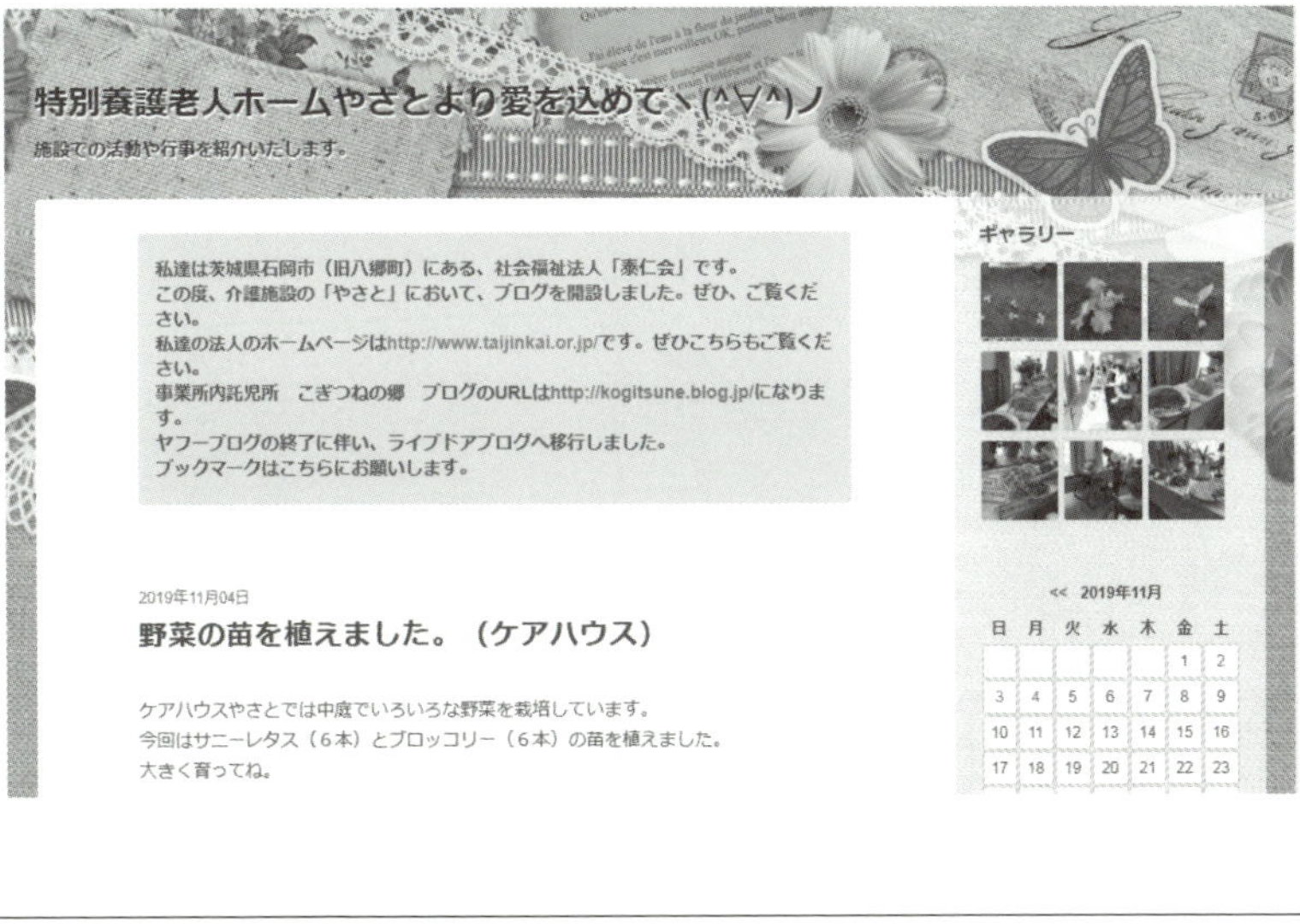

ワンポイントコラム

【人事育成と人事考課】　泰仁会グループでは、人材育成に力を入れ、半年間を1クールとした人事考課を20年近く継続している。過去の評価も確認しながら育成管理を行い、また、幹部管理職クラスから初級職員クラスまでの研修を階層別に5階層実施している。

8 医療機関における看取りへの対応 ACPへの取り組み（高橋病院）

看取りへの適切な対応が求められている中、医療介護業界ではACP（アドバンス・ケア・プランニング）に関心が高まっています。社会医療法人高橋病院では、民間病院としていちはやくACPに取り組んでいます。介護業界でも考え方は共有できるものです。

ご本人の意向をできるだけ叶えるために

老衰やがん末期患者の場合、ご家族との対話時間は確保できるものの、ご本人の意向を聞くことができないまま看取るケースも少なくありませんでした。

また、心不全・呼吸不全などの臓器不全では、終末期の判断が難しく、蘇生処置を施しても回復するかどうかの判断に迷うことがよくあり、そのようなケースでは、亡くなった後、ご家族が「本当にこれで良かったのだろうか」と自問自答することも多く、全員が納得した形を作る必要がありました。

そのためには、ご家族だけではなく、友人や民生委員、牧師さんなどご本人をよく知る方々を巻き込むことが大切です。また、在宅サービスを担うケアマネジャー、地域包括支援センター、社会福祉士などが介護予防の段階から関わり方を意識する必要があります。

こういった背景により、高橋病院ではACPの必要性を感じ、本格的に取り組み始めることになりました。

院内でACPの定義を共有し、ロールプレイを実施

最初に、病院としてのACPの定義や対応方法の考え方をまとめました。

検討の進め方としては、理事長や看護部、連携室の役職者などによるプロジェクト会議を立ち上げて、全八回の会議で検討しました。細かな運用ルールはコア

メンバーミーティングを複数回行い、最終的に倫理委員会の下に新設したACP分科会で審議しました。

院内でのACPの定義が固まったのちに、ご案内文書「ACPの手引き」を作成しました。当院で作成した資料は公益社団法人全日本病院協会のホームページ（https://www.ajha.or.jp/voice/reports.html#p3）にも事例として掲載されています。

プロジェクト会議の最終回では、プロジェクトメンバーの他に副院長と看護部長も参加して、ロールプレイを二事例実施しました。その後、ロールプレイの内容を微修正し、五編（病室編、ナースステーション編、面談室編など）に分けて撮影し、非公開の動画としてYouTube上に掲載しています。経営者会議で最終承認を受け、医局師長会で周知を図り、職員研修会や四日間のランチョン学習会などを経て、浸透させせました。研修会・学習会ではYouTubeに掲載した動画を活用し、説明しました。

患者・利用者との関係性が基本

ACPを運用・定着させるためには、病棟看護師が

高橋病院における ACP の定義

ACPの定義
・将来の変化に備え、医療及びケアについて、本人を主体にその家族や近しい人、医療・ケアチームが繰り返し話し合いを行い、本人の意思決定を支援するプロセスのこと。希望に沿った将来の医療及びケアを具体化することが目標

話し合う内容
・本人の状況（家族構成、日常の様子、健康状態、介護保険サービスの利用状況など） ・本人の人生観や価値観、目標、気がかりなことや意向 ・医療およびケアについての希望

＊出所：高橋院提供資料

患者と関係性を築くことが大切です。顔を覚えていただきご自身のことを話していただける関係があって初めて成り立ちます。押し付けや誘導ではなく、傾聴する姿勢が求められます。計画を立てることが目的になるとＡＣＰの本来の目的からは外れてしまいます。あくまでもご本人の希望に寄り添うことが大切です。

高橋病院ではＡＣＰ運用開始後約半年で、地域包括ケア病床において三九名の計画を立てました。元気な患者にはお断りされることもあったものの、クレームになったことはありませんでした。ＡＣＰカンファレンスフローを参考に、丁寧な説明を心がけています。一度お断りされた場合でも、何度も伺っていくうちに、「やっぱりやってもらおう」と決断するケースもあります。ご家族が入院したり、ご友人が亡くなったりすることがきっかけになる場合もあります。

ＡＣＰは、一度計画を立てて終わりではありません。人の価値観は日々変わっていきますので、年に一回をひとつの目安として定期的に確認していきます。誕生日や結婚記念日、お正月など、今までを振り返る日を機に伺うこともあります。タイミングには配慮していきます。命にかかわる、いよいよという時期に、このようなセンシティブな内容を聞くことは不信感に繋がりかねません。だからこそ、比較的元気な段階でお聞きする必要があります。

ＡＣＰは、将来を考えるためのものではありません。患者様が「今をどう生きたいか」を考えるためのものです。今を充実したものにするために、将来にどう備えていくかを考えていただくように心がけています。患者様にとって、ご家族には言いづらいこともあります。医療従事者には、家族ではないからこそ言いやすいこともあります。医療機関はそういった役割も担っていると考えています。

地域の医療介護サービスをつなぐ重要な指標になり得るＡＣＰ

急性期病院への入院も見据えると、在宅で立てた計画を活用することも選択肢の一つとして考えられます。当院でも、関連施設のケアハウス入居者に対象を拡大させる予定です。在宅時にとっておいたこの様なデータは、入院先の急性期病院からも大変重宝されると考えます。時間に余裕があり、かつ比較的元気でいらっしゃるタイミングで携わっている医療機関・医療従事者が積極的に取り組んでいくべきだと思います。

昨今、地域完結型の医療提供体制が求められていますが、思うように進んでいません。そういった状況において、ACPは地域の医療機関・介護施設・在宅サービスをつなぐ重要な指標になり得ます。患者情報を、他の施設と共有してこそ患者本位の提供体制ができます。高橋理事長は、ACPを地域完結型の医療提供体制を実現させるきっかけのひとつにしたいと考えています。

法人名：社会医療法人高橋病院
所在地：〒040-8691 北海道函館市元町32-18
連絡先：0138-23-7221
ホームページ：http://takahashi-group.jp/
代表者：理事長　高橋 肇
設立：1894年
従業員数：約500名（グループ総数）
関連施設：介護老人保健施設、クリニック、通所リハビリテーション、認知症高齢者グループホーム、ケアハウス、認知症対応型デイサービス、居宅介護支援事業所、訪問介護ステーション、訪問リハビリテーション　など

ACPカンファレンスフロー

患者の入院・転入
→ 看護師がACPについてパンフレットで説明
→ 患者が希望すれば、病状が悪化した場合の療養場所や代わりに意思決定をする人を尋ねるアンケートを実施
※原本は保管。コピーを本人、家族、患者の親しい人に渡す
→ 看護師が日程調整し、患者に関わる医療スタッフと家族等を集めたACPカンファレンスを実施
→ 医療とケアの方針を決定
→ 議事録を基に医療とケアの方針を紙面にまとめ、二部印刷して本人、家族のサインをもらう
※原本は保管。コピーを本人、家族、患者の親しい人に渡す
→ ACPカンファレンスを開催した旨や、その後に医療とケアの方針に関わる発言があった場合は、医師は診療録に、看護師は看護記録に記載し、スタッフ間で共有
→ 本人の意思や健康状態、生活状況が変化した際には、同様の手順で再度ACPカンファレンスを開く

（1）病態などにより医療・ケアの方針の決定が困難な場合
（2）家族の中で意見がまとまらない場合
→ 第三者である専門家を招き、別途委員会を開いて治療方針の検討の助言を受けて治療方針を決定する

要望がない場合は、その旨を診療録に記載
⇄ 病状や治療方針に関する説明（IC）、サービス担当者会議などのタイミングで再度確認

＊出所：病院提供資料

column

介護事業者で働く際のポイント

介護を働く場所として考える場合、介護事業者の法人種別や事業形態を理解しておくことが大切です。これまで紹介したとおり、介護業界には「社会福祉法人」「医療法人」「株式会社」など、さまざまな種別の法人があり、事業形態はそれぞれの事業目的や収益構造、経営方針によって大きく異なってきます。社会福祉法人は公益性の高い非営利法人で、特別養護老人ホームを建設する際に、国などから一定の補助金を受けて事業を行います。公的な位置付けをもつ事業者のため、より一層経営の透明性を求められ、利益は地域や社会に還元しようという経営方針が多いようです。また、医療法人が行う介護事業は、医療というバックグラウンドをもつため、「医療と介護の一体的提供」ができるという強みがあります。一方、株式会社のなかには全国展開する大手企業からベンチャー企業、他業種の参入など多様な企業が存在します。

介護事業者へ就職・転職しようとする際にはその企業が「どういった理念でなぜ介護事業をやろうとしているのか」を見極めることが重要です。介護事業所の退職理由のトップ３には、人間関係や法人の理念や運営のあり方への不満が挙げられています。

前職の仕事をやめた理由（介護関係職種）

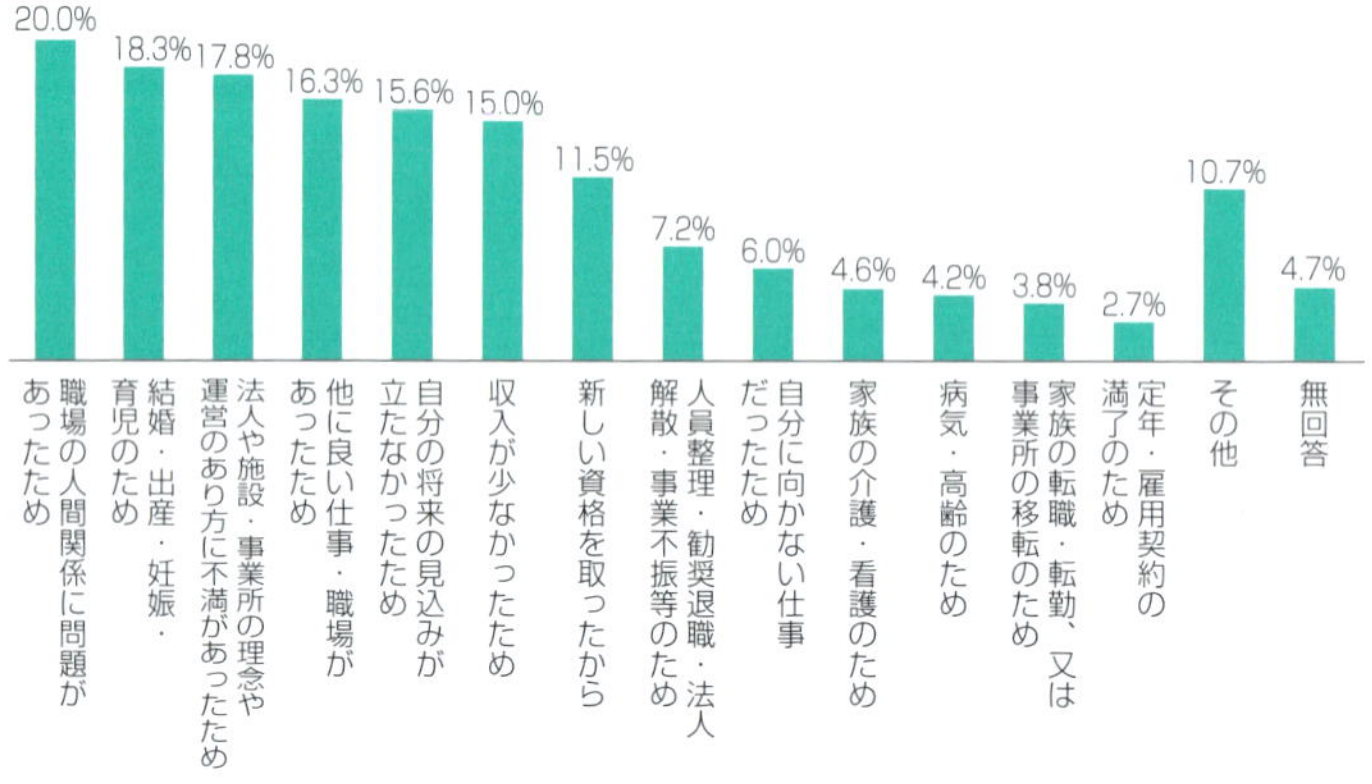

※前職の職種について「介護関係職種」と回答した人を対象に前職の離職の理由を調査。
出所：平成29年度介護労働実態調査（(公財)介護労働安定センター）

第6章

介護ビジネスの未来

　高齢化の急速な進展や高齢者ニーズの多様化に伴い、これまでの介護提供体制やサービスでは、来るべき超高齢化社会を支え切れないともいわれています。本章では、サービスの新たな試みや、介護提供者に求められる専門性について考えます。

1 介護ビジネスマーケットの未来

日本の経済は、今後劇的な成長を期待するのは難しいと考えられます。少子高齢化とライフスタイルの変化をビジネスチャンスに変える発想が求められます。

「介護ビジネス」のあり方を捉えなおす

二〇一九年九月二〇日、少子高齢化と同時にライフスタイルが多様となる中で、誰もが安心できる社会保障制度に関わる検討を行うための全世代型社会保障検討会議(第一回)が開催されました。二〇二〇年夏までに最終報告を取りまとめる方向で検討され、六五歳以上の高齢者の就業機会確保と年金受給開始年齢の弾力化については、二〇二〇年の通常国会での法案提出を視野に先行して議論される予定です。こういった政府の動きには注視しておきたいところです。

一般に高齢者は貯蓄が多く、年齢階級が上がるにつれ貯蓄額も増えます。総務省「家計調査」(平成二九年)によれば、貯蓄額は世帯主が二九歳以下の世帯の三九七万円から徐々に増え、六〇歳以上の貯蓄額は二三八二万円です。高齢者は消費の主役となり得るといえますが、一方で将来への不安から貯蓄しているという点もあることには注意が必要です。

介護保険という公的制度の枠の中で様々な支援やサービスが提供されるしくみに加えて、健康な高齢者も見据えた多様化するニーズに対応する必要があります。保険外サービスの需要に応える提案をできるかどうかによって、介護ビジネスが成長産業となりうるかどうかが決まってくるといえます。

期待される今後のサービス

独居高齢者の生活支援のためには、地域で支え合うしくみの構築が不可欠です。具体例を挙げると、携帯電話や赤外線センサーなどを活用した見守りサービスをはじめ、医療と介護、そして行政が情報共有を行うことにより一体となって高齢者をサポートできる体制を構築するためのＩＴの活用など、高齢者を中心としたネットワークの構築が求められます。

介護力不足の救世主として注目を集めている介護ロボットの活用については、厚生労働省はさまざまな支援策を講じています。介護機器は、利用者の自立支援や介護者の負担軽減を図るとともに、介護の質と生産性の向上が期待されるからです。政府や自治体の支援策も積極的に情報収集し、活用することが求められます。

このように、高齢者や介護者が安心して快適に暮らせる世の中にするために、様々な課題や取り組みがなされています。言い換えればそれだけビジネスチャンスが多く存在するということです。

世帯主の年齢階級別１世帯当たりの貯蓄・負債現在高、年間収入、持家率

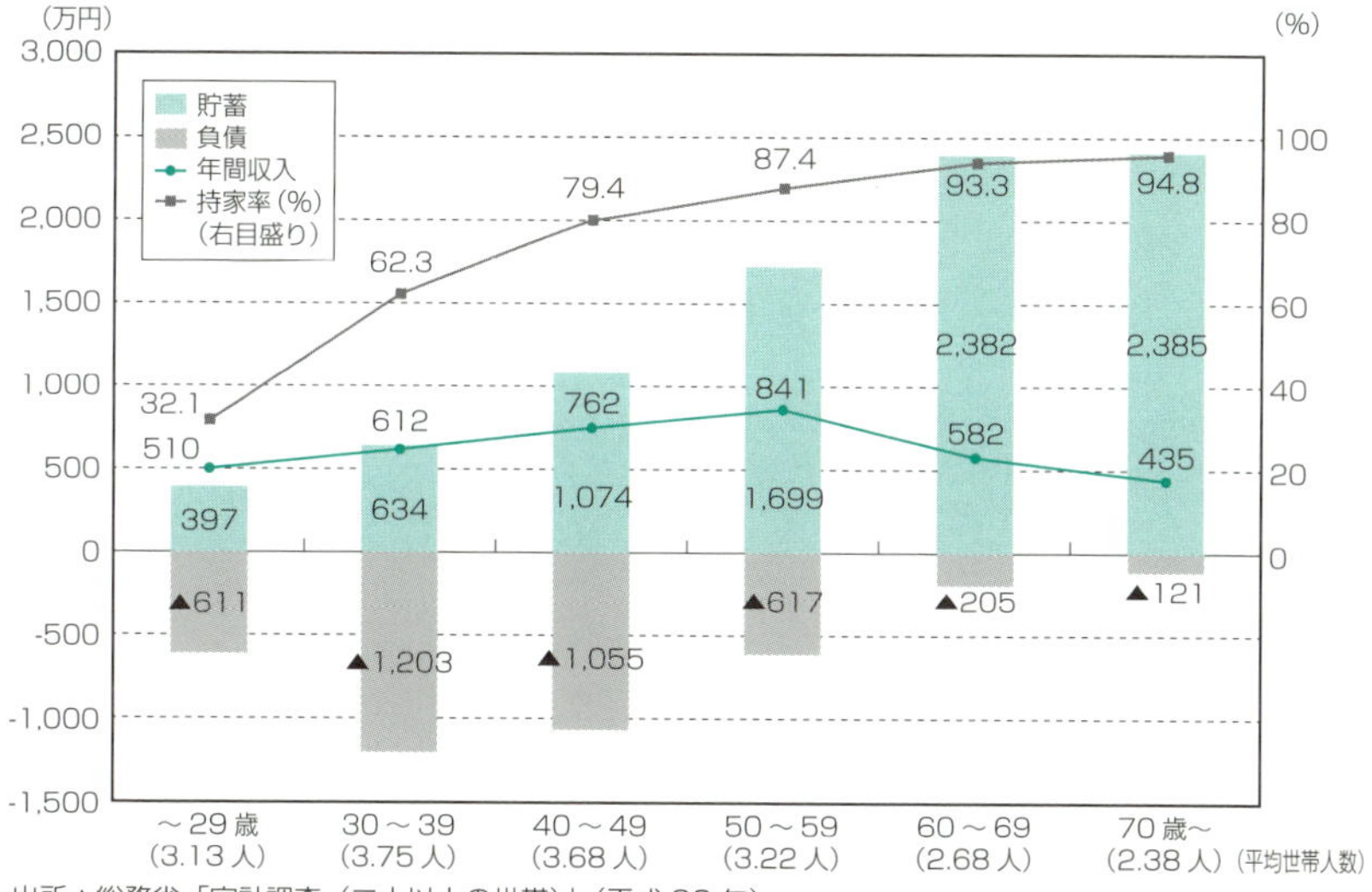

出所：総務省「家計調査（二人以上の世帯）」（平成29年）

2

高齢者は何にお金を使う？

高齢者の消費割合が大きいことがわかっていますが、高齢者はどのようなことにお金を使っているのでしょうか。

属性によって家計のとらえ方も違う

内閣府が二〇一一年に五五歳以上の方を対象に実施した調査では、「現在の経済的な暮らし向きについてどのように考えているか」という問いに対し、総数では「家計にゆとりがあり、まったく心配なく暮らしている」が一七・〇％、「家計にあまりゆとりはないが、それほど心配なく暮らしている」が五三・〇％となっており、両方を合わせた「心配はない」が七〇・〇％という結果が出ています。

優先的にお金を使いたいものは

優先的にお金を使いたいものについては、図に示すとおりの結果となっています。図は五五～五九歳、六〇歳以上別に示されています。「健康維持や医療介護のための支出」が四二・四％（総数、以下同じ）、「旅行」が三九・〇％、「子どもや孫のための支出」が三三・七％、「住宅の新築・増改築・修繕」が二九・七％、「冠婚葬祭費」が一六・一％などの順となっています。自身の健康維持に加えて、子どもや孫、冠婚葬祭など人間関係や社会的関係性の維持に使うお金も多いというところがポイントになりそうです。

高齢者に安心なサービス提供を

消費者庁の「消費者白書（令和元年度版）」では、最近高齢者からの新たな資産運用・投資やスマートフォンなどに関する相談が増えていることなどが報告されています。高齢者による消費活動の拡大や高齢者向け

高齢者の経済生活に関する意識調査

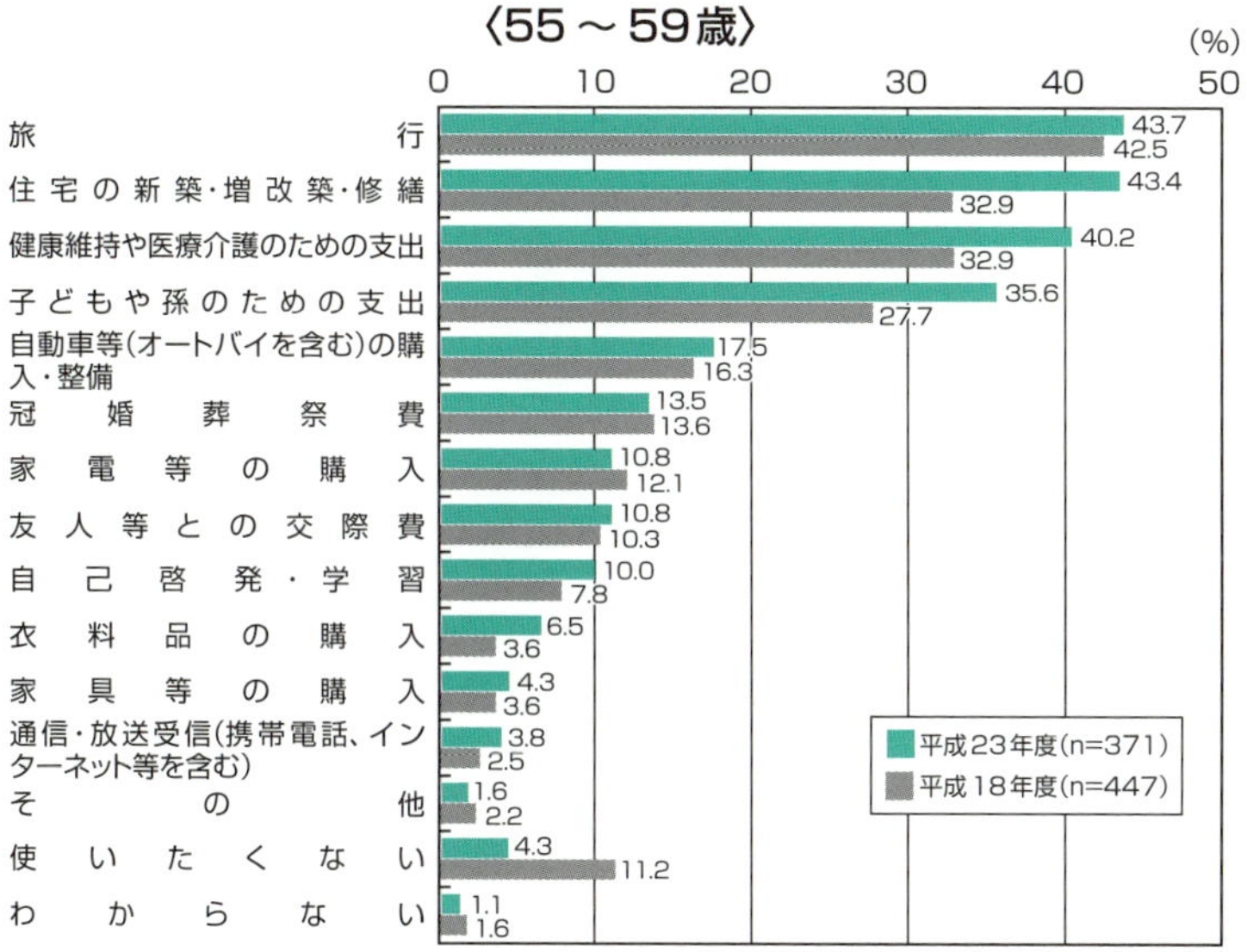

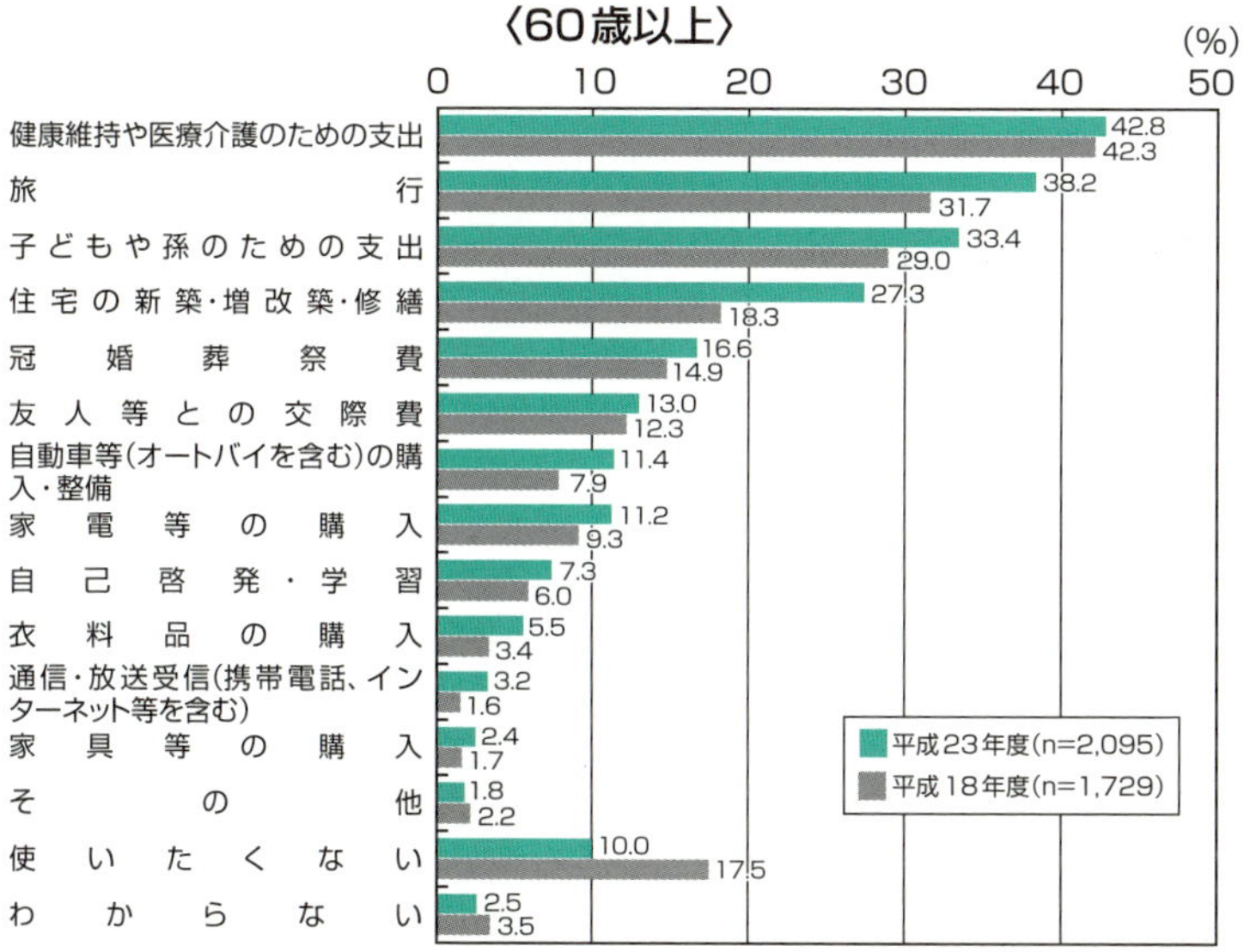

出所：内閣府 平成23年度「高齢者の経済生活に関する意識調査」

の商品・サービスが充実している一方で、認知症等で判断力が低下した高齢者を狙った悪質商法などの高齢者の消費者トラブルも増えていくことが懸念されています。高齢者にとって安心で丁寧なサービス提供が求められます。

3 地域コミュニティ拠点のサ高住

松戸市にあるサービス付き高齢者向け住宅「秋桜ヴィレッジ」は、ボランティアのポイント制を導入し、地域との共生を目指しています。地域と高齢者のかかわりのあり方のモデルといえます。

居住環境の変化のリスク

望むと望まざるとにかかわらず、誰でも介護が必要となる可能性があります。昔のような家族介護が厳しい現代では、高齢者に介護が必要となったとき、新たな居住生活の場を確保する必要が出てきます。

しかし、住み慣れた家や地域を離れることは、高齢者にとって大きな決断を迫られることになります。そのような、なじみのない環境に移り住むことに対する不安と混乱によって、**リロケーションダメージ***を引き起こすリスクが生じます。

地域高齢者の生きがいの創出

また、年を取っても趣味や仕事など社会貢献をしたいと考えている高齢者も増えてきています。そんな、高齢者の生きがいの創出と、リロケーションダメージの回避を同時に実現した取組みがあります。

株式会社マザーライクは、グループ法人である社会福祉法人永春会を通じて得た経験や実績を生かして、サ高住事業を展開しています。マザーライクの運営する千葉県松戸市の「秋桜ヴィレッジ」では、ポイントが貯まるボランティア制度を導入し、地域の高齢者が自らの生きがいの一つとしてサービス運営に参画しています。この取り組みは、「地域との共存～ポイントを貯めて長生き住宅～」をテーマに二〇〇九年度の「高齢者居住安定化モデル事業」(二〇一〇年度より高齢者等居住安定化推進事業に変更)に取り上げられました。

このポイント制では、例えば、囲碁将棋から**整容***まで

用語解説

*リロケーションダメージ　馴染みのない環境に移り住むことに対する不安と混乱によって、認知症などを発症する(あるいは重症化させる)こと。

一時間活動で一ポイントスタンプが貯まります。食事券、手工芸、朝取り野菜などポイントに応じた景品と交換でき、四〇〇ポイントで一年間の家庭菜園利用権と引き換えることができます。また、次のような効果も見込まれます。

①地域の中で支え合うしくみを創出し、地域コミュニティの中心的存在となり得る。

②体験という形態で、地域の人材の参画や宿泊利用がなされた際、第三者によるサービス品質のチェックができる。

③ボランティアという形で（コストをかけずに）労働力の確保を実現できる。

④次代の施設の利用者候補をしっかりと確保し、きわめて自然な形で入居に誘導することができる。

地域の比較的元気な高齢者の活動の場を創出し、ボランティアという自然なかかわりを通して、結果として介護予防の機能も果たしています。このマザーライクの取り組みは、地域社会との共生という視点でも経営的な視点でもきわめて興味深く、少子高齢化社会における地域介護のモデルといえます。

とうもろこし収穫の様子

用語解説

＊**整容**　「整髪」「顔を洗う」「顔を拭く」「歯を磨く」「うがいをする」「手を洗う」「手を拭く」「爪を切る」といった、身だしなみを整える日常生活活動のこと。

4 高齢者移住とCCRC、新たな地域共同体

政府は地方創生の一環として、高齢者の移住とそれを受け入れる基盤となる地域共同体を推進しています。その姿はどのようなものでしょうか。

単なる高齢者施設ではない地域とかかわるCCRC

米国では、高齢者が移り住み、健康時から介護・医療が必要となる時期まで継続的なケアや生活支援サービス等を受けながら生涯学習や社会活動等に参加するような共同体（ＣＣＲＣ：Continuing Care Retirement Community）が約二〇〇〇カ所（推定居住者数：七五万人）あるといわれます。

二〇一五年二月二五日、日本版ＣＣＲＣ構想有識者会議の第一回会合が開かれました。同会議資料では、都会の高齢者が地方に移り住み、健康状態に応じた継続的なケア環境のもとで、自立した社会生活を送ることができるような地域共同体のことを指すとされています。政府は日本版ＣＣＲＣを「生涯活躍のまち」と名付け、「まち・ひと・しごと創生本部」が推進役となっています。従来の高齢者施設との違いは表のとおりです。地方創生の一環で、政府は高齢者の地方や「まちなか」への移住を進めています。

高齢者移住が円滑に進むかどうかについては、行政機関が縦割りではなく連携できるか、また、移住した高齢者が地域で本当に溶け込むことができるか、医療介護サービスの適切な提供など、様々な課題があります。とはいえ、地方の様々な事業者にとっては新たなビジネスチャンスには変わりなく、どのように地方の特性を生かして移住希望者を呼び込むかが問われます。

「生涯活躍のまち」構想

従来の高齢者施設等		「生涯活躍のまち」構想
主として要介護状態になってから選択	居住の契機	健康時から選択
高齢者はサービスの受け手	高齢者の生活	仕事・社会活動・生涯学習などに積極的に参加(支え手としての役割)
住宅内で完結し、地域との交流が少ない	地域との関係	地域に溶け込んで、多世代と協働

出所：日本版 CCRC 構想有識者会議『「生涯活躍のまち」構想（最終報告）』資料

「生涯活躍のまち」における高齢者の生活（イメージ）

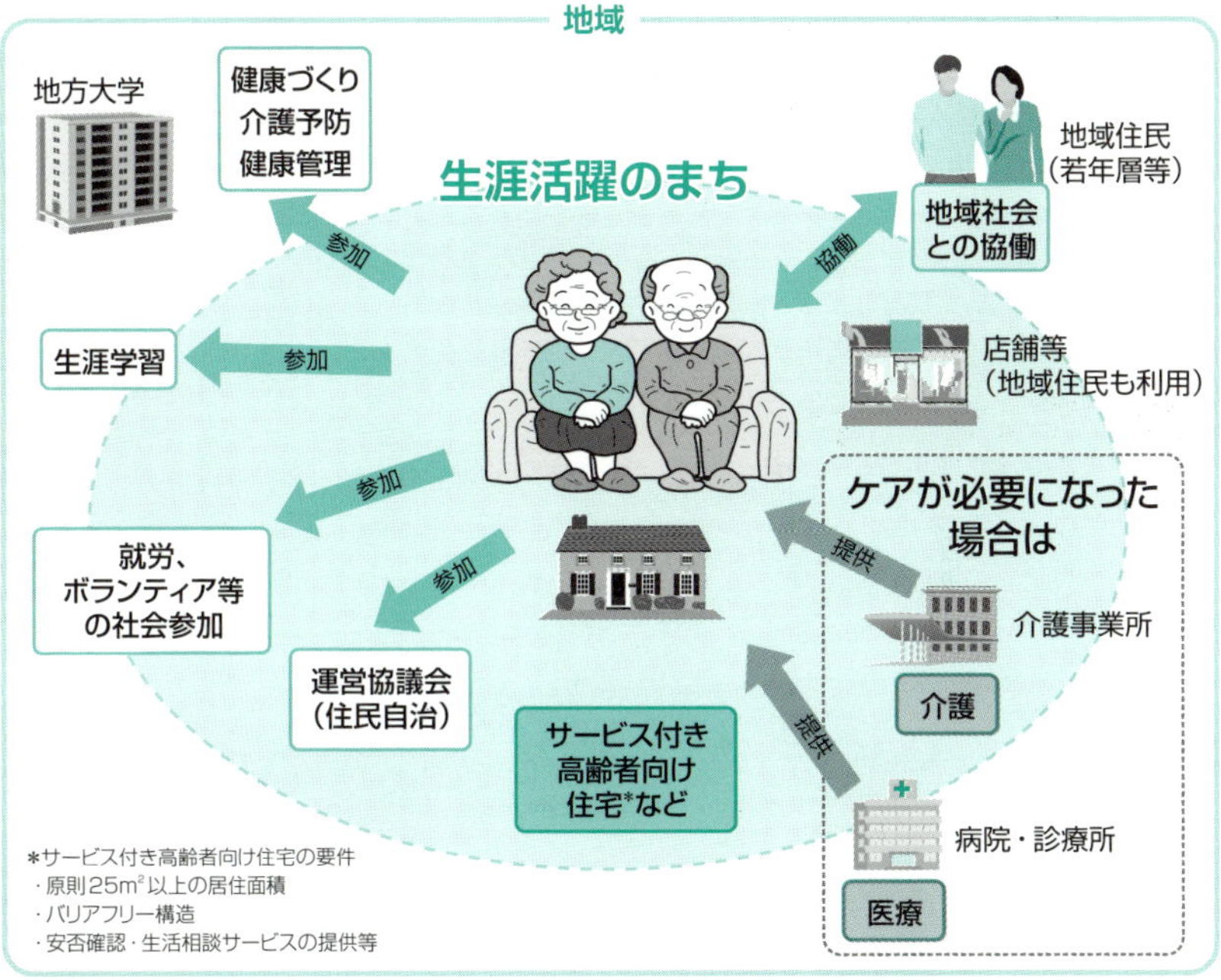

※事業の透明性・安定性の確保の方策：入居者の参画、情報公開、事業の継続性確保等

出所：内閣官房まち・ひと・しごと創生本部事務局「「生涯活躍のまち」構想の具体化に向けたマニュアル」(平成29年3月)資料

5 医療・社会福祉法人の連携、統合、大規模化

医療介護分野で進むそれぞれの改革に加えて、少子化による労働力確保が困難になることなどを見据え、医療法人、社会福祉法人それぞれの法人同士の連携・統合・大規模化の動きが出てきています。

複数の医療法人が緩やかに統合する地域医療連携推進法人

地域医療連携推進法人は、二〇一七年四月に新たに施行された制度です。二以上の医療法人(病院や診療所などの医療施設を運営)が連携し、共同購入や共同研修、人材交流などに取り組みやすくする制度です。二〇一九年一〇月現在、全国で一四法人が設立されています。

どのような法人連携のスタイルにするかは当事者の任意で、地域の状況やリーダーシップをとる法人によって形作られます。中心となる法人には大学病院、公的医療機関、民間医療機関などがあります。また、都市部で効率化を念頭に連携するタイプ、人口が少ない

地域医療連携推進法人において実施中または今後実施予定の業務(抜粋)

業務内容	詳細
人材派遣・人事交流	<異なる法人間の派遣形態の検討> ・派遣の形態、給与等の調整及び協定等の検討 <複数法人の参加で可能となる職員確保・キャリアパスの多様化> ・各参加法人の採用計画、不足する職種等の共有 ・ある法人の退職予定者への他法人の求職情報の提供 <人事交流> ・依頼のあった法人へ大学病院からの必要性に応じた医師派遣 ・診療支援のための病院間の医師派遣、医師の人事交流 ・看護師の在籍出向 ・医師・看護師以外の多職種で人事交流による医療現場での課題検討 など
共同研修	・各法人で実施する研修の共同化 など
その他	・患者情報の共有化、医薬品の共同購入、医療機器等の共同購入、自動車リース、医療事故調査等に関する業務の連携。 ・医薬品の一括価格交渉。 ・共通で購入する比較的高額な医療機器及び診療材料等についての調査と価格交渉。また、価格交渉の対象範囲を拡大 など
病床融通・病床機能転換	・休床(急性期)病床を慢性期病床が不足する他病院へ融通。地域医療構想に沿う流れ ・一般病床(急性期)を地域包括ケア病床(回復期)に機能転換 など

出所:厚生労働省「地域医療連携推進法人連絡会議」資料(2019年1月25日)から抜粋

地域医療連携推進法人のイメージ図

課題
- 急性期病院：過剰
（過剰な設備投資・医療従事者確保競争）
- 回復期病院：不足
（在宅復帰への橋渡し役の不足）
- 慢性期病院：過剰
（在宅復帰ではなく長期入院）
- 在宅医療機関：不足
（在宅医療への対応体制不十分）
- 歯科診療所：バラツキ
（入院者・入所者への対応不十分）

対応：統一的な方針を調整・決定して課題に対応
- 急性期病院から回復期病院へ病床融通（急性期病院の減床・回復期病院の増床）
- 慢性期病院の機能転換による在宅医療の充実（慢性期病院の減床・在宅医療の体制強化、医療従事者の研修）
- 医療機関と介護施設・高齢者在宅の連携の強化（入所者・在宅の訪問看護・診療や、口腔ケアの充実）

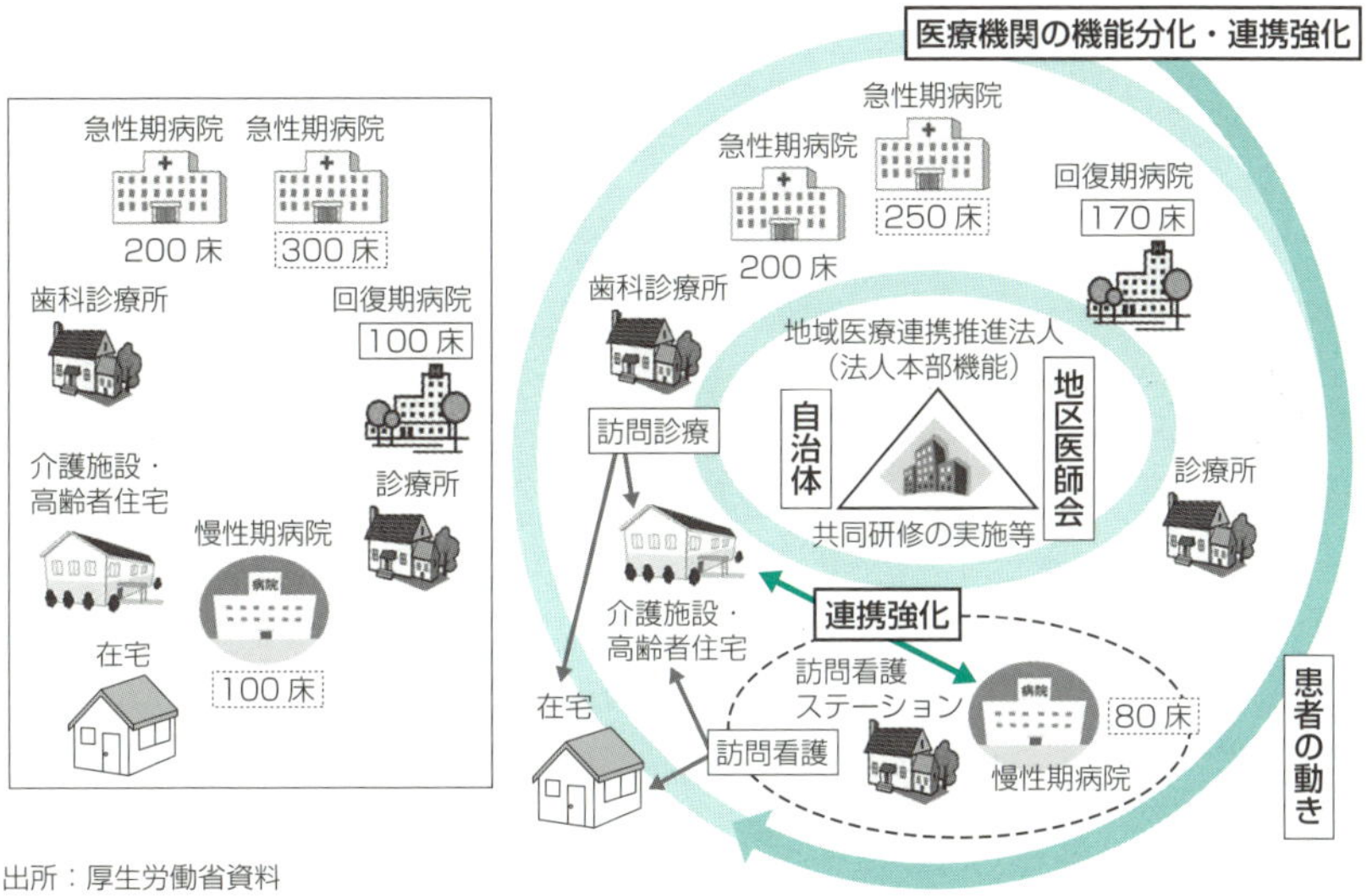

出所：厚生労働省資料

地域において公的医療機関から地域の開業医まで連携したタイプまでさまざまです。

二〇一九年一月に厚生労働省で行われた地域医療連携推進法人の連絡会では、各法人から一六八ページ図表のような業務を実施中または今後実施予定と報告されました。

社会福祉法人の連携統合も課題に

労働力制約が強まる中で、厚生労働省は医療・福祉サービスの確保のために「医療・福祉サービス改革プラン」を提示しています。二〇四〇年の生産性向上に向けた目標・二〇二五年までの工程表が決められており、四つのカテゴリのうち一つ「経営大規模化・共同化」において、社会福祉法人の取り組みとして「複数法人が参画するネットワークを構築し、法人間の連携により、合同研修や人事交流等効率的な人材の確保・定着のための取組を支援・推進」と掲げられています。

二〇一九年四月から一〇月までに四回にわたり厚生労働省で開催された「社会福祉法人の事業展開等に関する検討会」では、連携・協働化・大規模化について、図表のような整理されました。なお、「連携法人による連携」に関しては、医療法人で先行している「地域医療連携推進法人」を参考にするという意見も出されており、今後、厚生労働省で検討されることになっています。

厚生労働省は、従来から小規模社会福祉法人のネットワーク化による協働を推進

厚生労働省では、単独で地域貢献の取組を実施することが困難な小規模法人において円滑な取組を推進できるような環境整備を図る観点から、二〇一八年度から「小規模法人のネットワーク化による協働推進事業」を実施しています。同年度は合計二三府県市でネットワークの構築の取組が行われています。また、また、都道府県社会福祉協議会を中心に、都道府県域での複数法人間連携による地域貢献の取組が進められており、二〇一九年三月末時点で四五都道府県において、居場所づくりや総合相談、生活困窮者支援等の取組が進められています。

社会福祉法人の法人・施設間連携、協働化、大規模化の方策（イメージ）

○社会福祉法人の法人・施設間連携、協働化、大規模化の方策について、連携・結合の度合の高低により、分類した場合、その度合が低いものから、自主的な施設・法人間連携・協働の各種取組、社会福祉協議会における共同取組、業務提携に基づく取組、連携法人による連携、理事会への参加による支援・経営陣の交代、事業譲渡、合併がある。

施設レベル	連携・結合の度合	法人レベル
自主的な施設間連携・協働の各種取組	低	自主的な法人間連携・協働の各種取組
社会福祉協議会における共同取組	↓	同左
業務提携に基づく取組 （共同購入、キャリアパス構築等）	↓	同左
連携法人による連携	↓	同左
—	↓	理事会への参加による 支援・経営陣の交代
事業譲渡	高	合併

出所：厚生労働省「第３回社会福祉法人の事業展開等に関する検討会」資料（2019年6月17日）

連携・協働化が効果を発揮する場面・観点

	連携・協働化により期待できる効果	観点	例
人材確保・資質向上	福祉ニーズに的確に対応できる人材を安定的に確保（法人間連携により、コストを抑えつつ、新規職員の採用、離職防止に資する活動を実施）	(1) 人材確保・資質向上 (2) 職員のキャリア形成 (3) 福祉の周知、イメージ刷新に向けた活動 (4) 外国人介護人材の受入れ	・入門的研修の活用等、多様な人材確保 ・他法人との人事交流 ・合同面接会の開催、福祉を広める活動の実施 ・合同研修の実施
地域における公益的な取組	地域の多様な福祉ニーズへの対応を、各法人の強みを生かしつつ複数法人で連携・協働化。	(1) 地域の課題の把握 (2) 多様で複雑化している課題に対する取組	・居場所づくり、見守り ・困窮者支援　　など
地域共生社会の実現に向けた取組	社会福祉法人が種別を超えて連携・協働化。課題への総合的包括的な対応力が増進し、地域住民と協働した地域づくりが進む	(1) 住民が主体的に地域の課題を把握し、解決を試みることができる体制の構築 (2) 地域の課題を包括的に受け止める場の提供	
人口減少地域における福祉ニーズ	量としての福祉ニーズは減少する中で、子育て支援から高齢者ケアに至る幅広い福祉ニーズに対応する機能を維持	(1) 人口減少の中で生じる地域課題の把握・対応 (2) 地域の状況に応じたニーズへのきめ細やかな対応	
事業運営の効率化・安定化	効率的かつ安定的な事業運営	(1) 必要資材の共同購入 (2) 事業の共同実施	・共同購入時に、共同の価格調査・スケールメリットを生かした価格交渉の実施 ・給食の共同実施

出所：厚生労働省「第３回社会福祉法人の事業展開等に関する検討会」資料（2019年6月17日）より筆者が抜粋・まとめ

配食サービス（高齢者向けサービス①）

一人暮らしの高齢者にとって、栄養バランスを考えた食事を毎食提供する「配食サービス」は、健康維持や自主生活の継続、支援に役立ち、また「安否確認」の役も担っています。

配食サービス

「配食サービス」と聞くと、ピザやラーメンのデリバリーを思い浮かべる方もいるかもしれませんが、そうではありません。配食サービスとは、栄養バランスを第一に考えた食事を業者が定期的に高齢者の自宅まで届けるサービスのことを指します。このサービスは、高齢者の健康維持や向上に加えて、自立生活の継続や介護予防の支援を目的としています。

サービスの形態は、一日に一回の配食により安否確認などを目的としたものから、毎日三食提供するタイプまで幅広い形で行われています。配食サービスは介護保険の給付対象サービスには含まれていないものの、生活支援サービスとして、これまで以上に展開される必要のあるサービスであるといわれています。

配食サービスのしくみの例

配食サービスは、自治体が中心となって提供しているサービスや民間事業者など様々な業態が参入しています。ここでは、自治体のサービスをご紹介します。自治体のサービスというと、比較的画一的なイメージをもたれがちですが、各自治体が独自に行っているため、市区町村でサービスの形態は大きく異なっています。

例として、名古屋市では二〇〇三年一〇月より配食サービスが市内全域で開始され、次の三種類に分けて提供されています。

- **生活援助型配食サービス（介護保険特別給付）**

在宅の要介護の方が利用できます。

● **自立支援型配食サービス**

在宅の要支援者及び基本チェックリストにより、介護予防・生活支援サービス事業対象者と判定された在宅の高齢者が利用できます。

● **障害者自立支援配食サービス**

在宅の身体障害者、知的障害者、精神障害者、難病患者のみの世帯の方が利用できます。

いずれのサービスも事業者が独自に設定する「食事代」と配送代・安否確認代などの「配食経費（二〇〇円）」で構成され、配食経費には保険給付や助成金などがあります。

この名古屋市の生活援助型配食サービスの特徴は、配食時の安否確認が必須要件となっている点です。指定配食事業者は食事を必ず手渡しで利用者に届け、その際に声かけを行い、利用者の様子を確認することになっています。「食」生活の安定を図り、利用者の在宅生活を支援することが目的されています。配食サービスは、日常的に発生する食事のサービスを通じて、見守りなど地域で高齢者を支えるしくみが、今後の介護ビジネスの一つのキーワードになることでしょう。

配食サービスの種類

区分	生活援助型配食サービス（介護保険特別給付）	自立支援型配食サービス（総合事業）	障害者自立支援配食サービス
対象者	在宅の要介護者	在宅の要支援者及び基本チェックリストにより、介護予防・生活支援サービス事業対象者と判定された在宅の高齢者	在宅の身体障害者、知的障害者、精神障害者、難病患者のみの世帯に属する者
サービスの内容	1人あたり週7回を限度として1日1食を配食する。配食時に安否確認を実施する。		1人あたり週7回を限度として1日1食を配食する。配食時に安否確認を実施する。
食事代	全額利用者負担		全額利用者負担
配食経費	1回あたり 200円 ＜1割負担の方＞利用者負担 20円　保険給付 180円 ＜2割負担の方＞利用者負担 40円　保険給付 160円 ＜3割負担の方＞利用者負担 60円　保険給付 140円		1回あたり　200円 利用者負担　　20円 助成金　　　180円
利用方法	名古屋市が指定する事業者と利用者が直接契約		名古屋市が指定する事業者と利用者が直接契約 契約の前に障害者基幹相談支援センターへの申込が必要

出所：NAGOYA かいごネットより抜粋

7 移送サービス（高齢者向けサービス②）

介護を必要とする高齢者が自由に外出でき、社会の中で、実りある人生を送るためには、安心して外出できるしくみが必要です。そのしくみが移送サービスです。

高齢者の足、移送サービス

バリアフリー化の促進や外出支援サービスなど、高齢者が安心して外出できる設備的環境や制度は整備されつつあります。しかし肝心の移動手段は、十分に確保されているとは言い切れません。

二〇一九年七月現在、要介護（要支援）認定者数は六六四・九万人。今後の高齢化の加速により、日常生活に支障を来す認知症高齢者が今後も増加することと推計されています。

高齢者の外出の機会を拡大し、社会との接点を増やす役割として「移送サービス」があります。移送サービスは、外出が困難な高齢者に対してリフト付き車両などを利用して、介助も含めたドア・ツー・ドアのサービスです。

そもそも、移送サービスは、定期的な通院が必要な高齢者が、移動手段がないために通院できない状況を解決するために、当初はボランティアによる運行から始まったといわれています。本来ならば公共施策として対応されていなければならない問題ですが、個別性の強い対応を行うことが難しく、長年ボランティアに頼っていた状況でした。

その後、二〇〇〇年四月の介護保険導入に合わせて、民間事業者やNPOがサービスを開始し、現在ではボランティア団体やNPO、福祉タクシーなどのタクシー事業者、社会福祉協議会などが行っています。現在、最も多い利用者のニーズは、定期的に発生する病院や福祉施設への送迎となっています。

今後の課題

移送サービス利用者のニーズで最も多いのが医療、福祉施設などへの送迎(定期的ニーズ)であることから、多くの地方自治体では、移送サービスをタクシー事業者や社会福祉協議会へ委託しています。しかし、二四時間のサービス提供やレジャー、買物といった多様化する利用者のニーズに対し、提供できるサービス(車両や人材)の量と質が不足し、十分なサービスが提供できているとは言い難いのが現状です。

こうした供給不足の状態をボランティア団体やNPO法人が埋めていますが、利用者からそれほど多くの利用料を徴収することもできず、資金調達の問題や、道路運送法などの法的な問題で厳しい運営環境にあるといわれています。最近では、コミュニティバスのように安価で気軽に利用できる公共交通手段も増えつつあり、今後、進展する高齢化と、ますます多様化する高齢者のニーズにきめ細かく対応するために、移送サービスの、一層の充実が望まれています。

福祉タクシーの台数推移

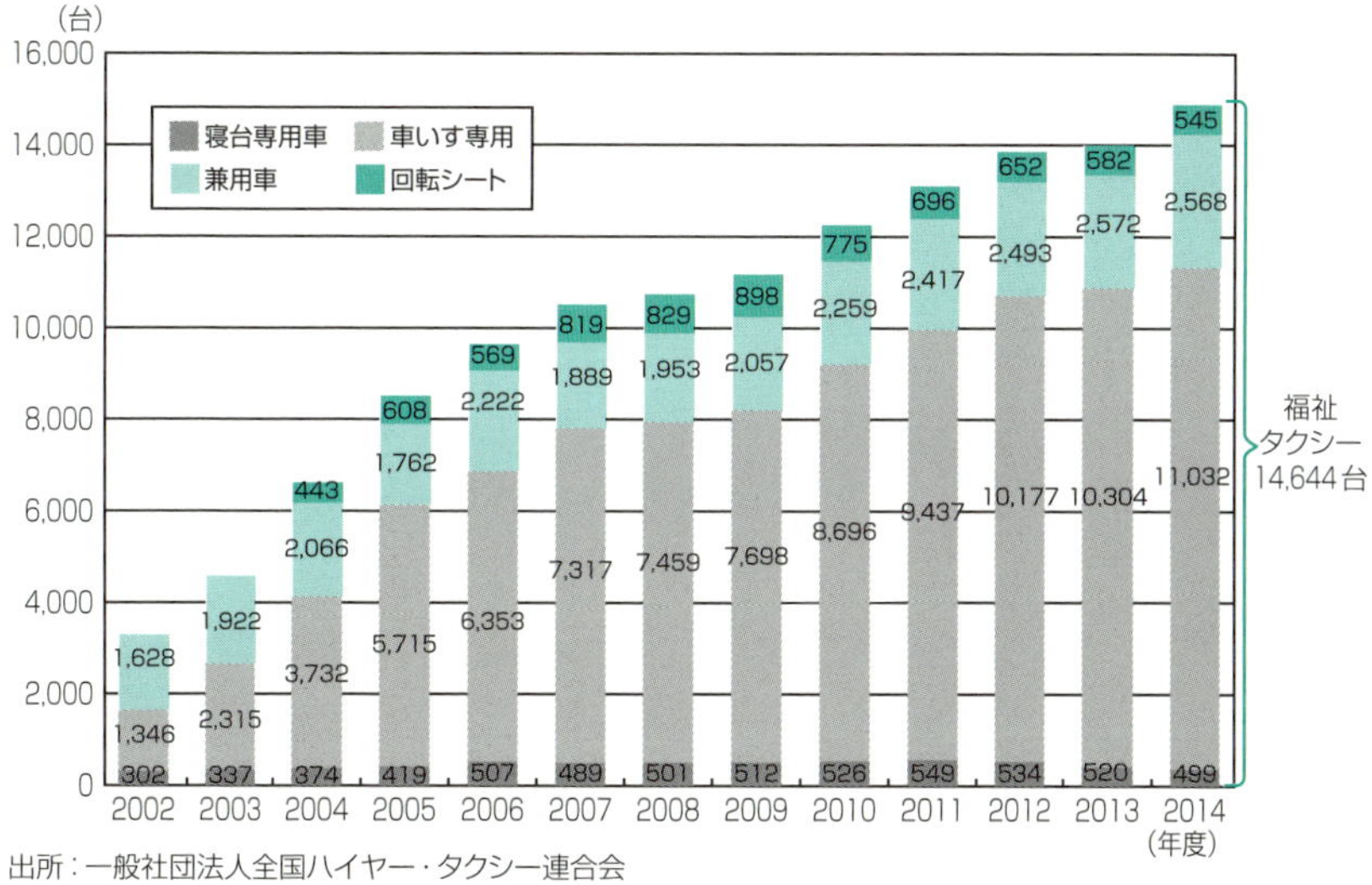

出所:一般社団法人全国ハイヤー・タクシー連合会

ワンポイントコラム

【福祉有償運送制度の課題】 2006年の道路運送法の改定によって、NPOなどによる福祉有償運送は登録制度として法律上の位置づけが明確化された。しかし、運送の対価はタクシーの上限運賃のおおむね2分の1の範囲内、運転者に要件がある、使用車両の制限があるなど、登録に際して様々な制約があり、採算が取りにくいことが課題となっている。

8 見守りサービス（高齢者向けサービス③）

離れて暮らす家族が、いまどうしているのか。それが一人暮らしで高齢の親ならば、気にせずにはいられません。「見守りサービス」は、現役世代に代わって高齢者を守るサービスです。

高齢者はどこへ？

二〇一〇年に東京都足立区で、生存していれば「一一一歳」になる男性が、死亡後約三〇年後にミイラ化した遺体で発見されるという事件がありました。

この事件に端を発し、所在不明の高齢者の問題が一気に噴き出しました。法務省が二〇一〇年九月に発表した現況把握調査結果によると、戸籍が存在しているのに現住所が確認できない一〇〇歳以上の高齢者は、全国で二三万人にも上るとし、「消えた高齢者」と呼ばれました。なかには、坂本竜馬と同級生という高齢者の存在まで報道され、笑い話のように取り上げられました。

この一連の問題によって、高齢化社会における高齢者の存在の確認と、独居老人の存在の深刻さが浮き彫りになりました。

さまざまな見守りサービス

これからの超高齢社会では、核家族化の進行によってまわりに身寄りがいないなど、世間との交流が図りにくい高齢者の増加が懸念されます。

子ども世代にとっても、離れて暮らす年老いた親の安否は常に気になります。そのニーズに応えるべく、様々な企業が、各企業の特性を生かして見守りサービスを展開し始めています。

例として、日本郵政は月額二五〇〇円での「みまもり訪問サービス」を提供しています。月に一回郵便局員が登録した方の離れて暮らす家族のもとに訪問し、三〇分を目途に話をするというサービスです。訪問時

ワンポイントコラム

【歩数情報による安否確認】　携帯に内蔵されている歩数計のデータを1日に1回コンタクトセンターに自動連絡することで、特定の場所から移動しないなどの異常が検知された場合には、GPSセンサーなどから位置情報を把握し安否確認を行うサービス。

の三〇分の中で、「固定の基本質問項目（七項目）＋選択可能な質問項目（三項目）」の合計一〇項目の質問をし、その結果をＰＤＦファイルにしてメールで登録者に伝えてくれます。

平塚市では見守り機能（家族等への歩数メール自動配信等）がついた歩数計を貸し出し、歩数を距離に換算して江戸から京都まで地図上で仮想の旅ができる機能をつけるなどして、高齢者の健康増進も図っています。

一般社団法人電気通信事業者協会の調べによると、二〇一九年六月末時点の携帯電話契約件数は、約一億七七二二万件と、日本の国民が一人一台以上保有している計算になります。また、総務省の調べでは、スマートフォン保有率は、六〇歳～六九歳で四四・六％、七〇歳～七九歳でも一八・八％となっており、いずれも増加傾向にあります。

ＩＴ（情報技術）や携帯電話などを活用した高齢者向けのサービスの拡充は、高齢化社会を迎えたわが国にとって欠くことのできない存在になると予想されます。現代ならではの高齢者介護のあり方の新しいモデルとして大いに期待されます。

そのほかのユニークな見守りサービス

象印	みまもりホットライン i-pot	無線通信機を内蔵したポットを高齢者が使うと、その使用状況についての情報がインターネットを通じて離れて暮らす家族に伝わるサービス。
東京ガス	くらし見守りサービス	月額 500 円～。ガスの使用がまったくなくなった場合に、その翌日に離れて暮らす家族にメールで知らせるなどの機能がある。
ALSOK	みまもりサポート	体調が悪いときにボタンを押すとガードマンが駆けつけたり、相談ボタンを押すだけで医療機関や介護施設の情報などが相談できる。かかりつけ病院や既往症を事前に登録しておくと、救急搬送時に救急隊員に情報を引き継げる。

出所：各社ホームページ　※情報は 2019 年 10 月現在

9 高齢社会の新たなビジネス、エンゼルケア

誰でもいつか、人生最期の瞬間を迎えるときが来ます。死を迎えるときも個人の尊厳を保ち、旅立ちを見送るのも介護支援の一部です。

新しい旅立ちのお手伝い

二〇〇八年、一本の映画がきっかけで「納棺師」という仕事が一躍脚光を浴びました。納棺師は死後の世界への旅立ちに際し、遺体を整え、旅立ちの衣装を着せ、棺にお納めする仕事です。

哲学的な話をするつもりはありませんが、生と死はすべての生き物に平等に訪れます。死を迎えるにあたって、その人の尊厳を尊重し、心安らかにそのときを迎えられるようにすることも、重要な介護サービスの一つです。さらに加えていうならば、死後の旅立ちのときも、その人らしくあってほしいというのが、残された人の情ではないかと思います。

エンゼルケアとは

医療の世界では、人は死亡宣告を受けると「遺体」となります。遺体には死後の処置として「エンゼルケア」が行われます。具体的には感染防止のためにアルコール消毒をし、「湯灌」により体を清め、綿詰めを行います。身近な人を亡くした経験のある人には「ただいま（死後の）処置中なので終わるまでお待ちください」といわれた経験があるのではないでしょうか。

無機質な行為のように感じてしまいますが、医療の現場でも介護の現場でも、この**エンゼルケアを死別後の悲しみを癒す家族支援**ととらえ、重要視するようになってきています。

現在は病院で亡くなる人がほとんどといわれていま

すが、かつて、自宅で死を迎えることが多かった頃にはこうした遺体の処置も家族の手で行われていました。死は家族と共にあり、一生を終えるそのときに、家族や親族が一同に集い、故人への尊厳と最期の感謝をもって送り出すことは、文化でありごく自然なことでした。しかし、高齢者や闘病者の大半が医療施設や遠方の介護施設で亡くなる現在では、死別の瞬間に立ち会えないことや死後の処置などを他者の手にゆだねることは決して特別なことではありません。

ライフスタイルの多様化や核家族化の進行など、時代の変遷により生活習慣や対応の仕方が変わるのは当然のことです。しかし、エンゼルケアという行為は厳然として存在し、死後の旅立ちをその人らしく送ってあげたいという考えは、文化として受け継がれています。「高齢化社会のビジネス」という言葉でくくってしまうと、不謹慎なイメージで捉えられてしまうかもしれませんが、ニーズがあるところにこそビジネスは成立するのであり、個人の尊厳を保ち、残された家族の悲しみを癒す支援として、エンゼルケアは「看護、介護の究極の姿」といえるかもしれません。

エンゼルケアの一般的な流れ

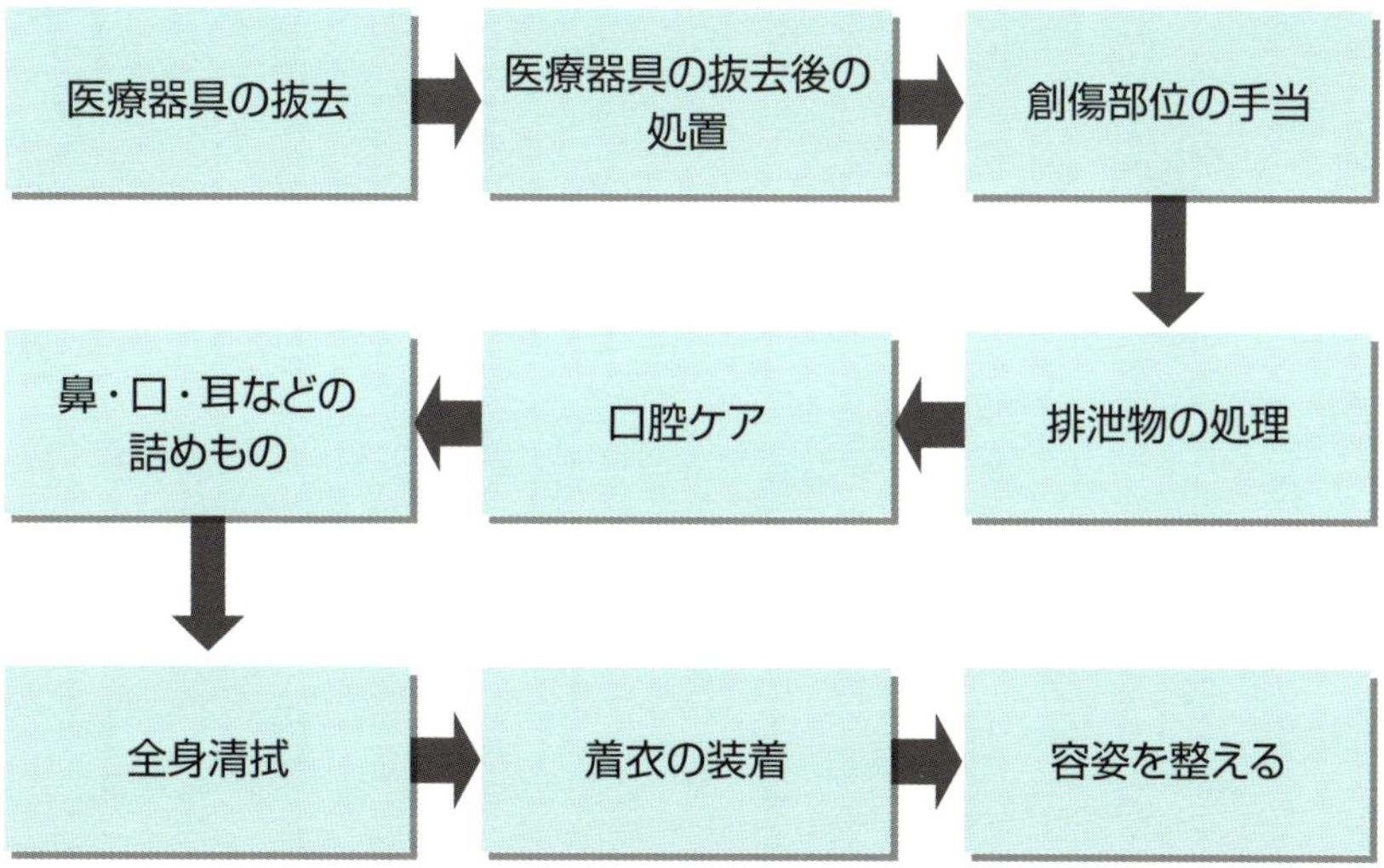

10 介護の担い手、ロボットスーツＨＡＬ®

かつて「鉄腕アトム」を読んだとき、「いつかこんな時代が来るのかな」と夢見たロボットは、身近なところに存在し、すでに実用化されています。

高齢化社会の救世主？

高齢化社会の進行に伴い、介護力不足が大きな問題となっています。さらには、高齢者を支える人材の高齢化も問題となっており、物理的人数だけではなく、日本の人口の年齢構成的に介護を他人の手に頼ることが、難しくなりつつあるといえます。

現在、日本ではこの**介護力不足の解消にむけたロボット技術の活用**に大きな期待が寄せられています。ベッドと車椅子間の移乗を手助けする「抱き上げロボット」や手が不自由な人のための「食事介助ロボット」など、一昔前にはフィクションの世界でしか見られなかった様々なロボットの研究開発が進められています。その中で、本書では、介護を必要とする人の身体動作を支援するロボットの開発を紹介します。

ロボットスーツＨＡＬ®

「ロボットスーツＨＡＬ®」は、筑波大学大学院の山海嘉之教授によって開発された**自立支援型の歩行補助ロボット**です。現在、全国の病院や老健施設で導入が進められている注目の福祉機器です。

人が筋肉を動かそうとするとき、脳から筋肉に伝わる神経信号は、微弱な生体電位信号として皮膚表面で検知されます。ロボットスーツＨＡＬ®は、装着者の皮膚表面に貼り付けられたセンサーで信号を読み取り、それをもとにパワーユニットを制御して、装着者の筋肉の動きと一体的に関節を動かします。

ロボットスーツＨＡＬ®は、生体電位信号を検出し人間の思い通りに動作する「随意制御システム」だけではなく、人間のような動作を実現することができる「自律制御システム」の二つの制御システムが混在した、サイボーグ型ロボットです。

一般に高齢者にとって、下肢の機能低下をいかに防ぐかが重要な課題であるといわれています。特に転倒による下肢骨折は、回復が思わしくなくそのまま寝たきりになるケースも少なくありません。

ロボットスーツＨＡＬ®は自立動作支援機器であり、介護する人を直接支援するロボットではありませんので、介護力不足の補完には直接的に結び付くとはいえません。しかし、歩くことに対するモチベーションが働くことにより、高齢者の日常でのリハビリに向かう意欲の向上が効果として期待されています。

人は、誰も望んで介護を受けるわけではありません。自らの意思で歩き、行動できることが、高齢者の尊厳と個々のライフスタイルを尊重した老後を送る重要な要素であるといえます。

ロボットスーツHAL®の動作原理

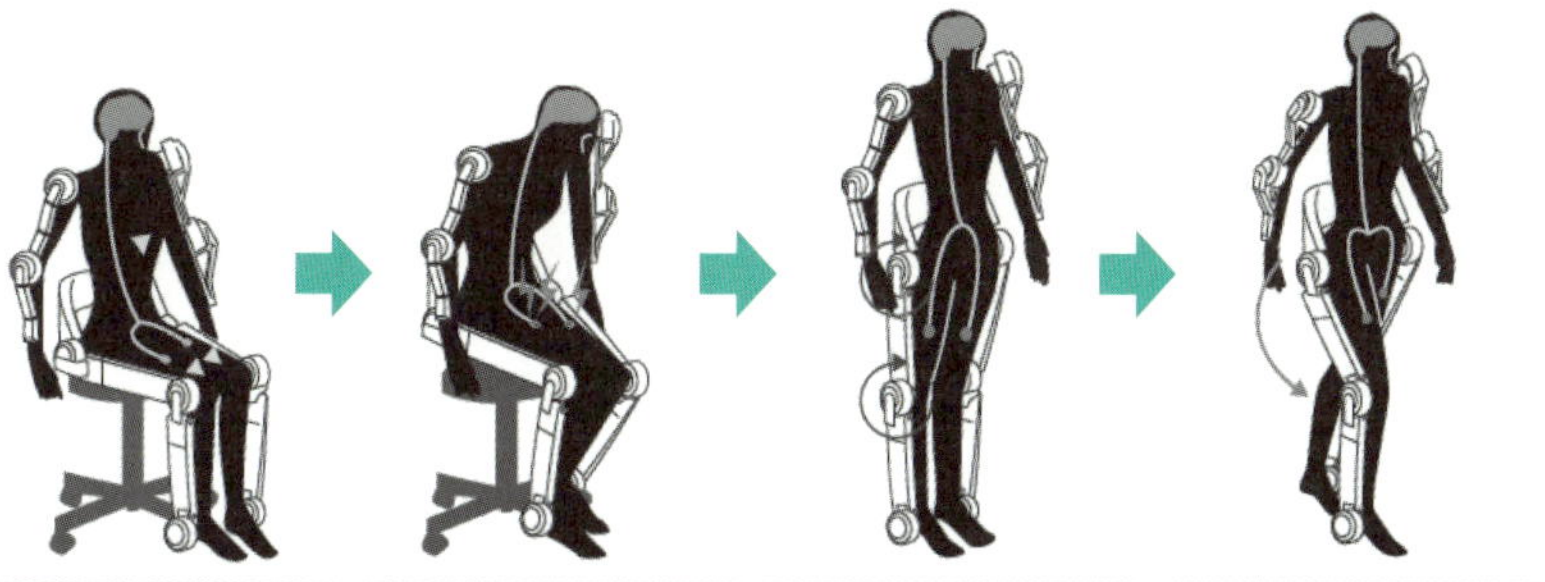

人が動こうとする「意思」が電気信号となり、体内の神経を通じて脳から筋肉へ伝わる。	皮膚表面で発生した微弱な生体電位信号は、生体電位センサーにより検出、電気的に処理し、コントロールユニットに送られる。	コントロールユニット内のコンピューターが信号を解析、モーターを制御し、装着者の筋肉の動きと一体的に関節を動かす。	制御機構に加え、人の基本動作をパターン化する機構により、使いやすさが向上する。

出所：CYBERDYNE株式会社

ワンポイントコラム　**【ロボットスーツの健康保険適用】**　2016年診療報酬改定により、同年4月からロボットスーツによる歩行運動処置が保険適用され、健康保険が使えるようになった。

11 トラベルヘルパー（介護力アップ①）

介護が必要な高齢者の、外出や旅行がしたいというニーズに応えるのが「トラベルヘルパー（外出支援専門員）®」という仕事です。高齢者が老後を満喫することを支え、介護予防の役割も担っています。

トラベルヘルパー

高齢化社会が加速化していくなかで、高齢者が快適に過ごしやすい社会を形成することが求められています。これは、いま現在の高齢者だけでなく、これから高齢者になっていく世代の私たち一人ひとりが、将来、安心して快適な暮らしができる社会をつくることにほかなりません。バリアフリーの促進といった構造設備上の整備も必要ですが、周囲の人の支えも重要となります。

人間は、誰でも年を取ります。買物や旅行など若いときには気軽に行っていたことができなくなり、体の自由が制限されてきます。

トラベルヘルパーは、そんな**高齢で介護の必要な人や身体の不自由な人の外出や旅行をサポートする仕事**です。外出や旅行の支援、旅行を諦めてしまった高齢者のニーズを聞き出し、一緒に旅行計画を組み立てるなど、社会参加による介護予防を行っています。

トラベルヘルパーの具体的役割

トラベルヘルパーの資格には、三級、準二級、二級、一級の四段階があります。三級は、日常の外出支援、移動、交通機関の利用など、高齢者の身近な生活に必要な知識を身につけます。特に家族介護を受けている高齢者が、外出するきっかけになることが期待されています。

準二級は、「外出支援ができる」レベルです。より実践的な介護力が求められ、知識学習に加え、実地研修により外出中のトイレ介助、悪路や坂、人混みでの車いす介助、交通機関の乗継ぎ、救命法などの習得が求

ワンポイントコラム

【NPO法人日本トラベルヘルパー協会】 2006年に内閣府より、特定非営利活動法人の認証を受け、資格者養成講座の開催に加え、認知症予防旅行プログラムや地域巡回、温泉リハビリ外出支援バス事業の実施など、幅広く活動を行っている（http://www.travelhelper.jp/）。

められます。

二級は、「宿泊介護旅行に同行できる」レベルです。宿泊を伴う介護旅行に同行することもあるため、入浴介助などの技術も求められます。合宿研修を実施し、実際の観光地に泊まって観光地情報や旅行計画の立案など、実践的な能力を身につけます。

一級は、独立したい人向けの上級資格で「相談、企画、提案、仕入管理、同行と介護旅行全般に携わることができ、教育指導、普及啓発の力を有する」とされています。

資格取得の方法は、例えば二級では、テキストをもとに学習して日帰り介護旅行実地研修二日間に参加し、準二級検定の筆記試験受験後、二泊三日研修に参加します。最後に、検定試験を受けて合格する必要があります。そのほかの級の取得方法や詳細は、NPO法人日本トラベルヘルパー協会のホームページを参照してください。介護旅行ニーズは、ますます高まってくることが予想されます。高齢者が生きがいをもって生活することができる世の中を支えるためにも、注目したい資格の一つです。

トラベルヘルパーの専門性

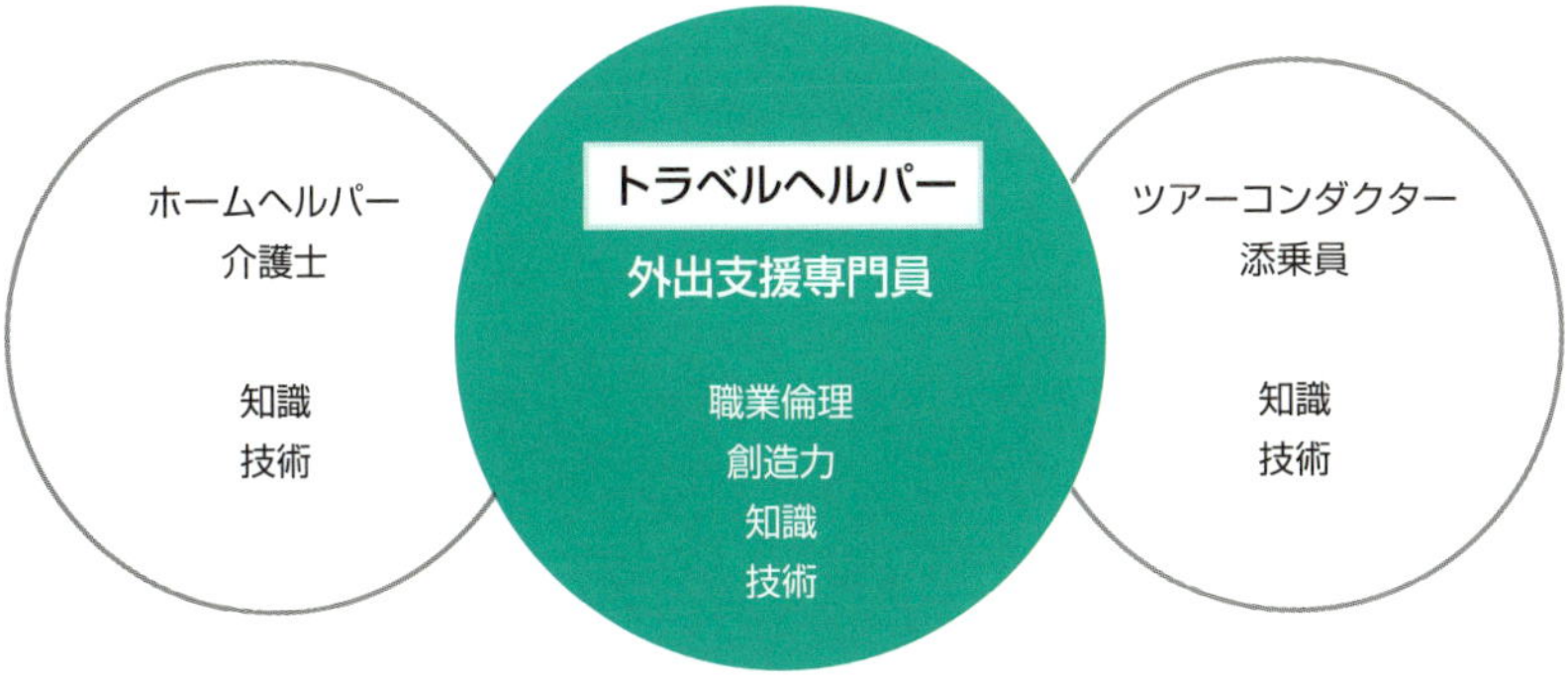

出所：日本トラベルヘルパー協会ホームページ

12 福祉レクリエーション・ワーカー（介護力アップ②）

レクリエーションは施設や通所系の介護サービスにおける重要な役割を担います。レクリエーションの善し悪しが、経営を左右すると言っても過言ではありません。

福祉レクリエーション・ワーカー

高齢者の介護（予防）、自立援助の活動として、現在でも介護施設やデイサービスなどで、様々なレクリエーションが実施されています。

このレクリエーションは、高齢者や障がい者への介護や自立援助の活動の一環としても非常に重要ですが、経営的にも非常に大きな役割を担っています。

要介護者の介護支援計画（ケアプラン）は、ケアマネジャーが立てますが、介護サービスの基本はあくまでも個別契約です。利用者自身が利用したいと思うものでなければ、計画を立てたとしても強制することはできません。ここが医師の指示により、入退院や通院治療の判断がなされる医療との大きな違いです。

「あそこのレクリエーションは楽しかったから、また行きたい」と利用者が思うようなレクリエーションを提供し続けることが、サービス利用者の確保に大きく影響するといえます。同時に、レクリエーションを通した身体機能の向上をもたらす効果もあり、サービスの質を上げることにも結びつきます。

具体的な役割

残念ながら、老人福祉施設や障がい者施設などでは、多くの場合、レクリエーションのプログラムは、そこで働いている相談員や介護職員が仕事の傍らに作成し、どこの施設でも似たようなレクリエーションが繰り返されている状況です。

このような状況を変える役割を担う資格として期待

されているレクリエーション専門の資格に「福祉レクリエーション・ワーカー」があります。資格取得には、日本レクリエーション・ワーカー協会が主催、あるいは同協会が認めた養成講習会を受講して審査に合格するか、日本レクリエーション協会の認可を受けた大学、短期大学、福祉系専門学校を卒業し、審査に合格して資格を取得することが必要です。

レクリエーションの計画に当たっては、施設での季節行事のほかに、歌や踊りなどの様々なクラブ活動の運営、外部講師などとの接触、また利用者の状況に応じた時間設定など企画段階でのきめ細かな配慮が求められます。

現在の厳しい経営環境では、レクリエーションの専門職を施設に配置することは困難です。しかし、**高齢者介護の質の向上のためには、レクリエーションがより効果的かつ適切に企画、実施されること**により、リハビリテーション効果を発揮したり、お祭りなどの地域イベントを通じた施設と地域を結び付けたりといった役割を果たすことが必要となっています。

日本レクリエーション協会の公認指導者数（述べ数）

レクリエーション・インストラクター	46,801 人
レクリエーション・コーディネーター	2,336 人
福祉レクリエーション・ワーカー	3,972 人
余暇開発士	528 人

出所：公益財団法人日本レクリエーション協会　※情報は 2019 年 3 月 31 日現在

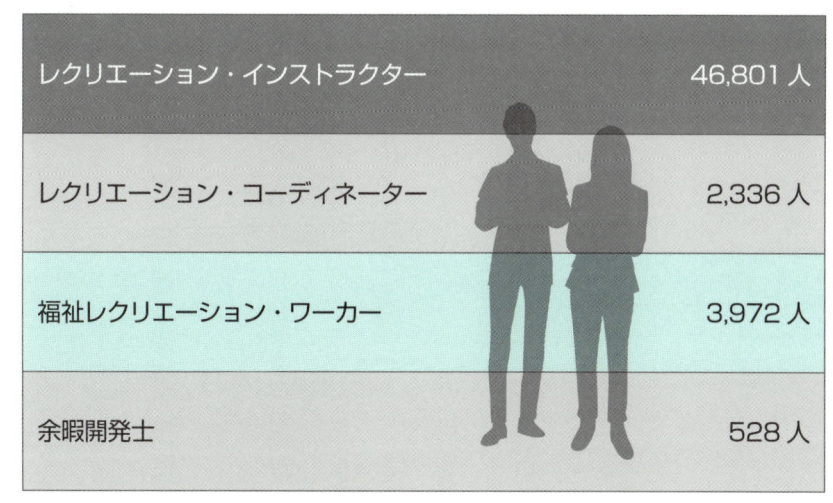

13 音楽療法士（介護力アップ③）

音楽は、まだ人類が言葉を発する前から存在していました。音楽のもつ様々な効果を活用する「音楽療法士」は、音楽を介護に生かす職業です。

音楽療法のもつ力

音楽を聴くことで、忘れていた過去の記憶がよみがえってきた経験はありませんか？

ある特別養護老人ホームで慰問演奏が行われたとき、ある曲の演奏直後、利用者の一人である女性が涙を流しながら演奏者の手を握り、何度も「ありがとう」と繰り返しました。その女性が亡くなられたご主人と、戦前に初めてデートをした喫茶店で流れていた曲で、それから何十年も聴く機会がなかった曲なのに、その曲を聴いて、鮮明に記憶がよみがえってきたそうです。**音楽には人の心に響く不思議な力がある**と強く感じられるエピソードです。

音楽のもつ生理的、心理的、社会的働きを応用し、意図的、計画的に治療を実践する「音楽療法」というものがあります。

音楽療法士の役割と課題

高齢者の施設では、レクリエーションの一環として、音楽を聞いたり、楽器を鳴らしたり、歌ったりすることがあります。音楽療法は、それを**認知症の改善や運動機能の向上、意欲の向上**などに結び付けようというものです。アメリカやドイツなどの先進国ですでに有効な治療手段として認められており、日本でもその効果に大きな期待が寄せられています。

音楽療法は、リハビリや介護に有効なセラピーの一つとして注目されていますが、残念なことに、それらを行う音楽療法士の資格はわが国の国家資格ではありません。そのため、理学療法や作業療法、言語聴覚療法のように、診療報酬や介護報酬を算定することができません。病院や施設においては、音楽療法士はコストがかかってしまうため、活躍の場が少なく、ボランティア的な存在になってしまっているのが現状です。音楽療法士称号認定者約三〇〇〇名のうち、音楽療法士として就職した人は多いとは言えない状況です。

　活躍の場が少ないことに加え、資格取得の過程で音楽の専門性への要求が強く、資格取得養成校の大半が音楽大学もしくは芸術、音楽専攻の課程の中に設置されていることも、一般になじみが薄い原因だと考えられます。

　音楽のもつ力の素晴らしさが認識されて、もっと音楽療法が身近なものになり、積極的に介護の現場に取り入れられることが求められています。

音楽療法士（1 種）養成の教育課程

<table>
<tr><th>分野区分</th><th colspan="2">単位数科</th><th>科目例示(参考)</th></tr>
<tr><td rowspan="2">音楽</td><td rowspan="2">30</td><td>理論
8</td><td>音楽理論、音楽史、音楽美学、作曲法、音楽心理学、楽器学</td></tr>
<tr><td>実技
22</td><td>指揮法、合唱、器楽（鍵盤）伴奏法、声楽、器楽（管、弦、打楽器）ソルフェージュ、アンサンブル、即興演奏法　等々</td></tr>
<tr><td>音楽療法</td><td colspan="2">16</td><td>音楽療法概論、(基礎・臨床・技法)、音楽療法各論・演習、音楽療法総合演習　等々</td></tr>
<tr><td>関連分野</td><td colspan="2">20</td><td>教育学概論、音楽科教育法、医学概論、保育原理、障害児教育、臨床医学、介護概論、社会福祉概論、生理学、発達心理学、障害者福祉論、リハビリテーション論、老人福祉制度、心理学、看護学、健康科学、介護実技、精神保健　等々</td></tr>
<tr><td>実習</td><td colspan="2">5</td><td>施設介護実習、病院実習（社会福祉等体験学習含む）</td></tr>
<tr><td colspan="4">上記の単位数の他に「音楽療法士（1 種）の称号の授与規程」第 3 条の 3 項に規定する教養関連科目として 24 単位の修得を要する。</td></tr>
<tr><td colspan="4">計 95 単位以上</td></tr>
</table>

出所：全国音楽療法士養成協議会ホームページより抜粋

ドッグセラピー（介護力アップ④）

14

人の心を癒すのは人間だけではありません。昔から、人間のパートナーとしてかわいがられてきた犬の役割が、介護分野においてもますます進化しています。

人間と犬のかかわり

ここまでは、介護サービスの提供者の視点から、介護サービスの質の向上に向けた専門性を取り上げてきました。ここでは、これからの超高齢社会において、一人ひとりがより充実した老後を過ごすための、別の視点からの「介護力」を紹介します。

核家族化により高齢者のみの世帯が増えている現在、そのような高齢者世帯にとって、ペットは欠かせない存在になってきているといえます。そんななか、動物を使ったアニマルセラピーが近年注目され、介護の世界でも、ドッグセラピーが導入される例が増えてきています。

ドッグセラピーは

ドッグセラピーは、動物を使った治療方法であるアニマルセラピーの一種です。広い意味では、犬と触れ合うことにより精神的な癒しや肉体的な運動効果が得られることを指しますが、特に高度に訓練された「セラピードッグ」を介在させることで、高齢者や認知症の要介護者のリハビリテーションを行います。

ドッグセラピーにはAAA(Animal-Assisted-Activity：動物介在活動)とAAT(Animal-Assisted-Therapy：動物介在療法)と呼ばれる二種類があります。AAAは治療という目的を持たずに、犬との触れ合い活動を中心としたレクリエーションのことで、老人ホームの訪問活動などが知られています。

ワンポイントコラム

【国際セラピードッグ協会】 セラピードッグの育成で日本において代表的な組織である国際セラピードッグ協会(東京都中央区)は、各地の愛護センターなどから殺処分寸前の捨て犬たちを引き取って、第二の犬生をセラピードッグとして生きることができるようにトレーニングを行っている。

ＡＡＡにおいては、精神科医や作業療法士などの医療関係者と**セラピードッグハンドラー**＊やボランティアが連携して対象個々の肉体的、精神的状態に合わせたプログラムを作成して実施します。ＡＡＴは、高齢者の心や身体のリハビリテーションなど、治療を目的としてセラピードッグを現場に介在させることが特徴です。

このＡＡＴは、アメリカでは六〇年の歴史があり、多くの医療施設、高齢者施設などで大きな成果をあげています。日本でも、各地の病院、高齢者施設および障がい者施設からの要望が急増しています。しかし、セラピードッグも**ハンドラー**も、ニーズに対する数が圧倒的に不足しています。特に、セラピードッグの育成には長時間のトレーニング過程と実習を必要としますので、今後のセラピードッグ育成の本格的な取り組みが急務です。

人と犬との触れ合いでこそ発揮される「介護力」は、介護職を中心とした深刻な介護労働力不足や認知症高齢者の増加が叫ばれるなか、大きな光明といえます。

高齢者の心の安らぎや身体機能の回復を担う、重要な「サービス提供者」として、ドッグセラピーに大きな期待が寄せられていることは、間違いありません。

セラピードッグの高齢者介護施設での活動イメージ

出所：国際セラピードッグ協会より

用語解説

＊**セラピードッグハンドラー**　犬がセラピードッグになるためのトレーニングと、実際のドッグセラピー活動を共に行うパートナーとなる人間のこと。セラピーを受ける人と犬の架け橋となる。

15 金融機関の融資のトレンド

事業開始、運営にはほとんどの場合で金融機関からの融資を受ける必要があります。公的な融資制度のほかに、都市銀行や地方銀行、信用金庫などの金融機関があります。

一時期は成長産業といわれた「医療福祉」分野

多くの金融機関において、本部に医療福祉を専門に担当するチームあるいは担当者が設置されており、医療や福祉の事業融資を推進する体制を設けています。営業店（支店）に持ち込まれた相談案件は、必要に応じて本部からの助言を受けて対応されます。より踏み込んでの経営改善等は金融機関では行えないため、経営コンサルティング会社等の外部専門家と契約し、タイアップして事業者を支援するようになっています。

さて、数年前に医療福祉業界が「成長産業」ともてはやされた時期がありました。医療福祉の現場から見ると違和感を覚える言葉でしたが、その頃に金融機関の医療福祉担当部署にも〝成長産業〟の名称が使われていました。ところが、最近の医療福祉分野への融資残高は二〇一八年頃から頭打ちの傾向にあるようです。最近では部署名に〝地域支援〟〝事業性評価〟〝コンサルティング〟といった名称を使うようになっています。その背景は何でしょうか。

「事業性評価」への転換

金融機関を取り巻く環境は、地域経済の縮小や長期的に続く低金利などによって年々厳しさを増しています。経済紙には、頻繁に銀行のランキングなどが特集されています。

一方で、地域経済活性化という点では、地域金融機関に期待される役割も大きく、地域企業の成長や経営

ワンポイントコラム

【金融機関の種類】 金融庁は、金融機関の種類を次のように区分している。**3メガバンク** みずほ銀行、三菱UFJ銀行、三井住友銀行。**地方銀行** 全国地方銀行協会に加盟する銀行。**第二地方銀行** 第二地方銀行協会に加盟する銀行。**地域銀行** 地方銀行、第二地方銀行、埼玉りそな銀行。**地域金融機関** 地域銀行、信用金庫、信用組合。

改善・生産性の向上等を支援することが求められています。その一環として、取引先の担保・保証に依存せず、企業の事業内容や成長可能性等を適切に評価して金融仲介・コンサルティング機能を発揮する〝事業性評価〟が注目されています。

金融機関とより前向きな関係な構築を

このように金融機関の姿勢が変化している今、これまで以上への積極的な情報提供が必要です。まず、経営者が自法人・自社の事業・財務内容をきちんと把握し、はっきりと説明できるようにしておくこと。率直な情報提供をすることで「この社長の力になりたい」と銀行員に思ってもらうことが大切です。普段から広報に意識して取り組んでおくことも必要でしょう。

また、医療介護分野に積極的な金融機関は情報提供ツールを発行したり、診療報酬や介護報酬改定の時期にセミナーを実施したりしています。こういった機会は積極的に活用しましょう。

金融機関の変化を踏まえて、より前向きな協力関係を構築することが求められます。

事業性評価に基づく融資のプロセス

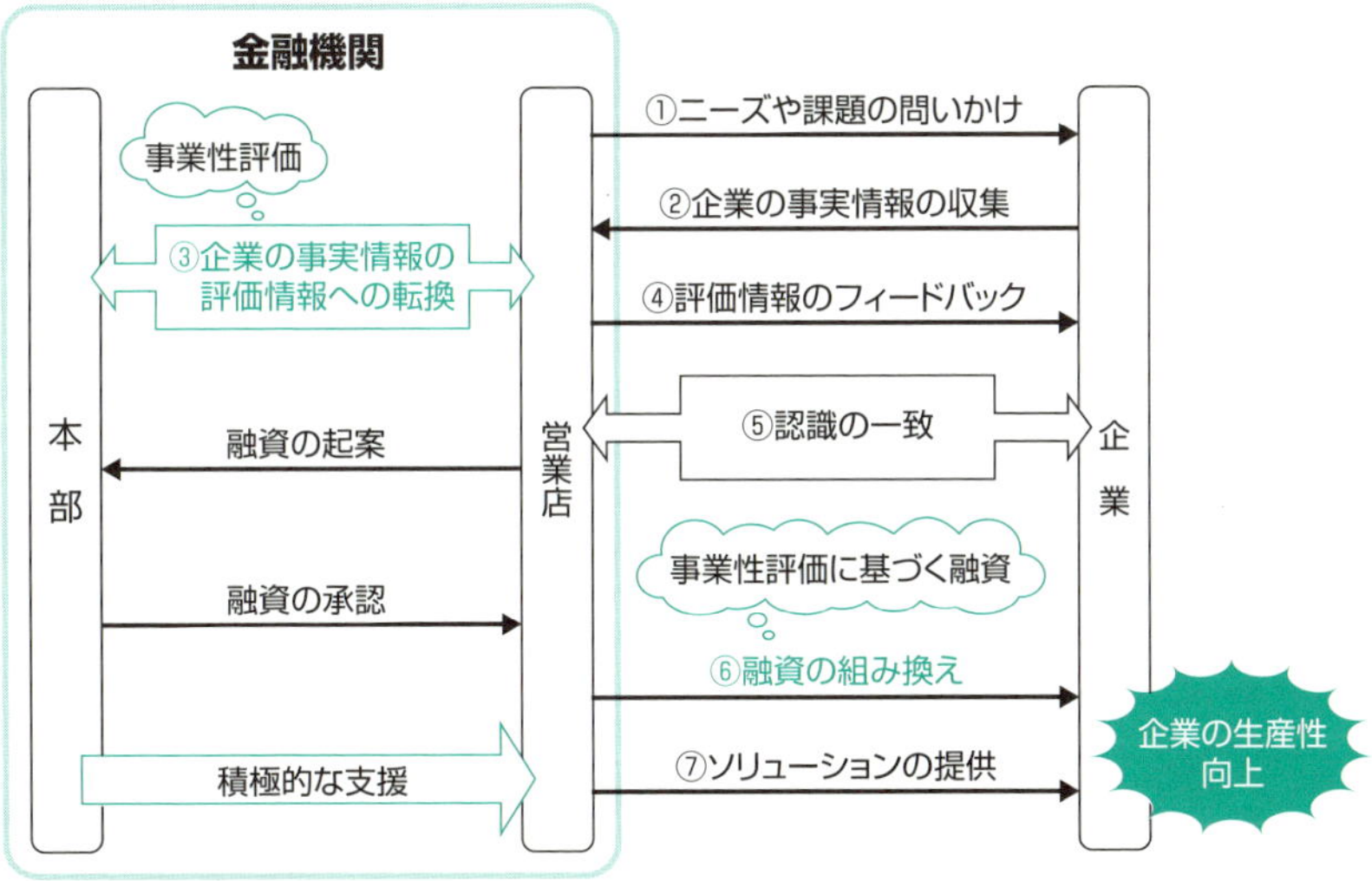

出所：金融庁資料

column

災害や超高齢化社会における地域カルテの必要性

地震や津波など、大きな災害が発生した場合、医療現場においては各地の病院で懸命の治療活動が行われることになります。しかし、病院などが大きな被害を受けた場合、必ずしも日ごろのかかりつけの診療所や病院に受診することができない場合があります。病院では、既往歴や禁忌の情報が正確に入手できず、治療活動が困難となることが考えられます。

そういったことを受け、マイナンバーが導入されました。もともとは社会保険料の納付管理や納税管理を目的として導入を目指してきた制度で、個人情報保護の観点から賛否が大きく分かれていましたが、その必要性が再び注目されました。個別IDに個人の健康情報(過去の病歴や身体機能の状態)などを記録させておくことで、仮に通常の生活圏と異なるエリアで診療が必要となっても、対応が可能になります。

マイナンバーの活用については、国民一人ひとりの情報を国に管理されるという危険性も叫ばれていますが、一方で、これからの超高齢化社会において、地域全体で高齢者を支えていくためには、必要な考え方であるともいえます。

第6章では、ここまで高齢者の安全で快適なライフスタイルを支えるニュービジネスを紹介してきましたが、それらの取り組みが促進されるにしたがって高齢者の活動範囲も広がります。いつどこで医療や介護のサービスを必要とする状態になっても問題がないように、情報の整備を行う必要性があります。

もちろん、しっかりとしたセキュリティーが担保された上でのことではありますが、地域全体で高齢者の健康を支え、管理するしくみも必要になってくると思われます。

Data

資料編

資料編

1 未来に向けた政府の取り組み

政府は、二〇四〇年に向けた社会構造の変化を踏まえて、さまざまな形で課題解決をするとともに新たな産業を創出するべく、さまざまな会議体で検討を行っています。資料編ではいくつかの会議体の資料を紹介します。

2040年に向けての社会構造の変化と示唆

2040年に向けて社会構造が変化する中で、新たに顕在化する社会課題を解決しつつ、新たな産業を創出していくことが求められる。

想定される社会構造の変化

①高齢者割合・単身世帯割合の増加	・現役世代1.5人に対して高齢者1人に ・100歳以上の人口が30万人以上に ・高齢者の就労・雇用増（就労機能の個人間のバラつきの顕在化） ・高齢者の消費が国内全体の消費の半数に ・単身家族の世帯の割合が4割近くに（独居高齢者の割合も増加）
②地方の働き手の更なる減少	・人口が大都市部に収斂していく中、特に地方では働き手不足がより一層顕著に
③グローバル化の影響	・アジア経済の中心は、より一層日本の外に ・在留外国人の増加 ・人材確保競争となり、優秀な人材が国内に留まらなくなる傾向が顕著に
④人々の考え方の変化・多様化	・標準的な人生設計の消滅とダイバーシティの高まり ・世代間の生き方・死に方に関する価値観、SDGsなどのソーシャル・サステナブル重視等の価値観の変容 ・世代間格差（特に医療や介護の負担と享受のバランス）の拡大等からくる緊張感の高まり ・コンシューマリズムの台頭

示唆される課題

- 労働力に制約が出てくる中で、どのように国民にとって必要な医療・介護システムを持続的に、かつ都市部と地方部で格差なく提供していくか
- 高齢者が社会により積極的に社会参画できる環境を、どのように健康・医療・介護面から支えるか
- どのように有意義なイノベーションを生み出し、国民の健康に貢献した上で、国際的に競争力のある産業の発展に寄与していくか
- （一律ではなく）増加する多様性をどう受け止めるか

健康・医療・介護における2040年に向けての技術の広がり（AIの例）

●情報は統合管理され、AIが判断サポートor自動化

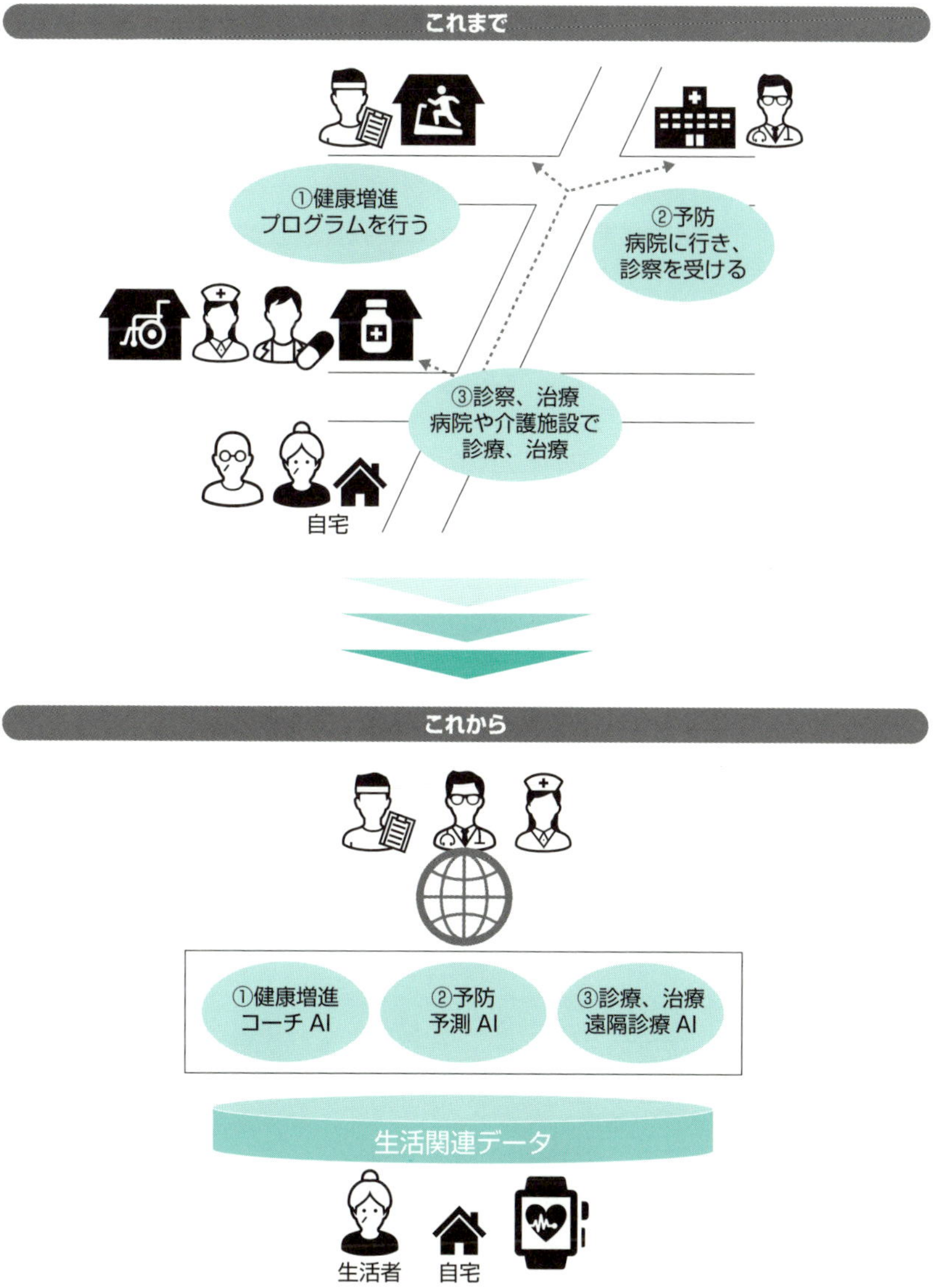

健康・医療戦略の概要（平成26年7月22日閣議決定、平成29年2月17日一部変更）

内閣官房健康・医療戦略室公表資料

日本再興戦略 -JAPAN is BACK-
（平成25年6月14日閣議決定）

■「健康寿命」の延伸
医療分野の研究開発の司令塔機能の創設

健康・医療戦略

健康・医療戦略推進法（平成26年法律第48号）に基づき、政府が総合的かつ長期的に講ずべき施策の大綱として策定

世界に先駆けて超高齢社会を迎える我が国にあっては、健康長寿社会の形成に向け、世界最先端の医療技術・サービスの実現による、健康寿命の延伸が重要な課題。このため、以下の施策を推進する。

・基礎から実用化までの一貫した医療分野の研究開発並びにその環境の整備、成果の普及 ➡ 世界最高水準の技術を用いた医療の提供を可能に

・健康長寿社会の形成に資する新たな産業活動の創出及び活性化、海外展開の促進 ➡ 我が国経済の成長、海外における医療の質の向上に寄与

医療分野の研究開発	新産業の創出	医療の国際展開	医療のICT化

資料編

中期的なヘルスケア産業政策の方向性について（抜粋）

予防・進行抑制・共生型の健康・医療システムの構築

老化に伴う疾患や生活習慣病への対策が我が国の喫緊の課題であり、世界に貢献できる強みでもあることを踏まえ、「予防・進行抑制・共生型の健康・医療システム」を今後５年程度で構築することを目指す。本システムの構築により、世界最先端の質の高い医療の実現に加え、老化に伴う疾患や生活習慣病の予防、健康 の維持・増進に資する生活支援等を念頭に置いた公的保険外の新しいヘルスケアサービスの市場を活性化させること ができる。

(ア)特に重点を置くべき領域

①認知症については、医薬品や治療手法の確立に向けた中長期的な取組の強化と並行し、現時点において社会に 実装可能な技術や製品を基礎に、今後５年程度で、健常な時期から SCI/MCI、認知症までの各段階に応じ、早期発見・予防・進行抑制・共生のためのスクリーニングとソリューションがパッケージとなったヘルスケアサービスが広く 社会に実装されることを目指す。

②生活習慣病については、医療関係者、保険者、民間事業者、個人の各主体に対し、生活習慣病対策を進めるイ ンセンティブを更に強化し、IoT を活用した重症化予防など、新たな技術の社会実装を進め、早期に本格的な運用 の開始を目指す。

(イ)若年世代の健康投資の活性化から人生の最終段階における生活の質の向上までの幅広い貢献

①予防・健康づくりについて、医療関係者、保険者、企業のそれぞれにとってのインセンティブと個人に対する気づきの 機会を向上させる取組を進める。

②個人の健康投資や生活環境の改善に資する公的保険外サービスについて、国民皆保険制度を効率的・効果的に 補完し、個人の生活の質の向上に資するべく、今後５年程度で、民間主導によるヘルスケアサービスガイドラインや 第三者認証を通じた適切なヘルスケアサービスによる産業の活性化を図る。

③公的保険サービスと公的保険外サービスが、個人の生活の質の向上に向け協働できるよう、今後５年程度で、全ての都道府県において、行政主導や民間主導による連携の場が設置されることを目指す。

(ウ)「予防・進行抑制・共生型の健康・医療システム」の実現に向けた需要喚起と供給体制の整備

①医療関係者や保険者、地域自治体等による予防等の取組を補完すべく、あらゆる個人が最適な状態で活躍でき る職場づくりに資する健康経営施策の推進や、健康投資に対する意識が低い主体への意識改革と需要喚起策を 用いて、個人の生活の質の向上に貢献するとともに、世界に先駆けたヘルスケア市場の形成を目指す。

②新たな技術やサービスによる予防等への取組は、医療や介護の専門家による評価を経ることで適切に発展し、個人 の生活の質の向上とヘルスケア産業の活性化を両立することができることから、公的保険サービスと公的保険外サー ビスの双方が、その担い手及び提供者において連携する環境を早期に構築する。

ヘルスケア産業政策の基本理念（～生涯現役社会の構築）

- 誰もが健康で長生きすることを望めば、社会は必然的に高齢化する。→「超高齢社会」は人類の理想。
- 戦後豊かな経済社会が実現し、平均寿命が約 50 歳から約 80 歳に伸び、「人生 100 年時代」も間近。
- 国民の平均寿命の延伸に対応して、「生涯現役」を前提とした経済社会システムの再構築が必要。

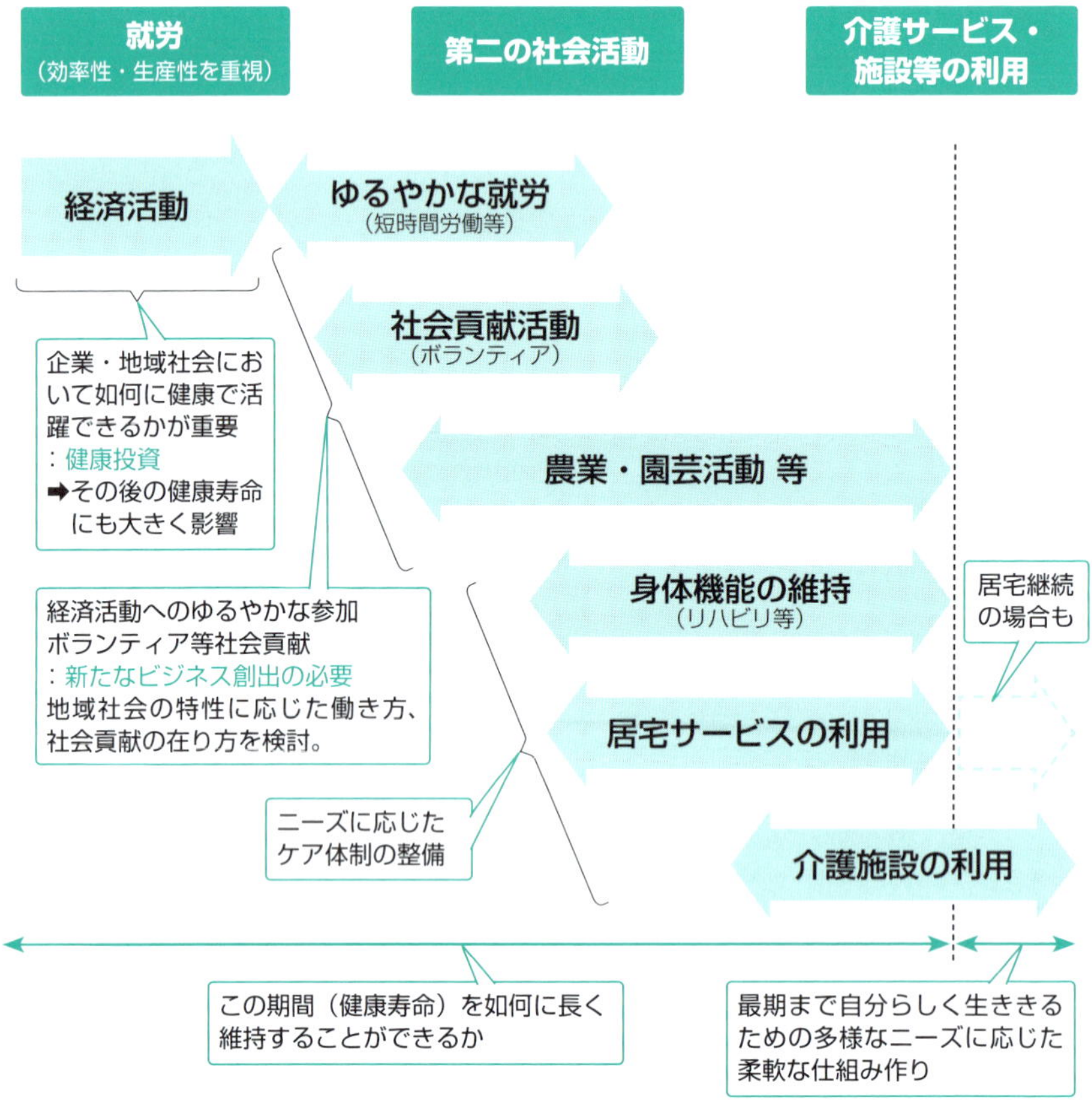

ヘルスケア産業（公的保険外サービスの産業群）の市場規模（推計）

- ヘルスケア産業（公的保険を支える公的保険外サービスの産業群）の全体像を整理した上で、民間調査会社等が既に試算している各産業分野の市場規模を集計し、現状及び将来の市場規模を推計。2016年は約25兆円、2025年には約33兆円になると推計された。
- 予防・進行抑制・共生型の健康・医療システムには、公的保険サービスと公的保険外サービスの連携が重要。

図表は第９回新事業創出WG
（平成30年4月11日）
資料３を一部修正

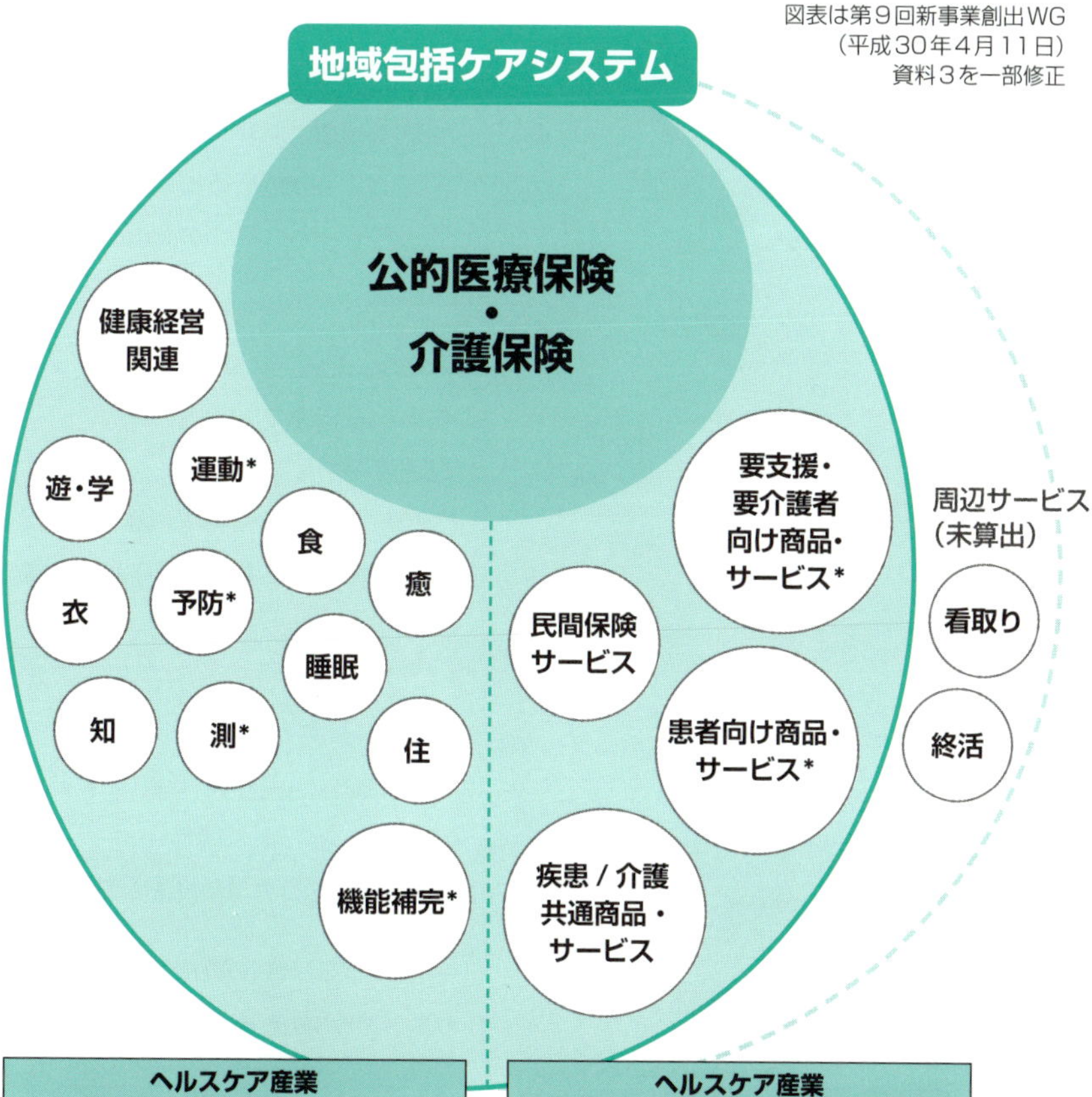

ヘルスケア産業（健康保持・増進に働きかけるもの）		
16年	20年	25年
約9.2兆円	約10.3兆円	約12.5兆円

ヘルスケア産業（患者／要支援・要介護者の生活を支援するもの）		
16年	20年	25年
約15.8兆円	約17.3兆円	約20.6兆円

＜出典＞経済産業省委託事業
＊データ利用の制約上、公的保険サービス等を含む
※市場規模の推計は、今後、ヘルスケア産業政策の動向等を踏まえ、随時見直しを行っていく

資料編

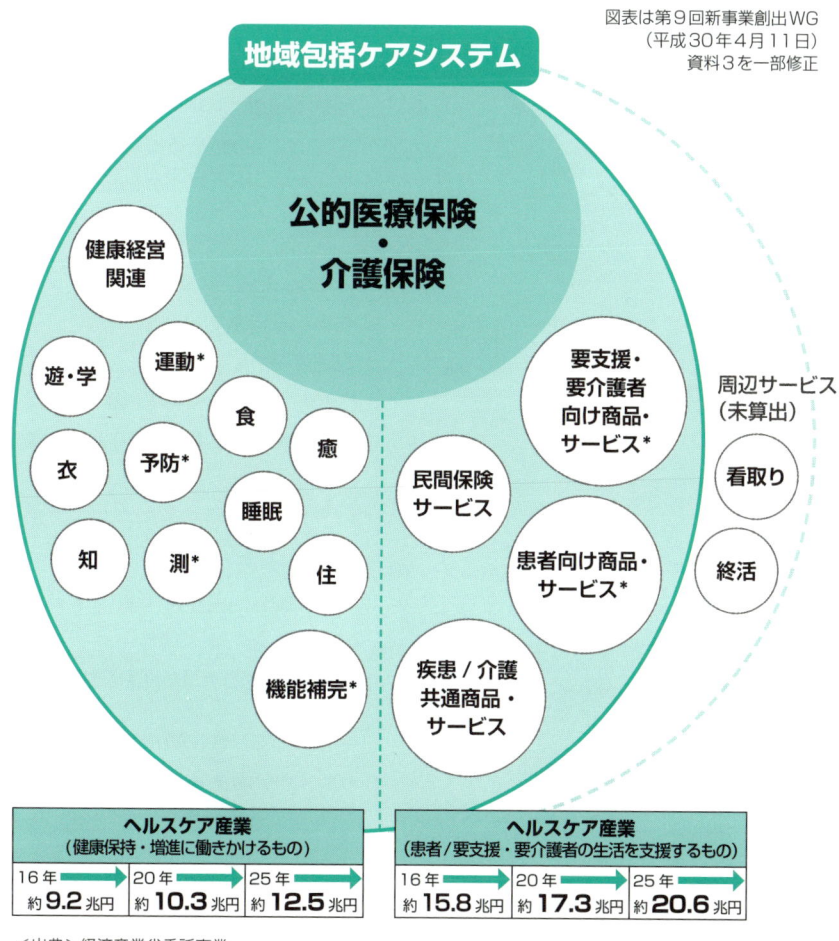

【現状の認識】健康・医療システムの今後の方向性イメージ

●内因性疾患（生活習慣病／老化に伴う疾患）のウエイトが高まる中、従来の医療に加え、予防・進行抑制型の新たな健康・医療システムを確立することが求められる。

＜疾患の性質＞		＜主な疾患＞	＜治療方針＞		＜求められる取り組み＞
外因性疾患	単一標的型疾患	感染症 遺伝性疾患 がん （標的特異性の高いもの）	根治	誰でも同じ（標準治療）	○安全で奏効率の高い医療の実現 ・的確かつ迅速な診断方法の確立 等 ・効率的な治験の実施、生産技術の改善 ・レギュラトリサイエンスの推進
内因性疾患	多因子関連型疾患 主に老化に伴う疾患	がん 認知症	早期診断 進行抑制 共生	患者の性質や状態に応じて異なる	○潜在的な患者の早期発見 ○病状の進行を適切に管理・抑制 ・早期診断技術の開発 ・服薬等に加え、生活指導を実施 ・データの蓄積等による進行抑制手法の確立 等
内因性疾患	多因子関連型疾患 主に生活習慣に係る疾患	高血圧 糖尿病	早期診断 予防 行動変容	患者の性質や状態に応じて異なる	○潜在的な患者の早期発見 ○予防を基本とする健康・医療サービス ・定期健診、保健指導の徹底 ・IoT、AI 等を用いた健康管理ツールの開発 ・薬剤師、管理栄養士等の役割強化 ・セルフケアの推進 等

（破線で囲んだ外因性疾患の行：従来の医療）

資料編

次世代ヘルスケア産業の創出に向けたコンセプト

【予防・健康管理への重点化】

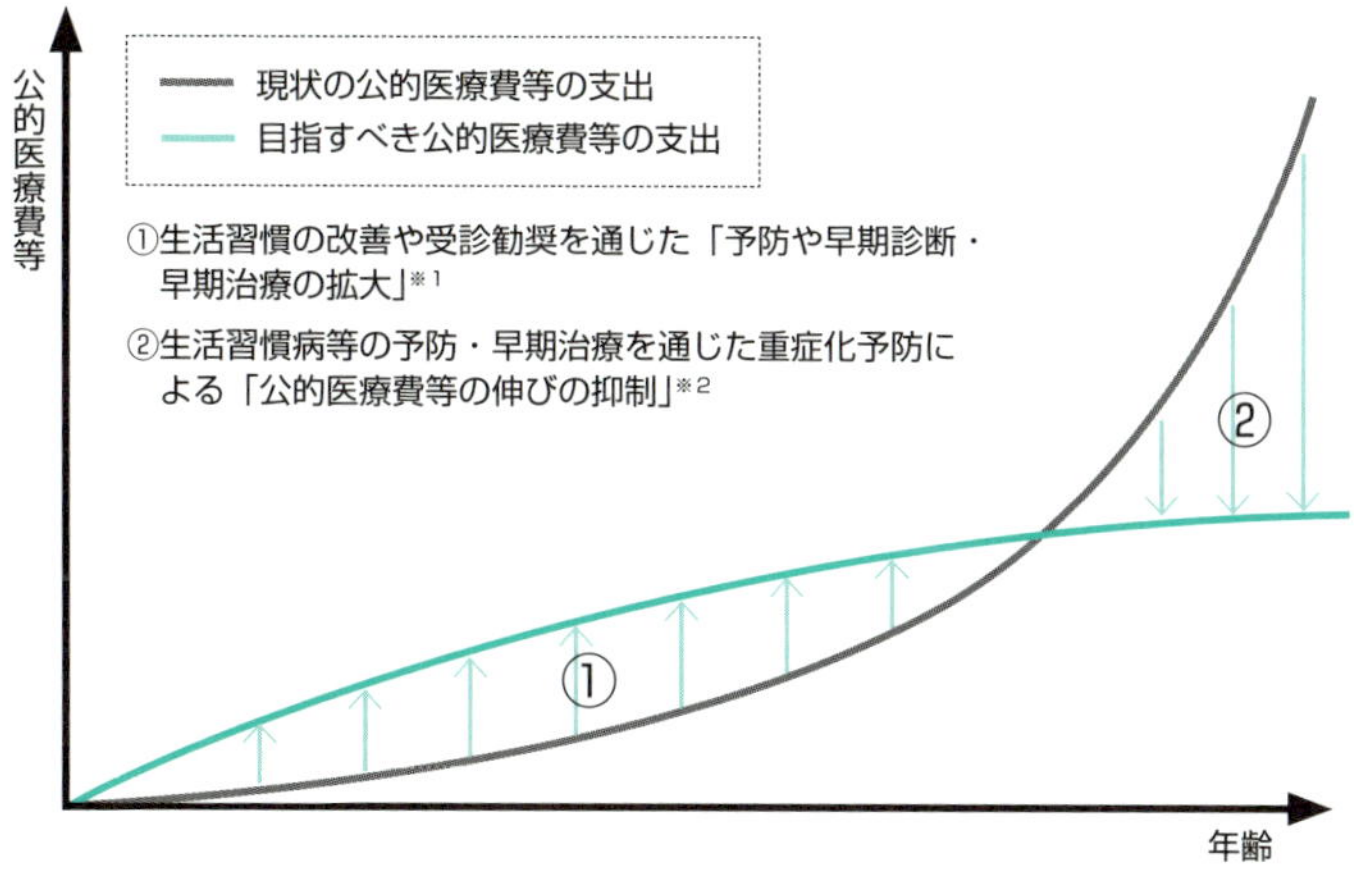

※1　予防・健康管理サービス（ヘルスケア産業）を活用した生活習慣病の改善や受診勧奨
※2　予防・健康管理サービス（ヘルスケア産業）を活用した地域包括ケアシステム等との連携

【地域に根ざしたヘルスケア産業の創出】

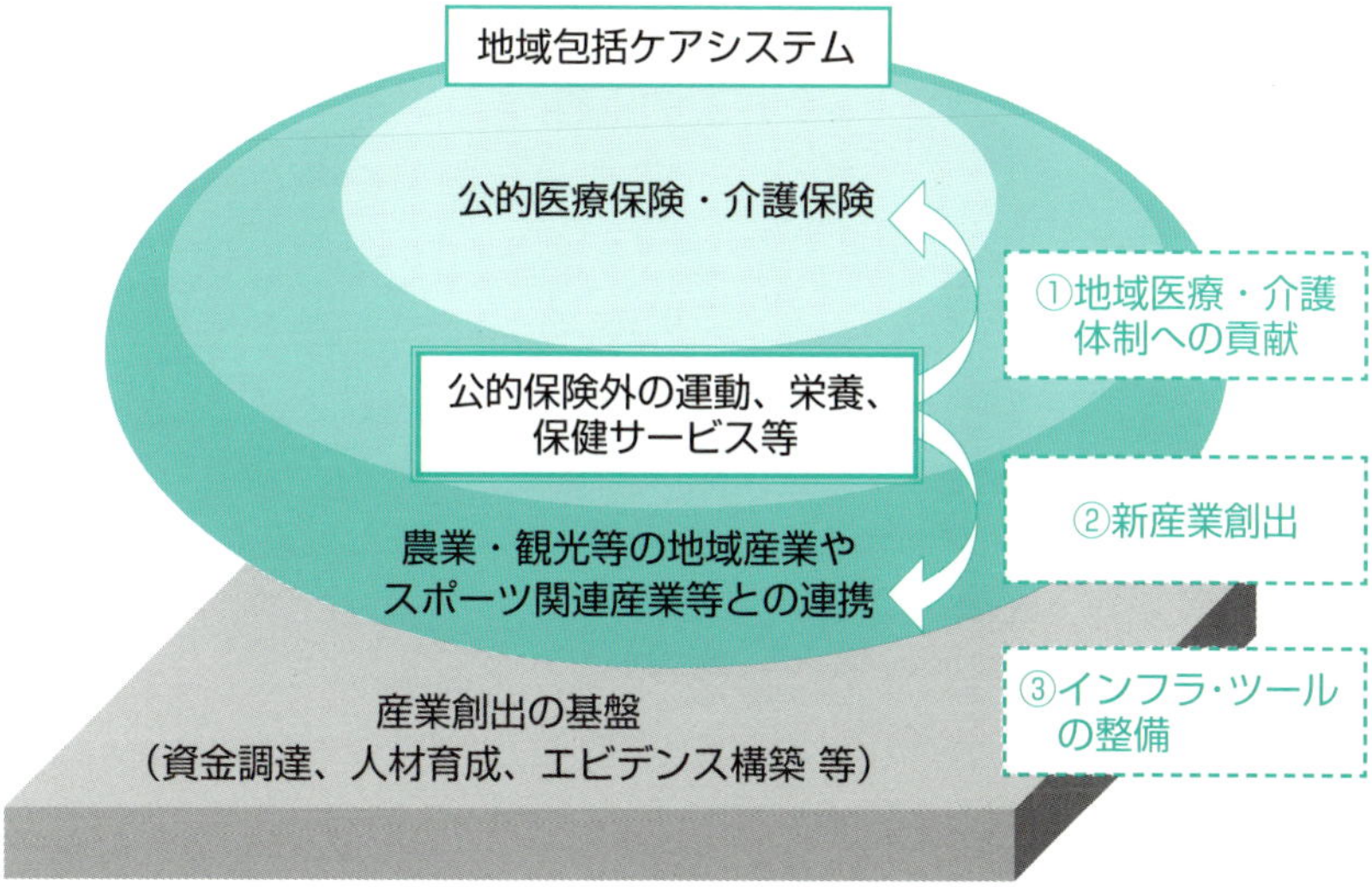

会」を構築するため、これに貢献するヘルスケア産業を育成し、国民生活

	○「人と先端技術が共生し、一人ひとりの生き方を共に支える次世代ケア」の実現に向け、地域実証の他、テーマごとの研究班立ち上げや、中長期の研究開発等の検討及び技術インテリジェンス機能のあり方を検討 ○公的医療・介護保険を支えるヘルスケア産業（公的保険外サービスの産業群）の実態把握及び健全かつ適切な将来像のあり方について検討
	【健康経営の質の向上に資する施策の展開】 ○「健康経営度調査」の項目や「健康経営銘柄」及び「健康経営優良法人」の選定・認定項目の見直し ○ヘルスケアビジネスコンテストや地域版協議会等の関連施策による新たなサービスの育成等を活用した健康投資の活性化に向けたヘルスケアサービスの活用促進 ○健康経営施策における健康スコアリングの位置づけを検討し、事業主と保険者のコラボヘルスが更に促進できる環境を整備
中小企業	**【顕彰制度を中心とした中小企業等への展開】** ○中小企業等に対する認知度調査の継続実施、地域が推進する健康経営施策への連携・支援
事業者の育成	**【企業・保険者と民間サービスのマッチング】** ○日本健康会議と連携し、データヘルス見本市等を実施 **【複数の保険者が共同で実施する保健事業の推進】** ○保険者機能の集約化による保健事業の再編を促すための共同実施モデルの整備 **【職域における運動習慣の構築】** ○通勤時間等を活用した運動・スポーツ習慣づくりの推進
	【自治体等における予防等サービスの活用環境整備】 ○自治体等が健康予防事業等を行う際の手段として、ヘルスケア分野におけるソーシャル・インパクト・ボンド（SIB）の導入を更に推進
	○「ヘルスケアサービスガイドライン等のあり方」に基づいた業界自主ガイドライン策定支援、認知症に関する製品・サービスの効果検証を進めるとともに社会実装を図るための官民連携の促進
地域資源×健康	**【食・農×健康】** ○健康情報・食習慣等のデータ集積と健康産業創出 ○地域食品事業者と連携した食関連ヘルスケアの推進 **【観光×健康】** ○地域関係者が連携したヘルスツーリズムの創出・活用促進 ○多職種連携による温泉地を活用した取組の推進 **【スポーツ×健康】** ○職域における運動習慣の構築やスポーツ文化ツーリズム等の推進 **【コンパクトなまちづくりの推進】** ○高齢者の外出機会の増加、市民の歩行量の増加による健康増進等の観点から、歩いて暮らせるコンパクトなまちづくりの推進
	【ヘルスケアサービスの社会実装に要する支援策の提供】 ○ヘルスケアサービスの社会実装に必要な支援策等の情報を集約と周知 **【地域版次世代ヘルスケア産業協議会アライアンスによる情報提供】** ○経済産業省をはじめとした関係省庁の施策に関する情報発信の推進

資料編

次世代ヘルスケア産業協議会「アクションプラン 2019」の全体像

ヘルスケア産業政策の基本理念		誰もが人生を最期まで幸せに生ききることができる「生涯現 の向上につなげる
生涯現役社会に向けた施策検討		○予防に関する取組を進めた場合の将来の経済・社会へのインパクト分析を踏まえた「予防 進行抑制・共生型の健康・医療システム」の整備に向けた政策の方向性を検討
身体の壁（健康経営の推進）	環境整備等	**【健康経営の裾野の拡大に向けた環境整備】** ○健康経営に取り組む企業等に対するインセンティブや企業業績等と健康経営の関係性などに 関する分析・研究結果の紹介等の掲示、企業における「健康投資額」の見える化の検討
	大企業	**【健康経営銘柄の継続的実施と基準等の見直し等】** ○「健康経営度調査」を活用し企業実績等と健康経営の関係性を分析 ○健康経営を実践する企業が資本市場から評価される機運の醸成 **【日本健康会議等との連携による裾野の拡大】** ○健康経営を実践する企業の見える化のため「500 社公表」を継続
	インフラ	**【保険者への健康増進等を促進するインセンティブ制度の実施】** ○保険者種別の特性に応じた新たなインセンティブ制度を着実に推進 ○国保保険者努力支援制度を着実に実施
価値観の壁（健康情報活用による行動変容等）	健康情報	**【個人の行動変容を促す仕組みづくり】** ○健康経営等に資する効果的な行動変容サービスの開発・普及を図るべく、研究開発事業を通 じたエビデンスの構築等を推進 **【Personal Health Record サービスの普及展開】** ○疾病・介護予防や生活習慣病の重症化予防に資する PHR サービスの普及展開に向けた調査の 実施
選択肢の壁（新産業の創出・利活用の促進）	事業支援	**【生涯現役社会の構築に向け重点的に取り組むべき分野の環境整備】** ○生活習慣病やフレイル、認知症等の一次・二次・三次予防に係る取組を多職種連携で切れ目 なく進めるために、一次予防に着目した環境づくりや地域版協議会を活用した地域における ヘルスケア事業の促進
	事業環境整備	**【ヘルスケア産業創出に向けた事業環境整備】** ○地域版次世代ヘルスケア産業協議会アライアンスを通じた地域版協議会の機能が発揮できる 環境の整備 ○ヘルスケア・イノベーションハブの設置、ヘルスケアビジネスコンテスト、国際的なビジネ スマッチングイベントの開催 ○地域と職域の連携を促進するとともに、地域資源を活用した自然に健康になれる環境整備を 推進
情報の壁（サービスや品質の見える化）	情報提供	**【地域高齢者の多様なニーズを満たす保険外サービスの普及・促進】** ○公的保険内外のサービスの組み合わせに関する取扱いの周知や、全国の保険外サービス の好 事例の収集・周知を実施

経済産業省は、「ジャパン・ヘルスケアビジネスコンテスト(JHeC)」等を通じて、ヘルスケア産業におけるベンチャー企業等の支援やイノベーションの創出、活性化に貢献する団体とのネットワークを構築してきました。

二〇一九年六月に、ヘルスケアやライフサイエンスのベンチャー企業等による支援をワンストップで行う相談窓口「Healthcare Innovation Hub (InnoHub)」を日本橋ライフサイエンスビルディング四階に開設しました。

また、ヘルスケアベンチャー等からの相談の受付、国・自治体・民間等のイノベーション支援策の検索等ができる、公式ホームページサイトも開設されています。

ワンストップ窓口相談の創設

- ベンチャー企業に加えて、イノベーションを必要とする多様な団体から幅広く相談を受付。
- サポーター（メンター）を中心に、サポーター団体と連携し、国内外のネットワークを活用して支援。

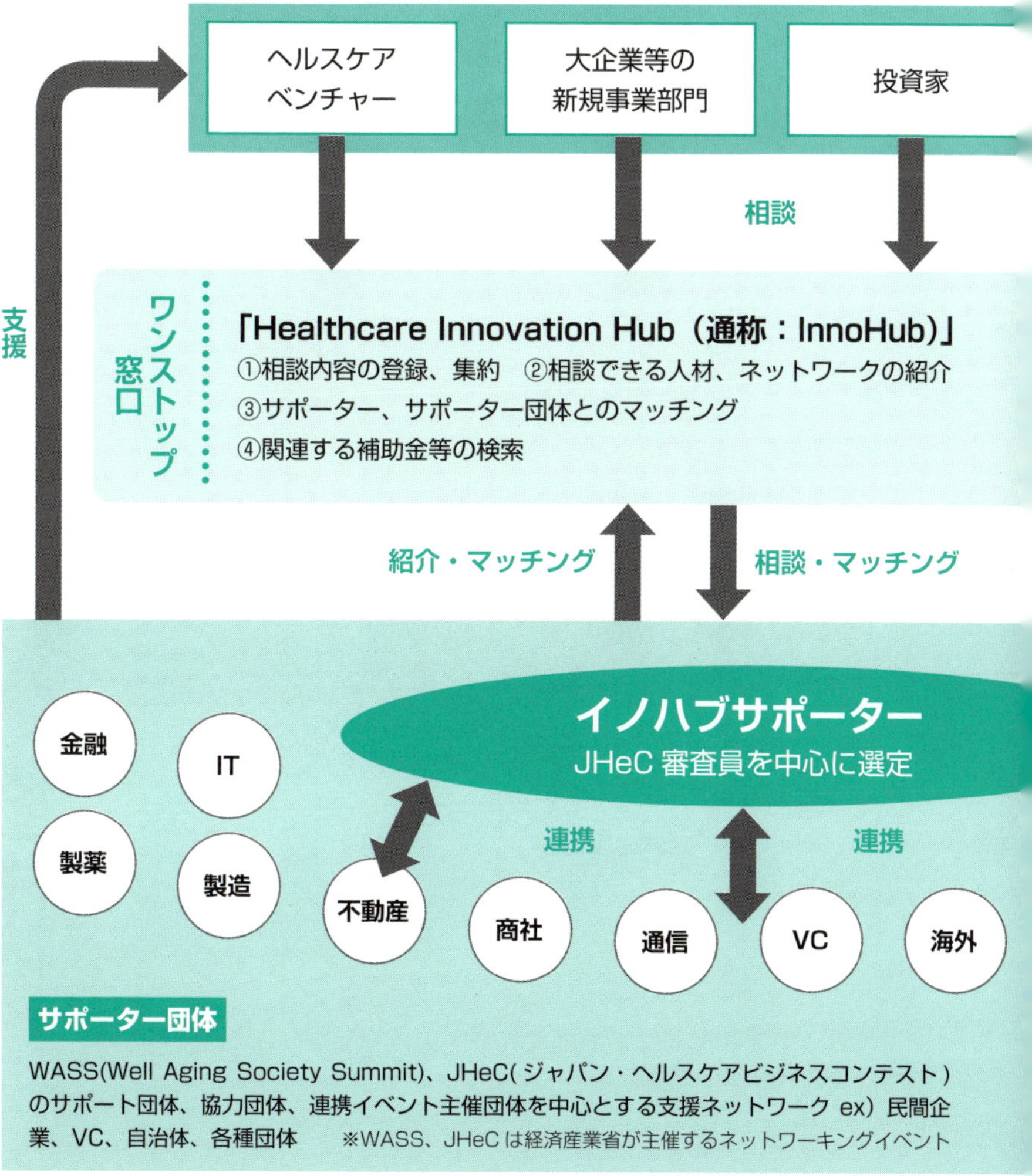

2 介護人材確保の状況と労働市場

介護従事者の労働の現状について、一部資料を紹介します。

有効求人倍率と失業率の動向

介護分野の有効求人倍率は、経済情勢の変化や諸施策の効果等により、一時に比べて大幅に低下しており、全国規模で見れば、介護人材の確保はそれほど困難ではなくなっていると考えられる。

有効求人倍率（介護分野）と失業率
【2004年～2017年／暦年別】

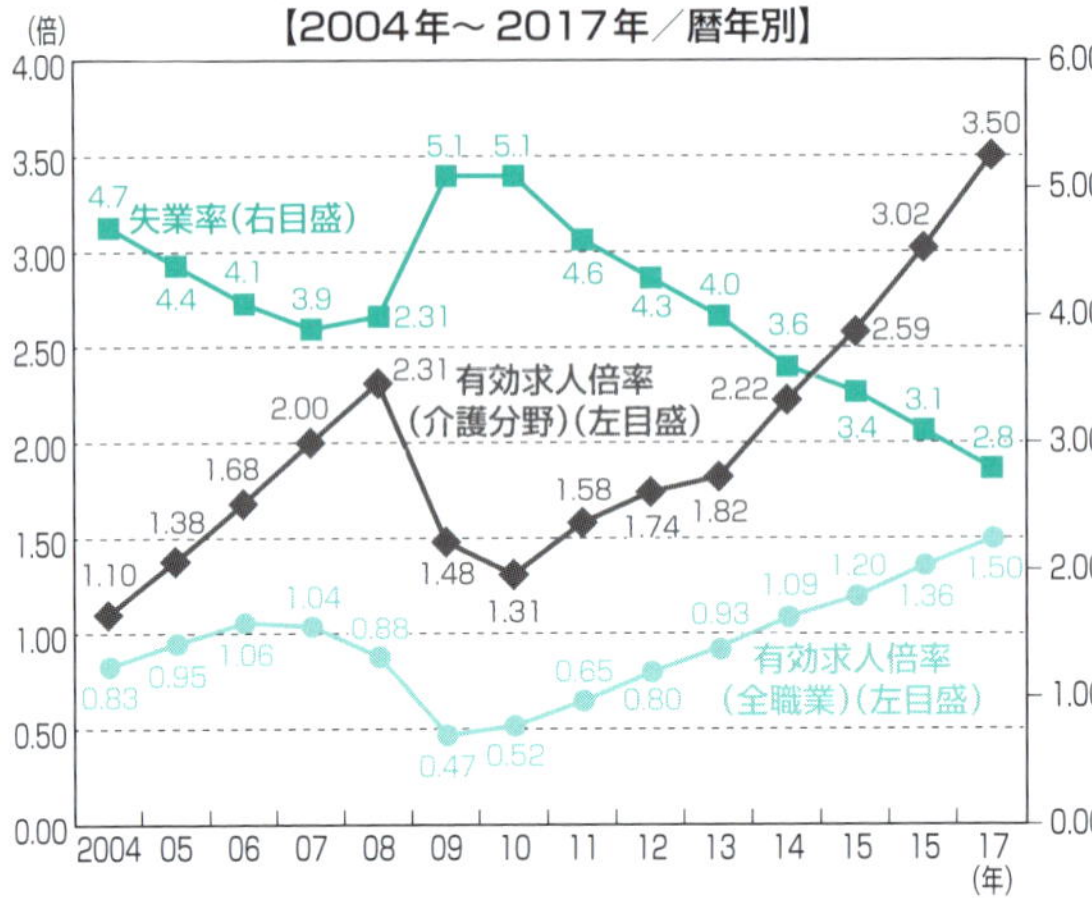

有効求人倍率（介護分野）と失業率（季節調整値）
【2013年8月～2018年8月／月別】

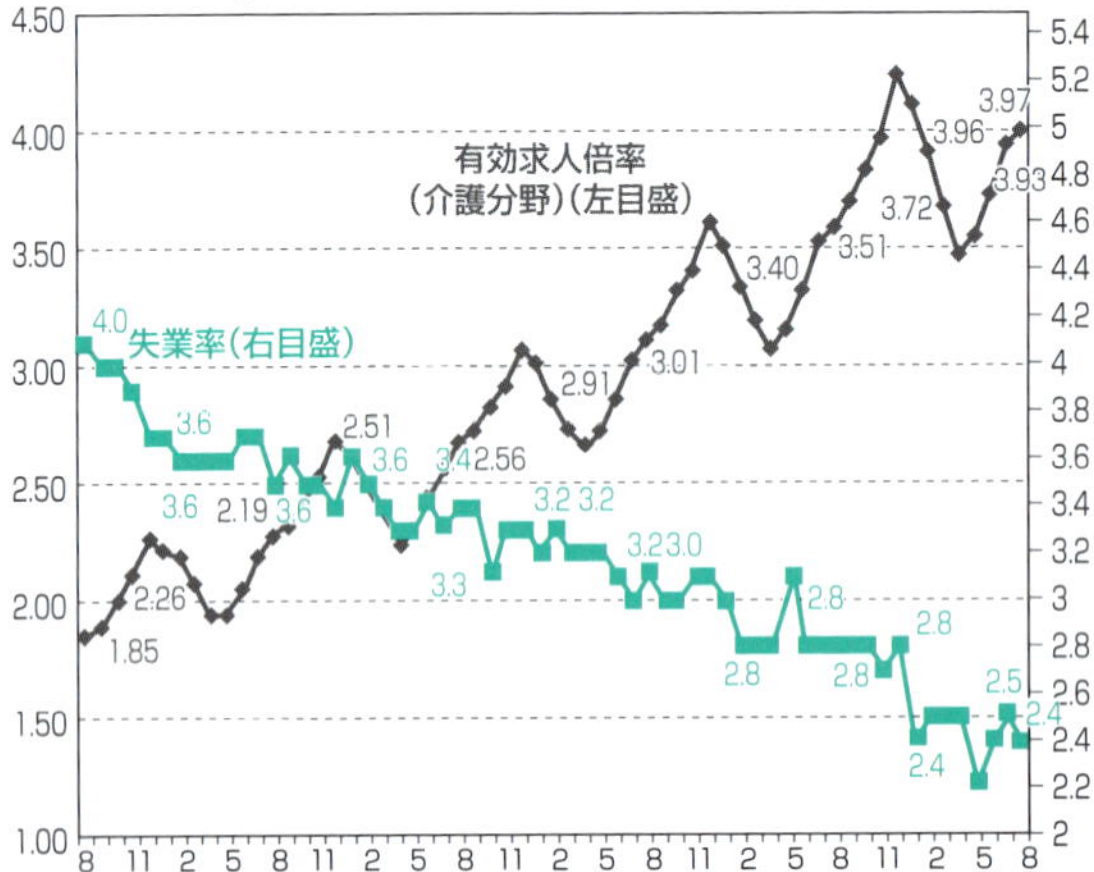

注）平成22年度の失業率は東日本大震災の影響により、岩手県、宮城県及び福島県において調査の実施が困難な状況となっており、当該3県を除く結果となっている。
【出典】厚生労働省「職業安定業務統計」、総務省「労働力調査」

介護職員の賃金（常勤労働者）

- 勤続年数、平均年齢等の要素の違いがあり、単純な比較はできないが、①常勤労働者については、介護分野の平均賃金の水準は産業計の平均賃金と比較して低い傾向にあり、②常勤労働者である介護職員の平均賃金は、医療福祉分野における他の職種の平均賃金と比較して低い傾向にある。
- 女性の介護職員については、産業計や福祉・介護分野全体との差がそれほど大きくはない。
- なお、介護職員は、産業計と比較すると勤続年数が短い（半分弱）。

		男性				女性			
		構成比（%）	平均年齢（歳）	勤続年数（年）	決まって支給する現金給与額（千円）	構成比（%）	平均年齢（歳）	勤続年数（年）	決まって支給する現金給与額（千円）
産業別	産業計	65.2	43.6	13.7	374.7	34.8	41.4	9.7	265.6
	医療・福祉	28.8	41.3	9.1	368.4	71.2	42.2	8.8	277.1
	社会保険、社会福祉、介護事業	30.1	41.4	8.1	281.6	69.9	43.7	8.1	244.2
	サービス業	68.2	46.2	10.1	307.5	31.8	42.6	7.1	232.3
職種別	医師	73.3	42.2	5.8	936.9	26.7	37.3	4.7	763.9
	看護師	10.3	36.9	7.6	341.3	89.7	39.6	8.3	330.8
	准看護師	11.0	43.1	11.5	296.5	89.0	50.0	11.6	278.2
	理学療法士、作業療法士	52.6	32.8	5.8	292.3	47.4	33.0	6.3	277.3
	保育士	5.8	32.0	5.9	260.3	94.2	37.1	8.2	238.0
	ケアマネジャー	25.4	43.9	8.6	290.7	74.6	50.6	9.0	261.8
	ホームヘルパー	21.7	40.1	6.0	259.1	78.3	48.6	7.8	236.2
	福祉施設介護員	35.8	39.0	6.8	254.7	64.2	43.5	7.2	231.4

出所：厚生労働省「平成 30 年賃金構造基本統計調査」
注：決まって支給する現金給与額とは、労働協約、就業規則等によってあらかじめ定められている支給条件、算定方法によって支給される現金給与額。基本給のほか、家族手当、超過労働手当を含むが、賞与は含まない。

賃金の支払形態（労働者 就業形態別）

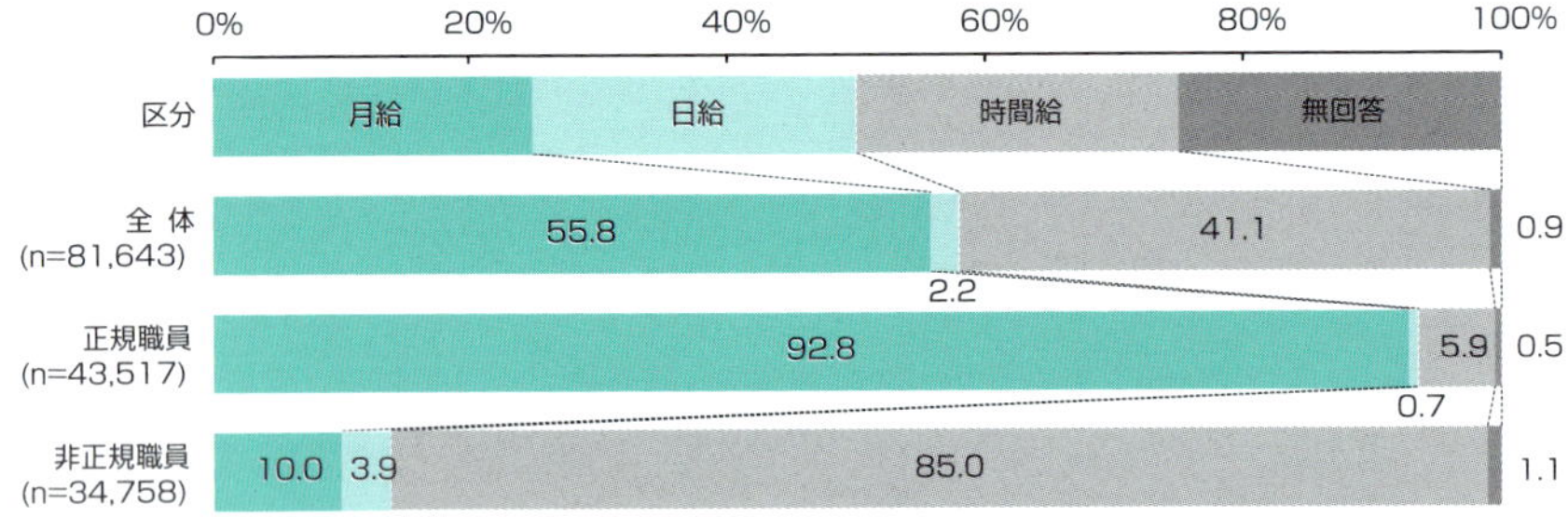

出所：公益財団法人介護労働安定センター 平成30年度介護労働実態調査「事業所における介護労働実態調査結果報告書」

賃金の支払形態（管理者と労働者の比較）

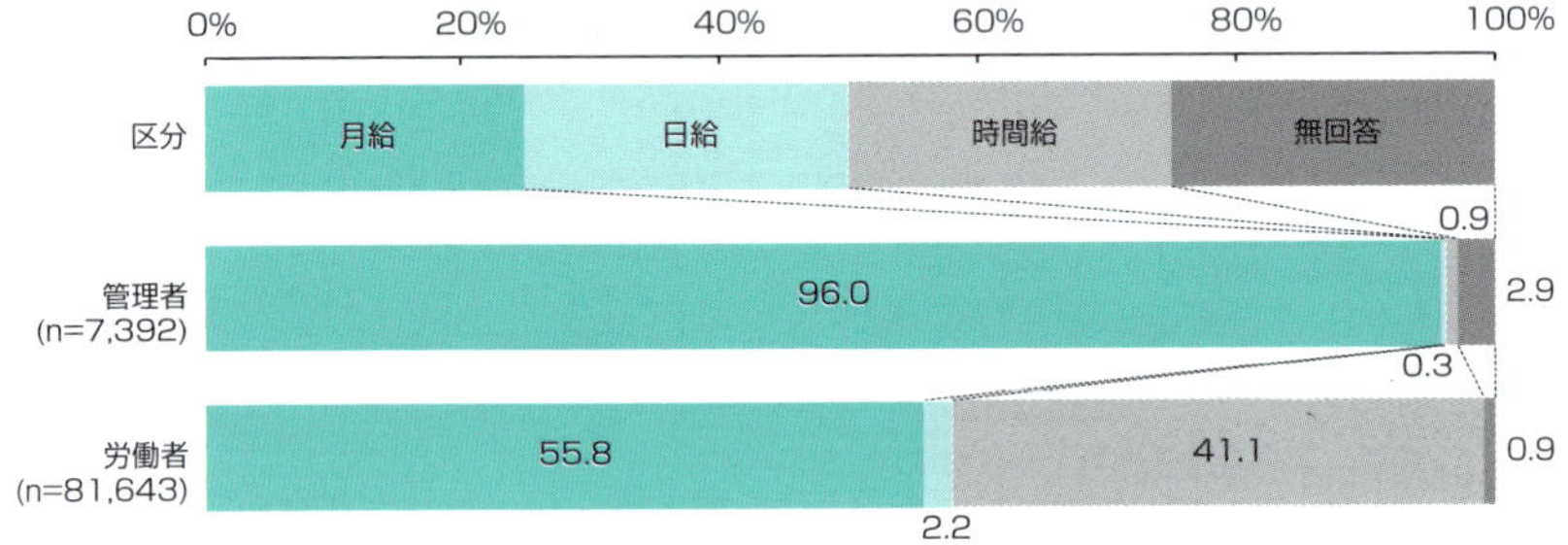

出所：公益財団法人介護労働安定センター 平成30年度介護労働実態調査「事業所における介護労働実態調査結果報告書」

賃金の支払形態（労働者 職種別）

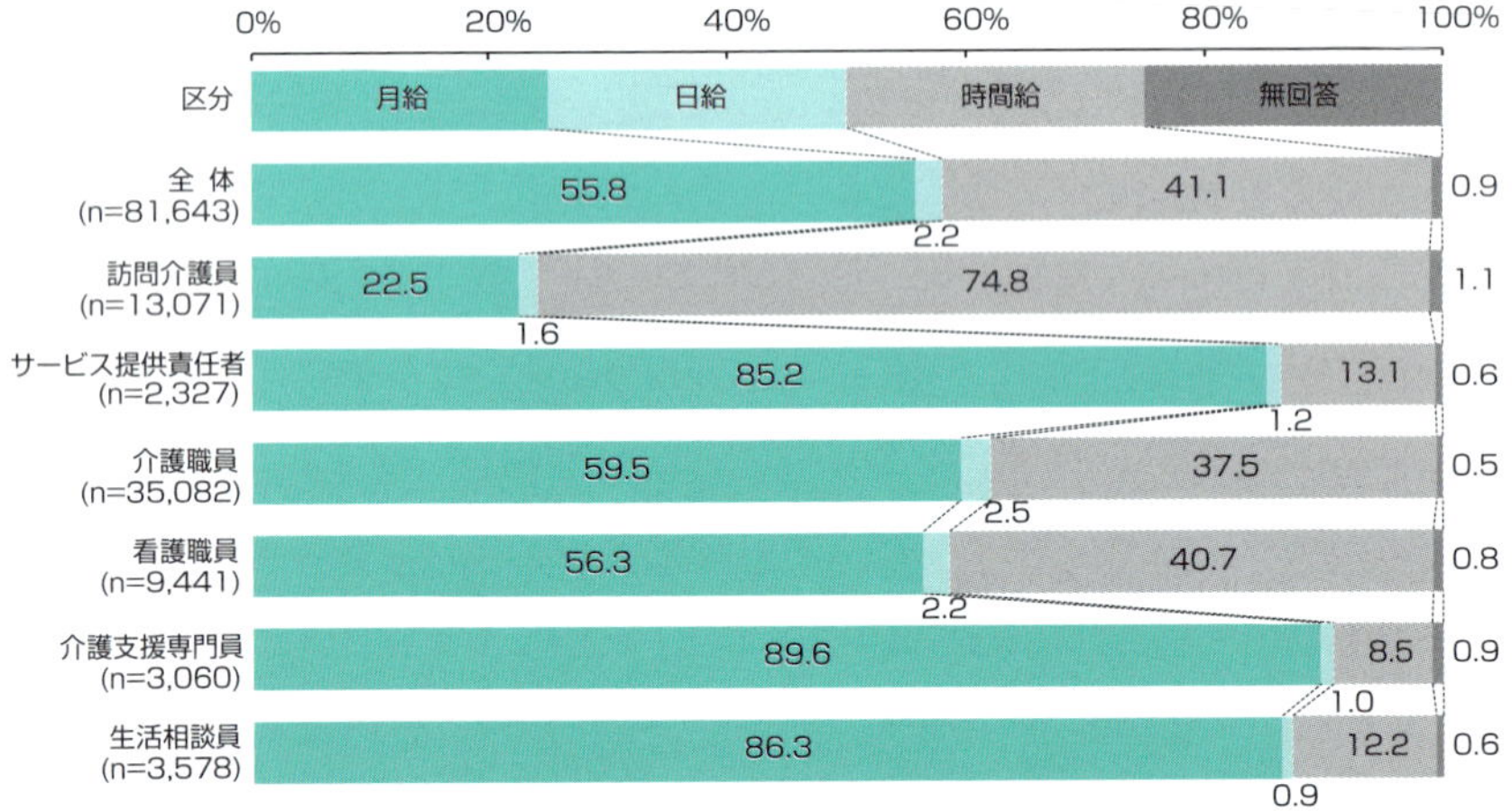

出所：公益財団法人介護労働安定センター 平成30年度介護労働実態調査「事業所における介護労働実態調査結果報告書」

所定内賃金（労働者）

<月給の者>

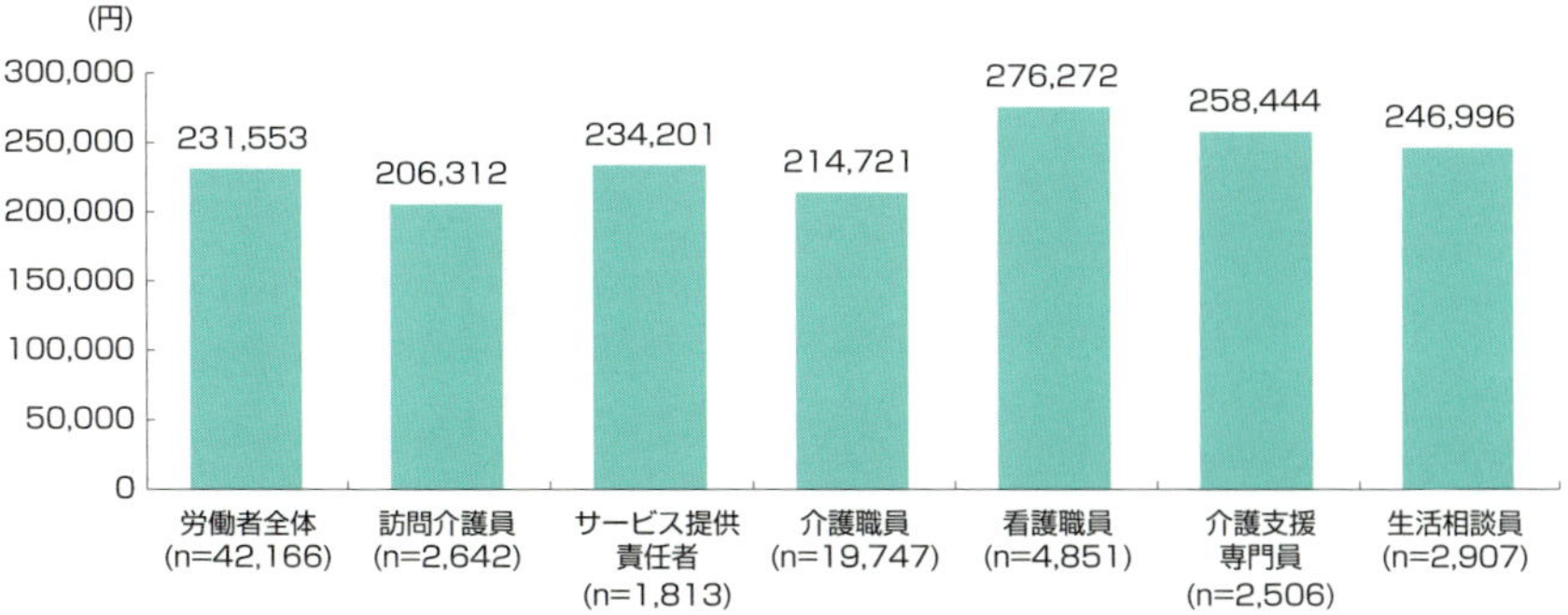

<日給の者>

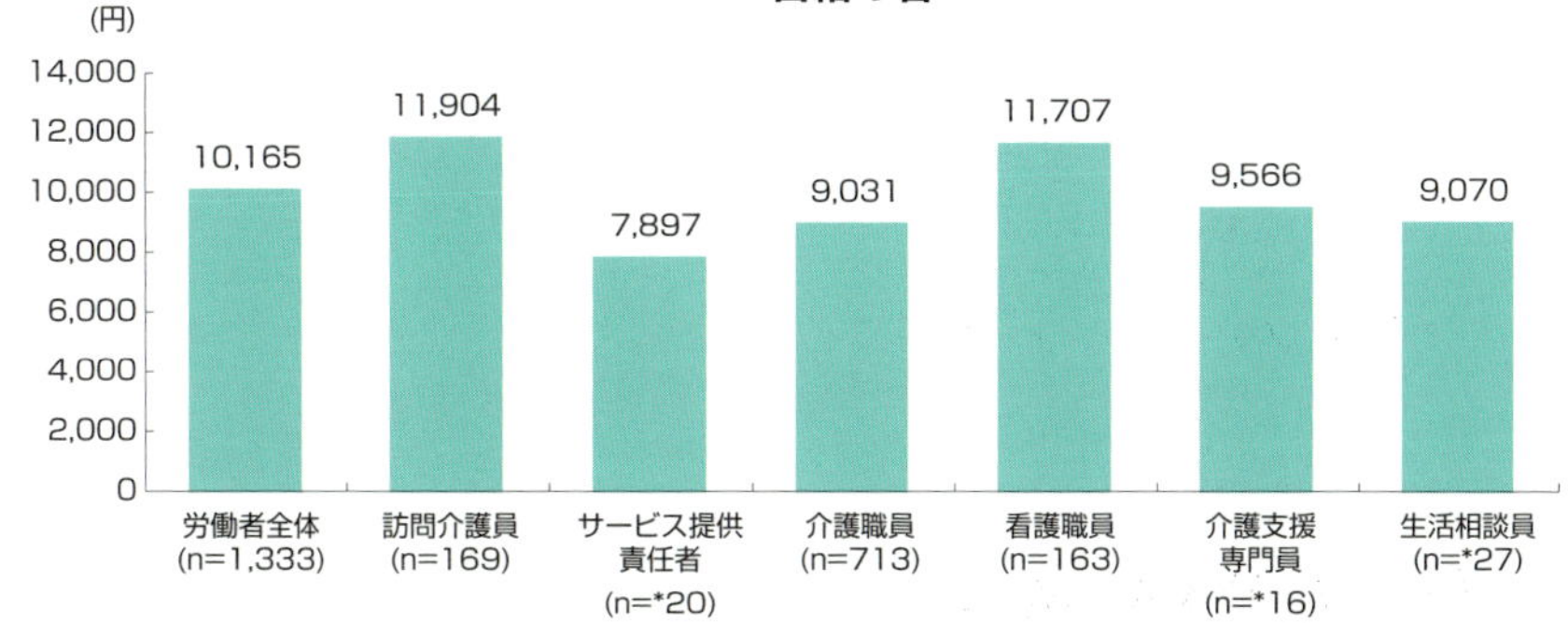

（注）グラフ中の該当数値に「＊」印があるものについては、サンプル数（回答数）が少なく（30未満）参考値との位置付けである

<時間給の者>

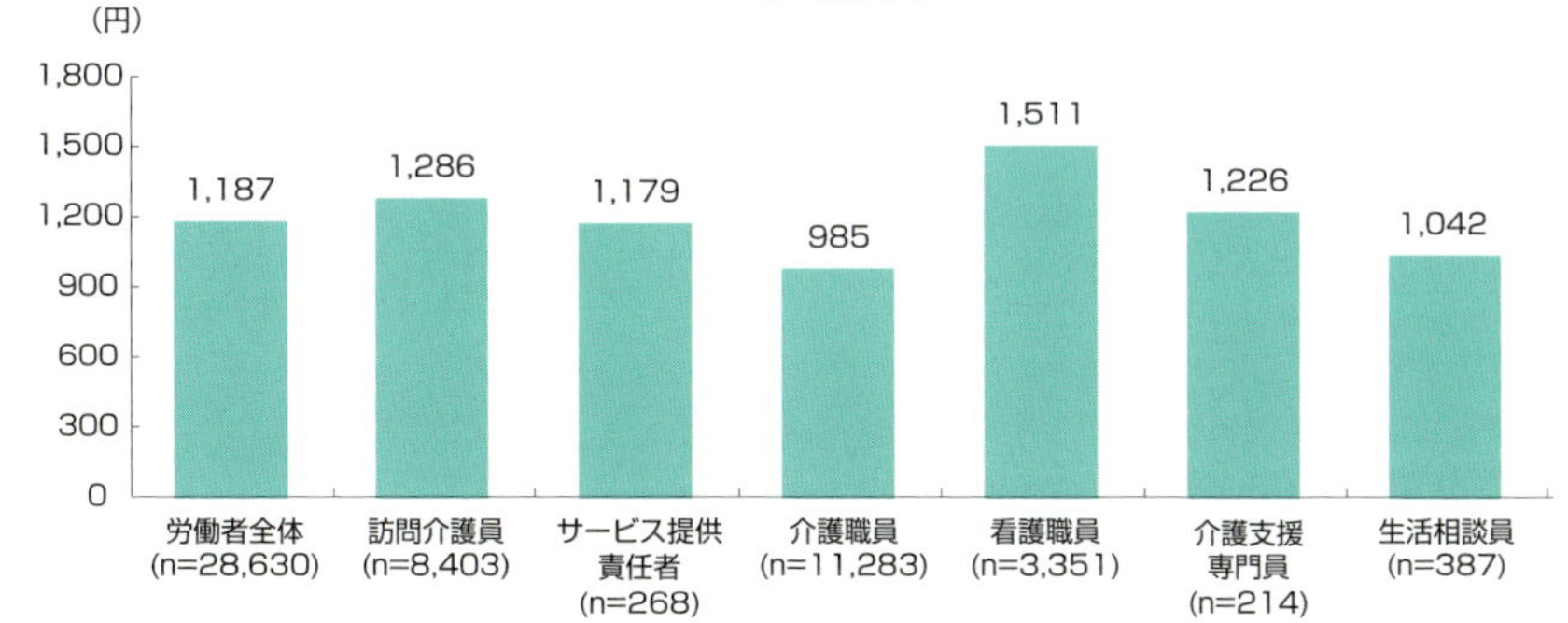

出所：公益財団法人介護労働安定センター　平成30年度介護労働実態調査「事業所における介護労働実態調査結果報告書」

資料編

地域包括ケアシステム

「地域包括ケアシステム」について、厚生労働省の資料を掲載します。

地域包括ケアシステムにおける「5つの構成要素」

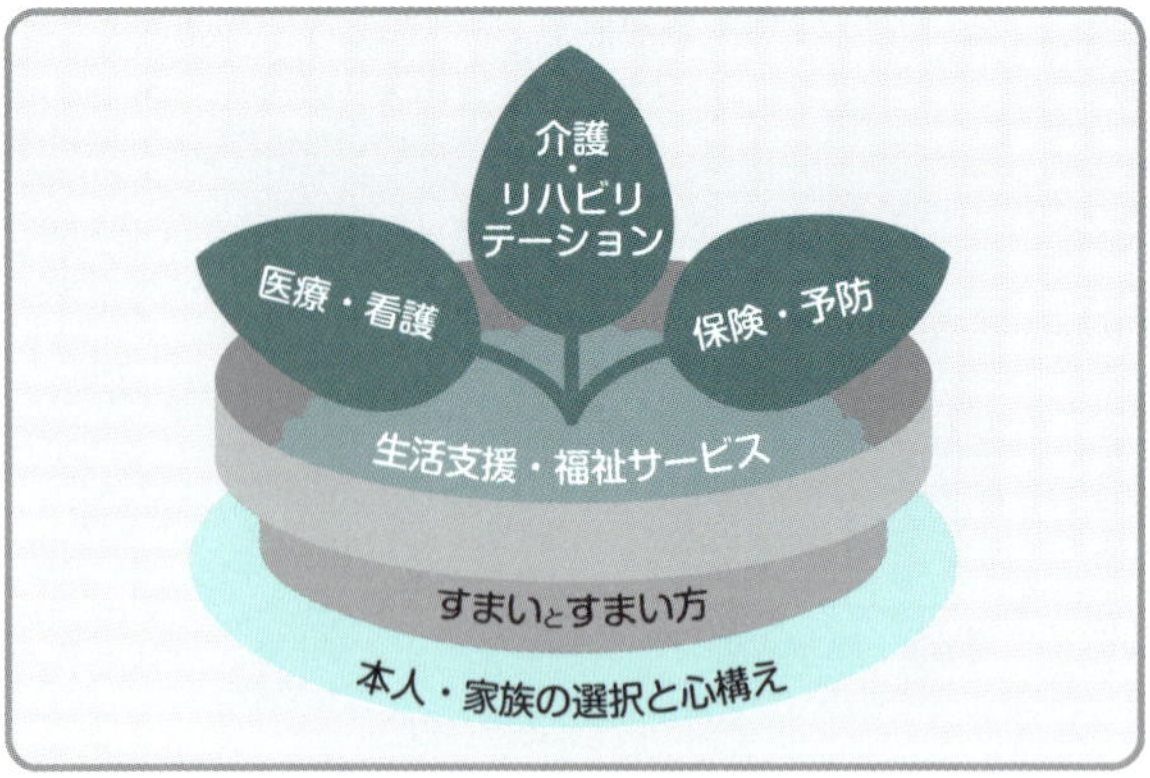

「介護」、「医療」、「予防」という専門的なサービスと、その前提としての「住まい」と「生活支援・福祉サービス」が相互に関係し、連携しながら在宅の生活を支えている。

【すまいとすまい方】

- 生活の基盤として必要な住まいが整備され、本人の希望と経済力にかなった住まい方が確保されていることが地域包括ケアシステムの前提。高齢者のプライバシーと尊厳が十分に守られた住環境が必要。

【生活支援・福祉サービス】

- 心身の能力の低下、経済的理由、家族関係の変化などでも尊厳ある生活が継続できるよう生活支援を行う。
- 生活支援には、食事の準備など、サービス化できる支援から、近隣住民の声かけや見守りなどのインフォーマルな支援まで幅広く、担い手も多様。生活困窮者などには、福祉サービスとしての提供も。

【介護・医療・予防】

- 個々人の抱える課題にあわせて「介護・リハビリテーション」「医療・看護」「保健・予防」が専門職によって提供される（有機的に連携し、一体的に提供）。ケアマネジメントに基づき、必要に応じて生活支援と一体的に提供。

【本人・家族の選択と心構え】

- 単身・高齢者のみ世帯が主流になる中で、在宅生活を選択することの意味を、本人家族が理解し、そのための心構えを持つことが重要。

出所：厚生労働省ホームページ

資料 URL一覧

全世代型社会保障検討会議

https://www.kantei.go.jp/jp/singi/zensedaigata_shakaihoshou/

【概要】少子高齢化と同時にライフスタイルが多様となる中で、誰もが安心できる社会保障制度に関わる検討を行うため開催。2019年９月20日に第一回会合が開かれた。

社会保障制度改革国民会議報告書 ～確かな社会保障を将来世代に伝えるための道筋～（平成25年８月６日 社会保障制度改革国民会議）

https://www.kantei.go.jp/jp/singi/kokuminkaigi/pdf/houkokusyo.pdf

【概要】社会保障制度の持続可能性を高め、その機能がさらに高度に発揮されるようにする。そのためには、社会保険料と並ぶ主要な財源として国・地方の消費税収をしっかりと確保し、能力に応じた負担のしくみを整備すると同時に、社会保障がそれを必要としている人たちにしっかりと給付されるような改革を行うために提言がまとめられた。

厚生労働省
平成29年介護事業経営実態調査結果の概要

https://www.mhlw.go.jp/toukei/saikin/hw/kaigo/jittai17/index.html

厚生労働省
平成29年度 介護給付費実態調査結果の概況（平成29年5月審査分～平成30年4月審査分）

https://www.mhlw.go.jp/toukei/saikin/hw/kaigo/kyufu/17/index.html

国土交通省
サービス付き高齢者向け住宅とは

https://www.mlit.go.jp/jutakukentiku/house/jutakukentiku_house_tk3_000005.html

【概要】高齢化が急速に進む中で、高齢の単身者や夫婦のみの世帯が増加しており、介護・医療と連携して高齢者を支援するサービスを提供する住宅を確保することが極めて重要である一方、サービス付きの住宅の供給は、欧米各国に比べて立ち後れている。

このため、高齢者の居住の安定を確保することを目的として、バリアフリー構造等を有し、介護・医療と連携し高齢者を支援するサービスを提供する「サービス付き高齢者向け住宅」の都道府県知事への登録制度を国土交通省・厚生労働省の共管制度として創設した。

次のような項目が掲載されており、後者には補助・税制・融資などの情報が紹介されている。

・サービス付き高齢者向け住宅の登録制度の概要

・サービス付き高齢者向け住宅の供給支援

国立社会保障・人口問題研究所
人口統計資料集

http://www.ipss.go.jp/

【概要】厚生労働省に設置された国立の政策研究機関。国の社会保障制度の中、長期計画ならびに各種施策立案の基礎資料として、人口と世帯に関する推計を全国と地域単位で実施し、「日本の将来推計」「都道府県別将来人口推計」「市区町村別将来人口推計」「日本の世帯数の将来推計(全国推計)」「日本の世帯数の将来推計(都道府県別推計)」などを公表している。

厚生労働省
介護人材確保に向けた取り組み

https://www.mhlw.go.jp/stf/newpage_02977.html

【概要】2025年に向け、介護人材を量と質の両面から確保するため、国と地域が二人三脚で、「参入促進」「資質の向上」「労働環境・処遇の改善」を進めるための対策に総合的・計画的に取り組むこととしている。

次の内容が掲載されている。

・第7期介護保険事業計画に基づく介護人材の必要数について・介護に関する入門的研修について

・人材育成等に取り組む介護事業者の認証評価制度について　　など

厚生労働省
介護分野における生産性向上について

https://www.mhlw.go.jp/stf/shingi2/0000198094_00013.html

【概要】介護分野の生産性向上は働き方改革とも密接に関連しており、政府の重要課題となっている。本ページには業務改善の手引き「より良い職場・サービスのために今日からできること」などのガイドラインやさまざまな改善事例が掲載されている。

公益財団法人介護労働安定センター

介護労働実態調査（毎年度実施）

http://www.kaigo-center.or.jp/report/

【概要】「事業所における介護労働実態調査」と「介護労働者の就業実態と就業意識調査」からなる。「事業所における介護労働実態調査」は、介護事業所を対象に「介護事業所で働く労働者の雇用管理の状況、賃金制度、賃金管理の状況、福利厚生の状況及び賃金の状況」についての調査。「介護労働者の就業実態と就業意識調査」は、介護労働者を対象に「就労の状況、労働条件の状況及び就業意識の状況」についての詳細なアンケート調査である。

公益社団法人全国有料老人ホーム協会

サービス第三者評価事業について

https://www.yurokyo.or.jp/evaluation.php

【概要】同協会は、協会登録ホームのサービスの質の向上、及び消費者のホーム選択に資する目的で独自のサービス評価スケールを策定し、登録評価機関による第三者評価事業を実施している。有料老人ホームやサービス付き高齢者向け住宅が提供するサービスは、実際に受けてみなければ質の良否が見極めにくいことから、入居者が自分に合ったホームを選択する上で、サービスの質や内容を第三者が評価、判断した情報の公開が不可欠である。そこで、事業者が提供するサービスの現状を適正に評価することによって、入居者に対するサービスの質の確保、向上に寄与すること、さらには入居希望者の選択に資することが目的とされている。

図解入門 How-nual

索 引

INDEX

あ行

か行

た行

さ行

は行

ま行

や行

な行

英・数字

ら行

【著　者】（株）川原経営総合センター

川原経営グループ
（（株）川原経営総合センター
／税理士法人川原経営　他）

医療・福祉分野に特化した経営コンサルティング会社。昭和42年の創業以来、約50年にわたり数多くの医療機関・福祉施設のビジネス・パートナーとして、経営・新規開業・税務・会計・監査・人事などに関する経営課題解決を支援している。現場出身者も含めた経験豊富なコンサルタントが数多く所属しており、講演実績や執筆実績も多数。

【監　修】川原　丈貴（代表取締役社長）
薄井　照人（常務取締役）

【執筆班】成田　勝　　田中　律子
神林　佑介　　久保田　真紀
薄井　和人　　田川　洋平

【編集協力】（株）エディポック

図《ず》解《かい》入《にゅう》門《もん》業《ぎょう》界《かい》研《けん》究《きゅう》
最《さい》新《しん》介《かい》護《ご》ビジネスの
動《どう》向《こう》とカラクリがよ～くわかる本《ほん》[第《だい》3版《はん》]

発行日　2019年12月 1日　第1版第1刷
　　　　2022年 1月20日　第1版第2刷

著　者　（株）川《かわ》原《はら》経《けい》営《えい》総《そう》合《ごう》センター

発行者　斉藤　和邦
発行所　株式会社　秀和システム
〒135-0016
東京都江東区東陽2丁目4－2　新宮ビル2階
Tel 03-6264-3105（販売）Fax 03-6264-3094
印刷所　三松堂印刷株式会社　Printed in Japan

ISBN978-4-7980-5994-5 C0033